I0890412

QUESTIONS DISPUTÉES SUR LA VÉRITÉ

Question X
L'ESPRIT (DE MENTE)

À LA MÊME LIBRAIRIE

– *L'Être et l'essence* (*De Ente et essentia*), texte latin, traduction, introduction et notes par C. Capelle, 96 pages.

– *Questions disputées sur la vérité* :

Question IV. *Le Verbe.* Texte, introduction, traduction et notes par B. Jollès, 144 pages.

Questions XI. *Le Maître.* Texte, introduction, traduction et notes par B. Jollès, 128 pages.

Question XV. *Raison supérieure et inférieure*. – Question XVI. *La Syndérèse*. – Question XVII. *La conscience*. Texte latin, introduction, traduction et notes par R. P. J. Tonneau, 256 pages.

BIBLIOTHÈQUE DES TEXTES PHILOSOPHIQUES

Fondateur : Henri GOUHIER Directeur : Jean-François COURTINE

THOMAS D'AQUIN

QUESTIONS DISPUTÉES SUR LA VÉRITÉ

Question X
L'esprit (De mente)

Texte latin de l'édition Léonine
Introduction, traduction, notes et postface

par

Kim Sang ONG-VAN-CUNG

Ouvrage publié avec le concours du Centre National de la Recherche Scientifique

PARIS
LIBRAIRIE PHILOSOPHIQUE J. VRIN
6, Place de la Sorbonne, V^e

1998

La loi du 11 mars 1957 n'autorisant, aux termes des alinéas 2 et 3 de l'article 41, d'une part, que les «copies ou reproductions strictement réservées à l'usage privé du copiste et non destinées à une utilisation collective» et, d'autre part, que les analyses et les courtes citations dans un but d'exemple et d'illustration, «toute représentation ou reproduction intégrale, ou partielle, faite sans le consentement de l'auteur ou de ses ayants droit ou ayants cause, est illicite» (Alinéa 1er de l'article 40).

Cette représentation ou reproduction, par quelque procédé que ce soit, constituerait donc une contrefaçon sanctionnée par les Articles 425 et suivants du Code pénal.

© *Librairie Philosophique J. VRIN,* 1998

Printed in France
ISSN 0249-7972
ISBN 2-7116-1294-5

INTRODUCTION

Le *De mente* est la question 10 des *Questiones disputatae de veritate* de Thomas d'Aquin. L'ensemble de ces questions a été disputé à Paris durant une période de trois ans. Dans sa première année d'enseignement (1256-1257), Thomas disputa les sept premières questions, la deuxième année (1257-1258), treize fois de la question 8 au début de la question 20, et la troisième année, la fin de la question 20 jusqu'à la question 29. On peut donc dater le *De mente* de cette deuxième année d'enseignement à Paris.

Thomas d'Aquin arriva à Paris en 1252 pour y enseigner comme bachelier sententiaire. Jean de Wildeshausen, maître général de l'ordre des Dominicains, avait prié Albert le Grand de lui recommander un étudiant qui pouvait être envoyé à Paris pour s'y préparer à devenir maître en théologie. Thomas fut recommandé à cause de ses dons pour l'étude et malgré son âge ; il avait vingt-sept ans alors que les statuts prévoyaient qu'il aurait dû en avoir vingt-neuf pour assumer canoniquement cette tâche et que la plupart de ses prédécesseurs avaient dépassé la quarantaine lorsqu'ils commentaient les *Sentences* de Pierre Lombard.

Thomas est reçu à la maîtrise en 1256 dans le climat trouble de la controverse entre les clercs de l'Université et les ordres Mendiants[1]. Dès le mois de septembre, il devait exercer les trois fonctions du maître en théologie, telles qu'elles avaient été énoncées à la fin du XIIe siècle par Pierre le Chantre, et confirmées plus tard par les statuts de la faculté de théologie : *legere, disputare, praedicare.*

La dispute est une pédagogie active où l'on procède par objections et réponses sur un thème donné. Elle est née de la leçon *(lectio)* par

1. Sur la controverse et le rôle qu'a joué Thomas dès ce premier enseignement à Paris, J.-A. Weisheipl, *Frère Thomas d'Aquin, sa vie, sa pensée, ses œuvres,* trad. C. Lotte et J. Hoffmann, Paris, Cerf, 1993; J.-P. Torrell, *Initiation à saint Thomas d'Aquin, sa personne et son œuvre,* Paris, Cerf, 1993, Vestigia, n° 13. Ces livres donnent l'ensemble des résultats récents en matière de recherche historiographique contemporaine sur la vie de Thomas d'Aquin, ses œuvres et leur contexte historique précis.

l'intermédiaire de la question à la fin du XIIe siècle[1]. La *lectio* était un commentaire de la Bible ou des *Sentences,* par exemple, mais elle ne se prêtait pas toujours aux problèmes que les maîtres et les étudiants pouvaient se poser. La *quaestio* est donc un développement plus ample d'un sujet précis qui déborde le commentaire. Elle découle d'une réflexion sur le sens et sur la valeur des interprétations de la Bible fournies par les Pères de l'Église. Avec elle, le rôle du maître change de nature : il n'est plus le simple instrument de la transmission, il doit trancher les questions par l'usage de la raison théologique. Il est ainsi amené à enrichir la tradition en y ajoutant son effort personnel dans l'intelligence de la foi.

La *disputatio* constitue donc un stade ultérieur dans le détachement progressif à l'égard du texte et elle peut être définie comme : « une forme régulière d'enseignement et de recherche, présidée par le maître, caractérisée par une méthode dialectique qui consiste à apporter et à examiner des arguments de raison et d'autorité qui s'opposent autour d'un problème théorique ou pratique et qui sont fournis par les participants et où le maître doit parvenir à une solution doctrinale par un acte de détermination qui le confirme dans sa fonction magistrale »[2]. Un élément a disparu : le *textus,* mais un autre est apparu : la discussion avec la participation des maîtres et des étudiants.

La dispute a deux formes essentielles : la dispute privée *(disputatio privata* ou *in scholis)* qui se tient à l'intérieur de l'école avec les seuls étudiants du maître et son bachelier, la dispute publique *(disputatio publica* ou *ordinaria)* que les maîtres devaient tenir à des intervalles réguliers. La différence consiste en ce que le public de la seconde est plus vaste et que les étudiants des autres écoles, et parfois les maîtres, pouvaient y assister. Ces disputes étaient périlleuses, certains maîtres ne se privant pas d'essayer de mettre un confrère dans l'embarras. La dispute pouvait parfois être une manifestation plus solennelle : les *Quodlibet* se

1. Cf. pour une mise au point récente sur la dispute, O. Weijers, *La "disputatio" à la faculté des arts de Paris (1200-1350 environ),* Esquisse d'une typologie, Brepols, Louvain-la-Neuve, 1995, voir aussi les études classiques, B. Bazán, « La Quaestio disputata », in *Les Genres littéraires dans les sources théologiques et philosophiques médiévales,* Actes du colloque international de Louvain, XII, Typologie des sources du Moyen Age occidental, 1982, p. 31-49; et de B. Bazán, G. Fransen, J.-F. Wippel, D. Jacquart, *Les Questions disputées et les questions quodlibétiques dans les facultés de théologie, de droit et de médecine,* Typologie des sources du moyen âge occidental, 44-45, Turnhout, 1985, p. 13-149. On peut lire de A. Kenny et J. Pinborg, « Medieval Philosophical litterature » dans la *Cambridge History of Medieval Philosophy,* éd. J. Pinborg, A. Kenny, N. Kretzmann et le livre plus ancien de P. Glorieux, *La Littérature quodlibétique,* Paris, Vrin, 1925 et 1935, pour la description des disputes, « L'enseignement au Moyen Age, Techniques et méthodes en usage à la faculté de théologie », *AHDLMA,* 35 (1968) p. 65-186.

2. B. Bazán, *op. cit.,* 1982

tenaient deux fois par an et interrompaient les cours réguliers de l'Université.

Selon P. Mandonnet, l'unité de la dispute était l'article[1]. Mais si l'on suit cette hypothèse, on est contraint d'affirmer que Thomas a disputé deux cent cinquante trois fois pendant ses trois premières années d'enseignement, ou quatre-vingt quatre fois chaque année, ou encore deux disputes complètes par semaines. Thomas aurait été ainsi une sorte de « machine à disputer »[2] et n'aurait pas pu, en tout état de cause, être malade un seul jour. Selon A. Dondaine[3] l'unité de la dispute serait plutôt la question.

On peut suivre l'interprétation de B. Bazán qui semble résoudre cette difficulté. Selon lui, les questions disputées n'appartiennent pas au genre des disputes ordinaires ou publiques, mais à celui des disputes privées et relèvent donc de l'enseignement régulier de Thomas qui se déroulait au couvent des Dominicains, à Saint-Jacques. Il est alors possible de donner raison à Mandonnet et à Dondaine : avec le second, il faut retenir que la question est l'unité de la dispute publique, mais parce que le *De veritate* appartient au genre de la dispute privée, son unité peut aussi être l'article. Le rassemblement de plusieurs articles en une question relèverait ainsi du plan suivi par le maître et apparaîtrait au stade de la rédaction.

J.-P. Torrell, qui suit l'hypothèse de B. Bazán, donne ainsi le tableau probable de la journée d'enseignement de Thomas : « ... à la première heure du jour, Thomas donnait sa leçon ; après la sienne, venait celle du bachelier ; l'après-midi, tous deux se retrouvaient avec leurs étudiants pour "disputer" sur un thème choisi. Les trois heures affectées à cette pédagogie active ne suffisant pas à épuiser le sujet, on procédait article après article ; éventuellement certains articles très courts pouvaient être regroupés en une seule séance et, inversement, un sujet plus long pouvait être fractionné en plusieurs fois. Le résultat (objections, réponses ou déterminations magistrales) était rassemblé plus tard dans une rédaction finale en vue de la publication dans l'unité terminale de la question ».

Alors que pour la majorité des œuvres de Thomas, on ne dispose que de copies – à l'exception de rares cas d'autographes[4] – on a pour le *De*

1. P. Mandonnet, « Chronologie des questions disputées de saint Thomas d'Aquin », RT 1918; cf. aussi l'introduction à l'édition des *Quaestiones disputatae*, Paris Lethielleux, 1925.

2. J.-A. Weisheipl, *op. cit.*, p. 146.

3. A. Dondaine, « De l'étendue de la question disputée », dans *Secrétaires de saint Thomas*, Roma, 1956, p. 209-216, Léon. t. 22, Rome, 1975, p. 44-60.

4. C'est le cas de la *Summa contra Gentiles* comme l'indique R.-A. Gauthier dans son introduction dans l'édition léonine, repris dans *Saint Thomas d'Aquin, Somme contre les Gentils, Introduction à la traduction française*, Éditions Universitaires, Philosophie Européenne, Paris, 1993, cf. p.7-59.

veritate l'original dicté par Thomas lui-même. A. Dondaine a exposé les raisons qui fondent cette hypothèse dans *Secrétaires de saint Thomas*[1].

Un original dicté est équivalent à un autographe dans la mesure où l'on peut y déceler le mouvement de la pensée de son auteur. Les ratures et les corrections montrent les hésitations et le cheminement de la réflexion. La connaissance de l'original permet ainsi de découvrir certains aspects de la méthode de Thomas. Thomas dictait le texte en ayant sous les yeux les notes prises pendant les séances. Il travaillait à partir de fiches et avait toute une équipe de secrétaires à sa disposition. A. Dondaine a montré que le texte imprimé du *De veritate* était fautif. Il dépendait en effet de la tradition universitaire répandue par les libraires, laquelle consistait en copies de copies de petits livrets de l'ouvrage afin d'en accélérer sa diffusion. Le recours à l'original (ms. *Vat. lat. 781)* pour les questions 2-22 a permis dans l'édition léonine de corriger quelques dix mille passages où le texte de Thomas a été plus ou moins gravement altéré.

Le *De veritate* est un ensemble de 253 articles, regroupées en 29 questions. La première question a donné son nom à toute la série qui semble être en rapport avec elle. Il est vraisemblable que le plan a été pensé par Thomas, au moins dans ses grandes lignes, et on peut suggérer qu'il a procédé en deux temps comme s'il prévoyait ce travail en deux ans. On peut dégager deux grands moments : 1. les questions 1-20, dont notre question fait partie, concernent le vrai et la connaissance ; 2. les questions 21-29, le bien et l'appétit du bien. On peut dégager un mouvement similaire dans chacune de ces divisions, la même question est toujours posée pour Dieu, l'ange, et l'homme. On peut saisir ce mouvement d'ensemble en énumérant les questions : 1. sur la vérité, 2. la connaissance de Dieu, 3. les idées divines, 4. le *« verbum »,* 5. la providence divine, 6. la prédestination, et 7. le « livre de vie ». Ces questions constituent celles qui, selon P. Glorieux, ont été disputées dans l'année universitaire 1256-1257. Ensuite, durant l'année 1257-1258 ont été disputées les questions 8. la connaissance des anges, 9. la communication entre les anges, 10. l'esprit comme image de la Trinité, 11. sur l'enseignement, 12. la prophétie comme connaissance, 13. l'extase, 14. la foi, 15. la raison supérieure et inférieure, 16. la syndérèse, 17. la conscience, 18. la connaissance d'Adam au Paradis, 19. la connaissance de l'âme après la mort, et 20. la connaissance humaine du Christ dans sa vie terrestre. Ont été disputées la troisième année d'enseignement : 21. sur la bonté, 22. le désir du bien et la volonté, 23. la volonté de Dieu, 24. le libre arbitre, 25. le désir des sens, 26. les émotions humaines, 27. la grâce, 28. la justification du pêcheur, et 29. la grâce telle qu'elle est dans l'âme du Christ.

1. A. Dondaine, *op. cit.*

Certaines de ces questions ont déjà été traduites en français. Les questions 4 et 5 respectivement *Le Verbe* et *Le Maître,* introduction, traduction et notes par Mme B. Jollès dans cette même collection, aux éditions Vrin, ainsi que les questions 15-16 et 17 sur *La Raison supérieure et inférieure, la syndérèse et la conscience,* introduction, traduction et notes par R. P. J. Tonneau. On trouve une traduction partielle de la première question par F.-X. Putallaz, dans le recueil de textes de R. Imbach et M.-H. Méléard, *Philosophes médiévaux. Anthologie de textes philosophiques (XIIe-XIVe siècles).* Récemment S.-Th. Bonino a traduit et commenté la question 2, Thomas d'Aquin, *De la vérité ou La science en Dieu,* Paris, Cerf, 1996. Il existe une traduction anglaise du *De veritate : Truth* par R. -W. Mulligan, J.-V. Mc Glynn et R.W Schmidt, 1952-1954. En langue allemande, Edith Stein a publié, en 1931, une traduction des réponses et de certaines solutions aux objections.

Le *De mente* permet de saisir l'ensemble des affirmations de la noétique thomasienne et les principales thèses de sa théorie de l'abstraction : l'intellect est une puissance, la connaissance de la chose est la connaissance de la quiddité de la chose, l'essence se dégage grâce à un processus de variation, où les images ont un rôle essentiel qui est de préparer notre intellect possible à recevoir la lumière de notre intellect agent illuminé par les Idées divines. Bien antérieur aux controverses contre l'averroïsme qui prennent place dans les années 1270, il présente un commentaire des principales thèses d'Aristote dans le cadre d'une anthropologie chrétienne constituée par la pensée trinitaire d'Augustin. Thomas cite Averroès comme un allié dans l'explication du texte d'Aristote, il cite d'ailleurs plus souvent Avicenne, dont il remarque qu'il a cru à tort qu'une Intelligence Agente nous fournissait nos idées, rien n'est encore présent de la lutte qui se constitue avec le *De unitate intellectus contra Averroistas* [1], mais pour autant tout est dit.

Cette sérénité du *De mente* permet de pénétrer dans la complexité de la pensée thomasienne et, par ce biais, dans celle de la philosophie médiévale en général. Ainsi, que la chose singulière ne soit pas connaissable dans sa singularité, sinon par réflexion sur nos actes de connaissance (art. 5), est une thèse élémentaire dans la noétique thomasienne, mais elle est tout aussi essentielle pour mesurer le sens de l'opposition de la tradition néo-augustinienne dont Henri de Gand, Mathieu d'Aquasparta ou Pierre-Jean Olivi par exemple sont des représentants à la fin du XIIIe siècle, et dont le but est de donner jour à une connaissance directe du singulier [2]. Il est un des éléments du débat sur la nécessité ou l'inutilité des *species* dans la connaissance qui se

1. Thomas d'Aquin, *Contre Averroès,* trad. A. de Libera, Paris, G-F., 1994.

2. Sur cette question, cf. C. Bérubé, *La Connaissance de l'individuel au Moyen Age,* Paris, 1964.

développera au XIVe siècle, où s'opposent Duns Scot, Pierre d'Auriole et Guillaume d'Ockham par exemple[1]. Ces thèses sont liées à la question du principe d'individuation. Or on retrouve dans le *De mente,* l'affirmation d'une individuation par la matière qui prend sa source dans le *De ente et essentia.* Et c'est à partir des problèmes qui se posent concernant l'individuation qu'on peut comprendre, au XIVe siècle, les positions respectives de Duns Scot et d'Ockham sur cette question, et le travail que tentera la scolastique tardive.

Le *De mente* insère des développements péripatéticiens dans le cadre d'une anthropologie augustinienne. Son originalité est d'utiliser la pensée trinitaire pour thématiser l'acte de réflexion[2]. Dans la *Métaphysique Λ,* le Premier Moteur Immobile est identifié à la pensée de la pensée, et le Dieu à la réflexion absolue. De plus, dans l'*Éthique à Nicomaque,* la joie de l'amitié est liée à la réflexion, car l'ami fait percevoir le monde à son ami de manière plus diverse et plus riche. Ainsi on apprend et on ressent ensemble, on apprend à sentir, et on sent qu'on sent. Ces prolongements de l'*Éthique à Nicomaque* renvoient à la *Métaphysique,* car ils soulignent que par la contemplation, qui ne va pas sans réflexion, on s'assimile au divin, et qu'elle est ainsi propre à l'homme parce qu'elle le rend un peu plus qu'humain. Un tel effort est discontinu et l'homme fait, par rapport au divin, l'épreuve de l'insuffisance, mais celle-ci ouvre la possibilité de l'amitié, c'est-à-dire la tentative d'accroître la réflexion et la contemplation humaine et d'être à l'image du divin avec d'autres hommes.

Augustin aussi a valorisé la réflexion; on considère parfois le passage du livre X du *De Trinitate* comme l'ancêtre du *cogito* cartésien: « ... nul ne doute qu'il ne se souvienne, qu'il ne comprenne, qu'il ne veuille, qu'il ne pense, qu'il ne sache, qu'il ne juge. Puisque, même s'il doute, il vit; s'il doute d'où vient son doute, il se souvient; s'il doute, il comprend qu'il doute; s'il doute, il veut arriver à la certitude; s'il doute, il pense; s'il doute, il sait qu'il ne sait pas; s'il doute, il sait qu'il ne faut pas donner son assentiment à la légère. On peut donc douter du reste, mais de tous ces actes de l'esprit, on ne doit pas douter; si ces actes n'étaient pas, impossible de douter de quoi que ce soit »[3]. Le moi se saisit par la réflexion à l'image de la Trinité, et se découvre ainsi intérieurement à l'image et à la ressemblance de Dieu. Cette découverte du moi est pour Augustin une ouverture au Dieu trinitaire, ce qui n'est

1. A propos de cette question et sur les positions d'Ockham, M. McCord Adams, *William Ockham,* University of Notre Dame Press, Indiana, 1987, essentiellement chap. 14-15. Cf. aussi, K. Tachau, *Vision and Certitude in the Age of Ockham, Epistemology and the foundations of Semantics 1250-1345,* Leiden, Brill, 1988.

2. Sur la notion centrale de réflexion chez Thomas d'Aquin, F.-X. Putallaz, *Le Sens de la réflexion chez Thomas d'Aquin,* Paris, Vrin, 1991.

3. Augustin, *De Trinitate,* L. X, X, 14, texte traduit par P. Agaësse et J. Moingt, dans le volume 16 de la Bibliothèque Augustinienne.

pas le cas chez Descartes, pour qui elle est une certaine connaissance métaphysique de l'infini comme attribut essentiel de Dieu, et non le recueillement dans l'*abditus mentis* qui relève plutôt de la théologie. Les deux auteurs qui servent de références centrales au *De mente* font donc de la réflexion le centre même de l'homme, la pointe de l'âme, si fine, qu'elle vient s'assimiler au divin. On comprend que Thomas d'Aquin fasse ainsi de la réflexion un pôle de sa pensée.

Cependant, si Aristote et Augustin sont d'accord pour considérer que la réflexion est importante, ils s'opposent par ailleurs profondément sur la nature de l'esprit. Augustin fait de l'esprit l'essence de l'âme et non une puissance. Thomas d'Aquin place le couple aristotélicien acte / puissance dans le contexte de la triade « essence - puissance - opération » de Denys le pseudo-Aréopagite. Ainsi, le terme d'*habitus*, que nous avons choisi de simplement transcrire dans la traduction, signifie le principe des actes qui ne se laisse voir que par les actes eux-mêmes. Aristote définit, par exemple, la vertu comme un disposition ou un *habitus*, et il est vrai que l'habitude d'agir d'une certaine manière inscrit en nous cette manière, autant qu'elle l'y manifeste. La tempérance est par exemple un *habitus*, une disposition qui se réalise et s'exerce par des actes, mais elle témoigne aussi de la puissance qui la met en œuvre ; c'est-à-dire de la capacité de vouloir. Les *habitus* se manifestent par les actes et manifestent les puissances qui s'y expriment. À la suite d'Aristote, Thomas relie les concepts de puissance et d'*habitus* et souligne que l'intellect est en puissance toutes les choses. On ne peut savoir ce qu'une chose est sans savoir ce qu'elle peut, mais connaître ce qu'elle peut n'est pas pour autant connaître ce qu'elle est. La connaissance des puissances, ou des facultés, de l'âme, nous fait voir l'étendue de ses pouvoirs mais pas son essence, ou, pour le dire autrement, son essence consiste dans l'ouverture à ce qui n'est pas elle. On connaît les puissances par les actes, et les actes portent toujours sur quelque chose. L'être de l'âme humaine consiste donc en une relation à ce qui n'est pas elle, et sa manière de n'être pas ce que l'autre est lui confère cette ouverture.

Le *De mente* est à la croisée de nombreux chemins car il constitue une réponse anticipée à Averroès et à l'averroïsme, parce qu'il insiste sur l'ipséité de la réflexion qui n'est jamais entière, jamais essentielle, comme l'est celle de Dieu, tout en étant réellement une réflexion sur ses propres actes de pensée. Il éclaire aussi l'opposition thomasienne à ce que Gilson a nommé « l'augustinisme avicennisant » [1]. Il offre, de plus,

1. É. Gilson, *Les Sources gréco-arabes de l'augustinisme avicennisant*, Vrin-Reprise, 1986, « Pourquoi Saint Thomas a critiqué Saint Augustin », *AHDLMA*, 1. Bien que la dénomination « augustinisme avicennisant » ne soit pas une catégorie historiographique, Gilson l'utilise pour manifester que les critiques dd'Augustin sont dues en partie à l'existence d'un courant de pensée qui met sa doctrine au service de la

une pièce solide pour qu'on compare la réflexion au *cogito,* et qu'on interroge le sens de ce que nous nommons, d'un terme que Descartes n'a pas employé, « subjectivité ».

À l'encontre d'Averroès, l'ouverture des puissances de l'esprit prouve qu'il est séparé des autres puissances de l'âme, mais pas de l'âme tout entière, puisque l'intellect agent éclaire de ses idées l'intellect possible, et que le processus d'abstraction laisse l'intellect seul avec les intelligibles. La pensée, ou encore la *mens,* est la forme du corps, elle fait donc son individualité en l'enracinant dans un ici. À l'encontre d'Augustin, puisque l'intellect est une des puissances de l'âme, il ne peut connaître sans le corps, ni être l'essence de l'âme, il ne peut qu'être une de ses puissances ; la plus noble de toutes.

Thomas d'Aquin s'oppose aussi à Avicenne qui soutient, comme Aristote et contrairement à Averroès, que l'âme est la forme du corps correspondant, et qu'elle est une substance spirituelle, intermédiaire entre le monde des corps et des esprits. L'âme humaine se caractérise par sa vertu contemplative qui lui permet de dépouiller les formes de la matière où elles sont incarnées. La vertu contemplative témoigne de la présence de l'intellect qui peut être en puissance ; il reçoit alors le nom d'« intellect matériel » s'il est totalement en puissance, et ainsi, l'intellect d'un nourisson est vierge de toute préparation, il est une puissance nue qui ne peut pas encore passer à l'acte. Lorsque l'intellect est préparé comme celui d'un enfant qui, tout en ne sachant pas écrire, sait ce qu'est l'encrier, l'encre et la plume, alors l'intellect est nommé « possible » ou encore « facile », enfin quand un homme possède un art qu'il n'exerce pas actuellement, mais qu'il peut exercer à tout moment à la demande, l'intellect est « en puissance parfaite ». Il peut alors être en *habitus,* c'est-à-dire capable de se tourner vers les intelligibles, ou bien être tourné actuellement vers eux, et il est alors nommé, selon la traduction du terme d'Alfarabi, *intellectus adeptus ;* intellect actuellement adapté ou, si l'on veut, en continuité avec l'Intelligence Agente, adepte de l'Intelligence Agente dans cette prolongation de notre intellect dans l'Intelligence Agente. En effet, selon le principe aristotélicien suivant lequel l'acte précède ontologiquement la puissance, notre intellection est prévenue par l'Intelligence Agente qui nous fournit, par procession, nos conceptions. Cependant ce que fournit l'intellect en puissance parfaite, ce ne sont pas les conceptions, mais l'aptitude à se tourner vers l'Intelligence Agente, un peu comme Malebranche dira que l'attention prédispose Dieu à nous éclairer par l'Étendue Intelligible, sauf que la cause occasionnelle s'oppose à la continuité et l'efficacité des causes

logique néoplatonicienne d'Avicenne. Et il semble que les positions du *De mente* soient commandées par une réserve à l'endroit de la pensée néo-platonicienne.

secondes impliquées dans le péripatétisme arabe issu de la logique de la procession.

Ainsi la théorie avicennienne tire de la logique néo-platonicienne de la procession sa noétique, mais elle trouve avec Augustin certains points d'accord. En faisant de l'intellect l'essence de l'âme, en insistant sur l'illumination divine dans la conception des vérités, Augustin ouvre la possibilité de faire servir l'illumination à la théorie néo-platonicienne de la procession. La conjonction de l'augustinisme et du péripatétisme arabe est la source des noétiques qui sont au fondement de la mystique rhénane, où la réflexion ne constitue pas seulement l'homme à l'image et à la ressemblance de Dieu, mais le divinise selon le mouvement de la *théiosis,* où en coïncidant avec le Principe, le Principe naît en lui totalement de sorte que'il n'est plus que le vide qui accueille cette manifestation, l'œil même par où Dieu le voit, comme le dit Maître Eckhart. En réinterprétant le spiritualisme augustinien, Thomas prend ses distances vis-à-vis d'Avicenne et du néoplatonisme. Il retrouve l'anthropologie augustinienne tout en disposant les trinités selon les objets de notre intellect; les sensibles, nous-mêmes, Dieu.

Le principe qui a guidé notre travail de traduction a été d'essayer de restituer le texte le plus simplement possible en simplifiant la ponctuation, en coupant les phrases un peu longues pour permettre au lecteur de mieux se concentrer sur la langue technique de Thomas d'Aquin. Nous n'avons pas traduit *habitus* ni *species* parce qu'ils n'ont pas de réel équivalent en français. Pour ce qui concerne la notion d'*habitus,* le lecteur peut se reporter à la postface. La *species* signifie, pour sa part, une sorte de similitude, qu'elle soit image au niveau sensible ou similitude conceptuelle au niveau intelligible, elle est au fond l'objet-de-la-pensée, ou si l'on veut la chose en tant que pensée ou sentie, elle n'est pas l'objet dernier *(quod)* de la pensée, mais avant tout un moyen de connaître *(medium quo)* la chose.

Je remercie amicalement M. Joël Biard pour l'aide qu'il m'a apportée dans la traduction et la relecture. Je souhaite aussi remercier les membres de l'URA 1085 du CNRS, et son directeur M. Roshdi Rashed, pour leur accueil et leur soutien dans l'étude de la philosophie médiévale durant mes deux années de détachement. J'exprime ma reconnaissance à M. Alain de Libera pour ses indications et ses conseils et à M. Jean-François Courtine pour avoir accueilli mon travail avec rigueur et générosité. Je souhaite remercier le R. P. L.-J. Bataillon pour l'autorisation qu'il nous a donnée, au nom de la Commission Léonine, de reproduire le texte latin. Merci à la Bibliothèque du Saulchoir où tout est fait pour le bon déroulement des recherches.

TEXTE ET TRADUCTION

QUAESTIONES DISPUTATAE DE VERITATE
QUAESTIO DECIMA

DE MENTE

1. *Utrum mens prout in ea ponitur imago Trinitatis sit essentia animae.*
2. *Utrum in mente sit memoria.*
3. *Utrum memoria distinguatur ab intelligentia sicut potentia a potentia.*
4. *Utrum mens cognoscat res materiales.*
5. *Utrum mens nostra possit cognoscere materialia in singulari.*
6. *Utrum mens humana cognitionem accipiat a sensibilibus.*
7. *Utrum in mente sit imago Trinitatis secundum quod materialia cognoscit.*
8. *Utrum mens se ipsam per essentiam cognoscat aut per aliquam speciem.*
9. *Utrum mens nostra cognoscat habitus in anima existentes per essentiam suam.*
10. *Utrum aliquis possit scire se habere caritatem.*
11. *Utrum mens in statu viae possit videre Deum per essentiam.*
12. *Utrum Deum esse sit per se notum menti humanae.*
13. *Utrum per naturalem rationem possit cognosci Trinitas personarum.*

QUESTIONS DISPUTÉES SUR LA VÉRITÉ
QUESTION X

DE L'ESPRIT

ARTICLE 1 : *En tant qu'il porte en lui l'image de la Trinité, l'esprit est-il l'essence de l'âme ?*

ARTICLE 2 : *La mémoire se trouve-t-elle dans l'esprit ?*

ARTICLE 3 : *La mémoire est-elle distincte de l'intelligence comme une puissance par rapport à une autre puissance ?*

ARTICLE 4 : *L'esprit connaît -il les choses matérielles ?*

ARTICLE 5 : *Notre esprit peut-il connaître les choses matérielles dans leur singularité ?*

ARTICLE 6 : *L'esprit de l'homme reçoit-il la connaissance des choses sensibles ?*

ARTICLE 7 : *L'image de la Trinité se trouve-t-elle dans l'esprit selon qu'il connaît les choses matérielles ?*

ARTICLE 8 : *L'esprit se connaît-il lui-même par essence ou par quelque species ?*

ARTICLE 9 : *Notre âme connaît-elle les habitus qui sont en elle par son essence ?*

ARTICLE 10 : *Quelqu'un peut-il savoir qu'il possède la charité ?*

ARTICLE 11 : *L'esprit, en tant qu'il est ici-bas, peut-il voir Dieu par essence ?*

ARTICLE 12 : *L'existence de Dieu est-elle connue de l'esprit humain par soi ?*

ARTICLE 13 : *La Trinité des personnes peut-elle être connue par la raison naturelle ?*

ARTICULUS PRIMUS

Quaestio est de mente in qua est imago Trinitatis. Et primo quaeritur utrum mens, prout in ea ponitur imago Trinitatis, sit essentia animae vel aliqua potentia eius. Et videtur quod sit ipsa essentia animae quia Augustinus dicit IX De Trinitate quod « mens et spiritus non relative dicuntur sed essentiam demonstrant », nonnisi essentiam animae ; ergo mens est ipsa animae essentia.

2. Praeterea, diversa genera potentiarum animae non uniuntur nisi in essentia ; sed appetitivum et intellectivum sunt diversa genera potentiarum animae : ponuntur enim in fine I De anima quinque genera communissima potentiarum animae, scilicet vegetativum, sensitivum, appetitivum, motivum secundum locum et intellectivum ; cum ergo mens comprehendat in se intellectivum et appetitivum, quia in mente ponitur ab Augustino intelligentia et voluntas, videtur quod non sit mens aliqua potentia sed ipsa essentia animae.

3. Praeterea, Augustinus XI De civitate Dei dicit quod nos sumus ad imaginem Dei in quantum sumus, novimus nos esse et amamus utrumque ; in IX vero De Trinitate assignat imaginem Dei in nobis secundum mentem, notitiam et amorem ; cum ergo amare sit actus amoris et nosse sit actus notitiae, videtur quod esse sit actus mentis ; sed esse est actus essentiae ; ergo mens est ipsa essentia animae.

4. Praeterea, eadem ratione invenitur mens in angelo et in nobis ; sed ipsa essentia angeli est mens eius, unde Dionysius frequenter angelos nominat divinas vel intellectuales mentes ; ergo etiam et mens nostra est ipsa essentia animae.

ARTICLE 1

En tant qu'il porte en lui l'image de la Trinité, l'esprit est-il l'essence de l'âme[1]?

La question porte sur l'esprit qui contient l'image de la Trinité et, en premier lieu, on se demande si l'esprit, en tant qu'on pose en lui l'image de la Trinité, est l'essence de l'âme ou quelqu'une de ses puissances. Et il semble qu'il soit l'essence même de l'âme.

1. Car Augustin dit, au livre IX de *La Trinité,* qu'« âme et esprit ne se disent pas relativement mais désignent l'essence » qui n'est autre que l'essence de l'âme[2]. Donc l'esprit est l'essence même de l'âme.

2. Ensuite, les divers genres de puissances de l'âme ne sont réunis que dans son essence. Or l'appétit et l'intellect sont divers genres de puissances de l'âme: en effet, la fin du livre I du traité *De l'âme* détermine les cinq genres de puissances les plus communs; la faculté végétative, sensitive, appétitive, motrice et intellective[3]. Mais l'esprit comprend l'appétit et l'intellect, car Augustin pose, dans l'esprit, intelligence et volonté[4] Il semble ainsi que l'esprit ne soit pas quelque puissance de l'âme, mais son essence même.

3. Ensuite, Augustin dans le livre XI de *La Cité de Dieu* dit que nous sommes nous-mêmes à l'image de Dieu dans la mesure où nous sommes, où nous connaissons que nous sommes, et où nous aimons l'un et l'autre, notre être et notre connaissance[5]; et au livre IX de *La Trinité*[6], il assigne en nous l'image de Dieu selon cette trinité : esprit, connaissance et amour. Donc comme l'amour est l'acte d'aimer, et la connaissance de soi, l'acte de se connaître, il semble que l'être soit l'acte de l'esprit. Mais l'être est l'acte de l'essence. Donc l'esprit est l'essence même de l'âme.

4. Ensuite, l'esprit se trouve en nous et en l'ange sous une même raison. Mais l'essence même de l'ange est son esprit. Ainsi Denys nomme fréquemment les anges : esprits divins ou intellectuels[7]. Donc il en est de même de notre esprit qui est l'essence même de l'âme.

5. Praeterea, Augustinus dicit in X De Trinitate quod « memoria, intelligentia et voluntas sunt una mens, una essentia, una vita » ; ergo sicut vita ad essentiam animae pertinet, ita et mens.

6. Praeterea, accidens non potest esse principium substantialis distinctionis ; sed homo substantialiter distinguitur a brutis in hoc quod habet mentem ; ergo mens non est aliquod accidens ; sed potentia animae est proprietas eius, secundum Avicennam, et sic est de genere accidentis ; ergo mens non est potentia sed est ipsa essentia animae.

7. Praeterea, ab una potentia non egrediuntur diversi actus secundum speciem ; sed a mente egrediuntur diversi actus secundum speciem, scilicet memorari, intelligere et velle, ut patet per Augustinum ; ergo mens non est aliqua potentia animae sed ipsa essentia eius.

8. Praeterea, una potentia non est subiectum alterius potentiae ; sed mens est imaginis subiectum quae consistit in tribus potentiis ; ergo mens non est potentia sed ipsa essentia animae.

9. Praeterea, nulla potentia comprehendit in se plures potentias ; sed mens comprehendit intelligentiam et voluntatem ; ergo non est potentia sed essentia.

SED CONTRA, anima non habet alias partes nisi suas potentias ; sed mens est quaedam pars animae superior, ut Augustinus dicit in libro De Trinitate ; ergo mens est potentia animae.

2. Praeterea, essentia animae communis est omnibus potentiis quia omnes in ea radicantur ; sed mens non est communis omnibus potentiis quia dividitur contra sensum ; ergo mens non est ipsa essentia animae.

3. Praeterea, in essentia animae non est accipere supremum et infimum ; sed in mente est supremum et infimum : dividit enim Augustinus mentem in superiorem et inferiorem rationem ; ergo mens est potentia animae, non essentia.

4. Praeterea, essentia animae est principium vivendi ; sed mens non est principium vivendi sed intelligendi ; ergo mens non est ipsa essentia animae sed potentia eius.

5. Ensuite, Augustin dit au livre X de *La Trinité* que « la mémoire, l'intelligence et la volonté sont un seul esprit, une seule essence, une seule vie »[8]. Donc, puisque la vie appartient à l'essence de l'âme, l'esprit aussi.

6. Ensuite, l'accident ne peut être le principe de la distinction substantielle ; mais l'homme est substantiellement distinct de la bête en ce qu'il possède l'esprit. Donc, conformément à Avicenne, l'esprit n'est pas quelque accident, mais la puissance de l'âme est sa propriété[9] ; et ainsi elle appartient au genre de l'accident. Donc l'esprit n'est pas une puissance mais l'essence même de l'âme.

7. Ensuite, des actes d'espèces différentes ne proviennent pas d'une seule et même puissance. Or des actes spécifiquement différents proviennent de l'esprit à savoir se souvenir, intelliger et vouloir, comme cela est évident à partir de ce que dit Augustin[10]. Donc l'esprit n'est pas quelque puissance de l'âme mais son essence même.

8. Ensuite, une puissance n'est pas le sujet d'une autre puissance. Mais l'esprit est le sujet de l'image de la Trinité qui consiste en trois puissances. Donc l'esprit n'est pas une puissance mais l'essence même de l'âme.

9. Ensuite, aucune puissance ne comprend en soi plusieurs puissances. Mais l'esprit comprend en soi l'intelligence et la volonté. Donc il n'est pas une puissance de l'âme mais son essence.

EN SENS CONTRAIRE :

1. L'âme ne possède pas d'autres parties que ses puissances. Mais l'esprit est une certaine partie supérieure de l'âme comme dit Augustin dans le livre *La Trinité*. Donc l'esprit est une puissance de l'âme[11].

2. Ensuite, l'essence de l'âme est commune à toutes les puissances parce qu'elles s'enracinent toutes en elle. Mais l'esprit n'est pas commun à toutes les puissances puisqu'il est distinct des sens. Donc l'esprit n'est pas l'essence même de l'âme.

3. Ensuite, l'essence de l'âme n'est pas susceptible de recevoir en soi l'inférieur et le supérieur. Mais on trouve dans l'esprit l'inférieur et le supérieur ; en effet Augustin divise l'esprit en raison inférieure et en raison supérieure[12]. Donc l'esprit est une puissance de l'âme et non son essence.

4. Ensuite, l'essence de l'âme est principe du vivre. Or l'esprit n'est pas principe de vie mais d'intellection. Donc l'esprit n'est pas l'essence même de l'âme mais sa puissance.

5. Praeterea, subiectum non praedicatur de accidente; sed mens praedicatur de memoria, intelligentia et voluntate, quae sunt in essentia animae sicut in subiecto; ergo mens non est essentia animae.

6. Praeterea, secundum Augustinum in libro De Trinitate, anima non est ad imaginem secundum se totam sed secundum aliquid sui; est autem ad imaginem secundum mentem; ergo mens non nominat totam animam sed aliquid animae.

7. Praeterea, nomen mentis ex eo quod meminit sumptum esse videtur; sed memoria designat aliquam potentiam animae; ergo et mens, et non essentiam.

RESPONSIO. Dicendum quod nomen mentis a mensurando est sumptum; res autem uniuscuiusque generis mensurantur per id quod est minimum et principium primum in suo genere, ut patet in X Metaphysicae; et ideo nomen mentis hoc modo dicitur in anima sicut et nomen intellectus: solum enim intellectus accipit cognitionem de rebus quasi mensurando eas ad sua principia. Intellectus autem, cum dicatur per respectum ad actum, potentiam animae designat: virtus enim sive potentia est medium inter essentiam et operationem, ut patet per Dionysium in Caelestis hierarchiae XI capitulo. Quia vero rerum essentiae sunt nobis ignotae, virtutes autem earum innotescunt nobis per actus, utimur frequenter nominibus virtutum vel potentiarum ad essentias designandas. Sed quia nihil notificatur nisi ex hoc quod est sibi proprium, oportet quod, cum aliqua essentia designatur per suam potentiam, quod designetur per potentiam sibi propriam. In potentiis autem hoc communiter invenitur quod illud quod potest in plus potest in minus sed non convertitur, sicut 'qui potest ferre mille libras potest ferre centum', ut dicitur in I Caeli et mundi; et ideo si aliqua res per suam potentiam debeat designari, oportet quod designetur per ultimum potentiae suae; anima autem quae est in plantis non habet nisi infimum gradum inter potentias animae, unde ab ea denominatur cum dicitur nutritiva vel vegetabilis; anima autem bruti pertingit ad altiorem gradum, scilicet qui est sensus, unde ipsa anima vocatur sensitiva vel quandoque etiam sensus; sed anima humana pertingit ad altissimum gradum inter potentias animae et ex hoc

5. Ensuite, le sujet n'est pas attribué à l'accident. Mais l'esprit est attribué à la mémoire, à l'intelligence et à la volonté qui sont dans l'essence de l'âme comme dans un sujet. Donc l'esprit n'est pas l'essence de l'âme.

6. Ensuite, Augustin dit dans le livre *La Trinité* [13] que l'âme n'est pas totalement à l'image de Dieu, mais seulement selon quelque chose qui lui appartient et c'est selon l'esprit. Donc l'esprit ne désigne pas toute l'âme mais quelque chose de l'âme.

7. Ensuite, il semble que le nom esprit soit tiré du verbe « se souvenir » [14]. Mais la mémoire désigne quelque puissance de l'âme. L'esprit est donc aussi une puissance et non l'essence de l'âme.

RÉPONSE :

Le nom « esprit » est tiré du verbe « mesurer ». Or les choses qui appartiennent à chaque genre sont mesurées par le plus petit élément et le principe premier en ce genre, comme c'est évident dans le livre X de la *Métaphysique* [15], et c'est en ce sens que le nom d'esprit est attribué à l'âme tout comme le nom d'intellect, car seul l'intellect reçoit la connaissance des choses en les mesurant en quelque sorte à ses principes. Or parce qu'il est relatif à l'acte, l'intellect désigne une puissance de l'âme : en effet, la faculté, c'est-à-dire la puissance, est un moyen-terme entre l'essence et l'opération, comme il est évident d'après ce qui dit Denys au chapitre XI de *La Hiérarchie céleste* [16]. Mais parce que les essences des choses nous sont inconnues, tandis que leurs puissances se font connaître par les actes, nous utilisons fréquemment le nom des facultés ou des puissances pour signifier les essences. Mais puisque rien n'est connu, sinon à partir de ce qui lui est propre, lorsqu'une essence quelconque est désignée par sa puissance, il faut qu'elle le soit par la puissance qui lui est propre. Or en ce qui concerne les puissances, on reconnaît généralement que ce qui peut le plus peut le moins, l'inverse n'étant pas vrai ; ainsi, « celui qui peut porter mille livres peut en porter cent » comme il est dit au livre I *Du ciel* [17]. Et pour cette raison, si quelque chose doit être désignée par sa puissance, il faut qu'elle le soit par sa puissance supérieure. Or l'âme qui se trouve dans les plantes ne reçoit en partage que le degré le plus inférieur parmi les puissances de l'âme, donc elle est désignée à partir de cette puissance-là lorsqu'elle est dite nutritive ou végétative. Quant à l'âme des bêtes, elle appartient à un degré supérieur, à savoir le sens, donc cette âme est appelée âme sensitive ou parfois même sens. Mais l'âme humaine atteint le degré le plus haut parmi les puissances de l'âme et est désignée à partir de celui-ci ;

denominatur, unde dicitur intellectiva et quandoque etiam intellectus, et similiter mens in quantum scilicet ex ipsa nata est effluere talis potentia, quod est sibi proprium prae aliis animabus.

Patet ergo quod mens in anima nostra dicit illud quod est altissimum in virtute ipsius; unde cum secundum id quod est altissimum in nobis divina imago inveniatur in nobis, imago non pertinebit ad essentiam animae nisi secundum mentem prout nominat altissimam potentiam eius: et sic mens, prout in ea est imago, nominat potentiam animae et non essentiam; vel si nominat essentiam, hoc non est nisi in quantum ab ea fluit talis potentia.

1. Ad primum igitur dicendum quod mens non dicitur significare essentiam secundum quod essentia contra potentiam dividitur, sed secundum quod essentia absoluta dividitur contra id quod relative dicitur; et sic mens dividitur contra notitiam sui in quantum per notitiam mens ad se ipsam refertur, ipsa vero mens dicitur absolute. – vel potest dici quod mens accipitur ab Augustino secundum quod significat essentiam animae simul cum tali potentia.

2. Ad secundum dicendum quod genera potentiarum animae distinguuntur dupliciter: uno modo ex parte obiecti, alio modo ex parte subiecti sive ex parte modi agendi, quod in idem redit. Si igitur distinguantur ex parte obiecti, sic inveniuntur quinque potentiarum animae genera supra enumerata; si autem distinguantur ex parte subiecti vel modi agendi, sic sunt tria genera potentiarum animae, scilicet vegetativum, sensitivum et intellectivum. Operatio enim animae tripliciter se potest habere ad materiam: uno modo ita quod per modum materialis actionis exerceatur, et talium actuum principium est potentia nutritiva cuius actus exercentur qualitatibus activis et passivis sicut et aliae actiones materiales; alio modo ita quod operatio animae non pertingat ad ipsam materiam sed solum ad materiae condiciones, sicut est in actibus potentiae sensitivae: in sensu enim recipitur species sine materia sed tamen cum materiae condicionibus; tertio modo ita quod operatio animae excedat et materiam et materiae condiciones, et sic est pars animae intellectiva. Secundum igitur has diversas potentiarum animae partitiones contingit aliquas duas potentias animae ad invicem comparatas in idem vel diversum genus reduci:

elle est donc appelée « intellective », et parfois même « intellect » et pareillement « esprit », dans la mesure où une telle puissance qui lui est propre au regard des autres âmes découle d'elle par nature.

Il est donc évident que l'esprit désigne la plus haute puissance de notre âme, donc puisque l'image de la divine Trinité se trouve en nous selon ce qu'il y a de plus haut, elle n'appartiendra pas à l'âme, sinon selon l'esprit, en tant qu'il désigne sa puissance la plus haute. Et ainsi l'esprit, en tant qu'il porte l'image de Dieu, désigne une puissance de l'âme et non son essence ; ou s'il désigne son essence, cela n'a lieu que dans la mesure où cette puissance – l'esprit – provient de l'essence même de l'âme humaine [18].

RÉPONSE AUX ARGUMENTS :

1. L'esprit ne signifie pas l'essence en tant qu'elle s'oppose à la puissance, mais en tant que l'essence absolue s'oppose à ce qui est dit de façon relative. Et ainsi, l'esprit est opposé à la connaissance de soi en tant que dans la connaissance, il se rapporte à lui-même, tandis que l'esprit se dit de manière absolue. Ou bien, on peut dire qu'Augustin comprend l'esprit en tant qu'il désigne l'essence de l'âme en même temps que cette puissance.

2. Les genres de puissances de l'âme se distinguent de deux façons : premièrement à partir de l'objet et deuxièmement à partir du sujet, ou ce qui revient au même, à partir de la manière d'agir. Donc, si on les distingue à partir de l'objet, on trouve ainsi les cinq genres de puissances énumérés ci-dessus. Mais, si on les définit à partir du sujet ou de la manière d'agir, on trouve alors trois genres de puissances de l'âme ; à savoir la puissance végétative, sensitive et intellective. On peut en effet considérer l'opération de l'âme par rapport à la matière comme triple.

Premièrement, quand elle s'exerce par un mode d'action matériel ; et la puissance nutritive est le principe de telles actions, dont les actes sont exercés par des qualités actives ou passives, comme dans les actions matérielles. Deuxièmement, quand l'opération de l'âme n'atteint pas la matière elle-même mais seulement les conditions matérielles, comme c'est le cas des actes de la puissance sensitive : dans le sens, les *species* sont en effet reçues sans matière mais cependant avec les conditions matérielles. Troisièmement, quand l'opération excède et la matière et les conditions matérielles ; et il en est ainsi pour les actions de la partie intellective de l'âme.

Donc selon ces différentes divisions des puissances de l'âme, il arrive que deux puissances quelconques de l'âme, comparées l'une à l'autre, soient ramenées à un même genre ou bien à des genres

si enim appetitus sensibilis et intellectualis, qui est voluntas, considerentur secundum ordinem ad obiectum, sic reducuntur in unum genus quia utriusque obiectum est bonum ; si vero considerentur quantum ad modum agendi, sic reducuntur in diversa genera quia appetitus inferior reducetur in genus sensitivi, appetitus vero superior in genus intellectivi : sicut enim sensus apprehendit suum obiectum sub condicionibus materialibus, prout scilicet est hic et nunc, sic et appetitus sensibilis in suum obiectum fertur, in bonum scilicet particulare, appetitus vero superior in suum obiectum tendit per modum quo intellectus apprehendit, et sic quantum ad modum agendi voluntas ad genus intellectivi reducitur. Modus autem actionis provenit ex dispositione agentis quia quanto fuerit perfectius agens, tanto est eius actio perfectior ; et ideo si considerentur huiusmodi potentiae secundum quod egrediuntur ab essentia animae quae est quasi subiectum earum, voluntas invenitur in eadem coordinatione cum intellectu ; non autem appetitus inferior qui in irascibilem et concupiscibilem dividitur. Et ideo mens potest comprehendere voluntatem et intellectum absque hoc quod sit essentia animae, in quantum scilicet nominat quoddam genus potentiarum animae, ut sub mente intelligantur comprehendi omnes illae potentiae quae in suis actibus omnino a materia et condicionibus materiae recedunt.

3. Ad tertium dicendum quod ab Augustino et aliis sanctis imago Trinitatis in homine multipliciter assignatur ; nec oportet ut una illarum assignationum alteri correspondeat, sicut patet quod Augustinus assignat imaginem Trinitatis secundum mentem, notitiam et amorem, et ulterius secundum memoriam, intelligentiam et voluntatem ; et quamvis voluntas et amor sibi invicem correspondeant, et notitia et intelligentia, tamen non oportet quod mens correspondeat memoriae cum mens omnia tria contineat quae in alia assignatione dicuntur ; similiter etiam illa assignatio Augustini quam obiectio tangit, est alia a duabus praemissis : unde non oportet quod, si amare amori respondeat et nosse notitiae, quod esse respondeat menti sicut proprius actus eius in quantum est mens.

4. Ad quartum dicendum quod angeli dicuntur mentes, non quia ipsa mens sive intellectus angeli sit eius essentia prout mens et intellectus potentiam nominant, sed quia nihil aliud habent de potentiis animae nisi hoc quod sub mente

différents. En effet si l'appétit sensible et l'appétit intellectuel qui constituent la volonté sont considérés par rapport à l'objet, ils se réduisent alors à un seul genre puisque l'objet de l'un et de l'autre est le bien. Mais si on les considère en tant qu'ils ont part à la manière d'agir, ils se ramènent à des genres différents puisque l'appétit inférieur se ramène au genre sensitif et l'appétit supérieur au genre intellectif. Comme les sens appréhendent leur objet sous les conditions matérielles, à savoir en tant qu'il est ici et maintenant, de même l'appétit sensible est porté vers son objet, à savoir vers le bien de façon particulière. Mais l'appétit supérieur tend vers son objet de la même façon que l'intellect appréhende son objet; ainsi quant à la manière d'agir, la volonté se ramène au genre intellectuel.

Le mode d'action relève de la disposition de l'agent car, dans la mesure où l'agent a été plus parfait, son action est à présent plus parfaite. Et ainsi, si l'on considère les puissances, en tant qu'elles proviennent de l'essence de l'âme qui est comme leur sujet, la volonté se trouve coordonnée à l'intellect en même façon, mais il n'en est pas de même pour l'appétit inférieur qui est divisé en irascible et en concupiscible. Et pour cette raison, l'esprit peut comprendre en soi la volonté et l'intellect sans être pour cela l'essence de l'âme, dans la mesure où il désigne un certain genre de puissance de l'âme de sorte que soient comprises toutes les puissances qui, dans leurs actes, s'éloignent tout à fait et de la matière et des conditions matérielles.

3. D'après Augustin et d'autres saints, on assigne de plusieurs façons l'image de la Trinité en nous. Et il n'est pas nécessaire qu'une de ces déterminations corresponde à l'autre. Comme il est évident qu'Augustin assigne en nous l'image de la Trinité comme esprit, connaissance et amour [19]; et ensuite comme mémoire, intelligence et volonté [20]. Et bien que la volonté et l'amour correspondent l'un à l'autre et la connaissance et l'intelligence aussi, cependant, il n'est pas nécessaire que l'esprit corresponde à la mémoire; puisque l'esprit embrasse la totalité de ces trois puissances posées dans cette autre assignation. De même, l'assignation d'Augustin qui est citée dans cet argument est encore différente des deux précédentes. Par conséquent, il n'est pas nécessaire que si aimer correspond à l'amour, et connaître à la connaissance, l'être réponde à l'esprit comme son acte propre, en tant qu'il est esprit.

4. Les anges sont appelés esprits non pas parce que l'esprit, c'est-à-dire l'intellect de l'ange, constitue son essence car l'esprit et l'intellect désignent une puissance mais parce qu'ils ne possèdent que les puissances de l'âme qui relèvent de l'esprit et sont donc totalement

comprehenditur ; unde totaliter sunt mens. Animae vero nostrae adiunguntur aliae potentiae quae sub mente non comprehenduntur ex eo quod est actus corporis, scilicet sensitivae et nutritivae potentiae ; unde non ita potest dici anima esse mens sicut et angelus.

5. Ad quintum dicendum quod vivere addit supra esse et intelligere super vivere. Ad hoc autem quod in aliquo imago Dei inveniatur oportet quod ad ultimum genus perfectionis perveniat quo creatura tendere potest ; unde si habeat esse tantum, sicut lapides, vel esse et vivere, sicut plantae et bruta, non salvatur in hoc ratio imaginis, sed oportet ad perfectam imaginis rationem ut creatura sit, vivat et intelligat : in hoc enim perfectissime secundum genus conformatur essentialibus attributis. Et ideo, quia in assignatione imaginis mens locum divinae essentiae tenet, haec vero tria quae sunt memoria, intelligentia et voluntas, tenent locum trium personarum, ideo Augustinus menti adscribit illa quae requiruntur ad imaginem in creatura cum dicit quod « memoria, intelligentia et voluntas sunt una vita, una mens, una essentia ». Nec tamen oportet quod ex hoc ipso in anima dicatur mens et vita quo et essentia, quia non est idem in nobis esse, vivere et intelligere sicut et in Deo ; dicuntur tamen haec tria una essentia in quantum ab una essentia mentis procedunt, una vita in quantum ad unum genus vitae pertinent, una mens in quantum sub una mente comprehenduntur ut partes sub toto, sicut visus et auditus comprehenduntur sub parte animae sensitiva.

6. Ad sextum dicendum quod secundum Philosophum in VIII Metaphysicae, quia substantiales rerum differentiae sunt nobis ignotae, loco earum interdum diffinientes accidentalibus utuntur secundum quod ipsa accidentia designant vel notificant essentiam ut proprii effectus notificant causam ; unde sensibile, secundum quod est differentia constitutiva animalis, non sumitur a sensu prout nominat potentiam sed prout nominat ipsam animae essentiam a qua talis potentia fluit ; et similiter est de rationali vel de eo quod est habens mentem.

7. Ad septimum dicendum quod, sicut pars animae sensitiva non intelligitur esse una quaedam potentia praeter omnes particulares potentias quae sub ipsa comprehenduntur, sed est quasi quoddam totum potentiale comprehendens omnes illas potentias quasi partes, ita etiam mens non est una quaedam potentia praeter memoriam, intelligentiam et voluntatem, sed est

esprits. Mais nos âmes sont jointes à d'autres puissances qui ne relèvent point de l'esprit et dont découle l'action du corps, à savoir les puissances nutritives et sensitives ; par conséquent on ne peut pas dire que notre âme est esprit de la même manière que l'ange.

5. Le vivre s'additionne à l'être et l'intelliger au vivre. Or pour que l'image de Dieu se rencontre en quelque chose, il faut qu'elle parvienne au genre ultime de perfection en lequel la créature peut tendre. C'est pourquoi, si la créature possède seulement l'être comme les pierres, ou bien l'être et le vivre comme les plantes et les bêtes, la raison de l'image n'est pas sauvegardée en elles ; mais il est nécessaire à la raison parfaite de l'image que la créature soit, vive et intellige. En cela en effet elle est disposée en très parfaite conformité selon genre avec les attributs essentiels. Et donc, parce que dans la détermination de l'image de la Trinité en nous, l'esprit tient lieu de l'essence divine, ces trois attributs que sont la mémoire, l'intelligence et la volonté, tiennent lieu des trois personnes. Pour cette raison, quand Augustin dit que « la mémoire et l'intelligence et la volonté sont une vie, un esprit, une essence »[21], il ne fait qu'attribuer à l'esprit ce qui est requis pour qu'on trouve l'image de la Trinité dans la créature. Cependant il ne faut pas conclure à partir de ce qui a été dit que l'esprit, sa vie et l'essence sont identiques, car ce n'est pas en nous la même chose qu'être, vivre et intelliger, comme c'est le cas en Dieu ; ces trois attributs sont cependant une unique essence, dans la mesure où ils procèdent de la seule essence de l'âme ; une vie, dans la mesure où ils relèvent d'un genre unique de vie ; un esprit, dans la mesure où ils sont compris comme parties d'un tout, comme la vue et l'ouïe sont comprises comme parties de l'âme sensitive.

6. Le Philosophe dit au livre VIII de la *Métaphysique*[22] : parce que les différences substantielles des choses ne nous sont pas connues, on se sert parfois à leur place des accidents parce qu'ils désignent ou font connaître l'essence comme les effets propres font connaître la cause, donc « sensible » qui est la différence constitutive de l'animal n'est pas reçu du sens en tant qu'il nomme une puissance, mais dans la mesure où il désigne l'essence de l'âme d'où découle cette puissance, et il en est de même pour « rationnel » ou encore pour « ce qui possède l'esprit ».

7. De même qu'on ne comprend pas l'âme sensible comme une certaine puissance parmi les autres puissances particulières qui sont comprises sous l'âme, mais comme un certain tout potentiel comprenant toutes les autres puissances comme ses parties, de même l'esprit n'est pas une certaine puissance particulière parmi ces puissances que sont la

quoddam totum potentiale comprehendens haec tria ; sicut etiam videmus quod sub potentia faciendi domum comprehenditur potentia dolandi lapides et erigendi parietes et sic de aliis.

8. Ad octavum dicendum quod mens non comparatur ad intelligentiam et voluntatem sicut subiectum sed magis sicut totum ad partes prout mens potentiam ipsam nominat ; si vero sumatur mens pro essentia animae secundum quod ab ea nata est progredi talis potentia, sic nominabit subiectum potentiarum.

9. Ad nonum dicendum quod una potentia particularis non comprehendit sub se plures ; sed nihil prohibet sub una generali potentia comprehendi plures ut partes, sicut sub una parte corporis plures partes organicae comprehenduntur, ut digiti sub manu.

mémoire, l'intelligence et la volonté ; mais est un certain tout potentiel comprenant ces trois puissances ; comme on voit bien que sous la puissance de construire une maison sont comprises celles de dégrossir la pierre, d'ériger des murs et ainsi de suite.

8. L'esprit n'est pas rapporté à l'intelligence et à la volonté comme leur sujet mais plutôt comme le tout à l'égard des parties dans la mesure où l'esprit désigne une puissance. Mais si l'esprit est pris comme l'essence de l'âme, dans la mesure où cette puissance découle par nature de l'âme, il désignera alors le sujet des puissances.

9. Une puissance particulière n'en peut comprendre sous elle plusieurs mais rien n'empêche qu'une puissance générale en comprenne plusieurs sous elle à titre de parties, comme plusieurs parties organiques sont contenues sous une partie du corps, ainsi les doigts de la main.

ARTICULUS SECUNDUS

Secundo quaeritur utrum in mente sit memoria. Et videtur quod non quia, secundum Augustinum XIII De Trinitate, illud quod est commune nobis et brutis non pertinet ad mentem, memoria autem nobis et brutis communis est, ut patet per Augustinum X Confessionum; ergo memoria non est in mente.

2. Praeterea, Philosophus in cap. De memoria et reminiscentia dicit quod memoria non est intellectivi sed primi sensitivi; cum ergo mens sit idem quod intellectus, ut ex dictis patet, videtur quod memoria non sit in mente.

3. Praeterea, intellectus et omnia quae ad intellectum pertinent abstrahunt ab hic et nunc; memoria vero non abstrahit, concernit namque determinatum tempus, scilicet praeteritum: memoria namque practeritorum est, ut dicit Tullius; ergo memoria non pertinet ad mentem vel intellectum.

4. Praeterea, cum in memoria conserventur aliqua quae non actu apprehenduntur, ubicumque ponitur memoria oportet quod ibi differat apprehendere et retinere; in intellectu autem non differunt sed solum in sensu: propter hoc enim in sensu differe possunt quia sensus organo corporali utitur, non autem omne quod tenetur in corpore apprehenditur; intellectus autem non utitur organo corporali, unde nihil in eo retinetur nisi intelligibiliter, et sic oportet quod actu intelligatur; ergo memoria non est in intellectu sive in mente.

5. Praeterea, anima non memoratur antequam aliquid apud se retineat; sed antequam aliquas species recipiat a sensibus, a quibus omnis cognitio nostra oritur, quas retinere possit, est ad imaginem; cum ergo memoria sit pars imaginis, non videtur quod memoria possit esse in mente.

ARTICLE 2

La mémoire se trouve-t-elle dans l'esprit[23] ?

En second lieu, on se demande si la mémoire est dans l'esprit. Et il semble que non.

1. Car, selon Augustin, au livre XIII de *La Trinité,* ce que nous avons en commun avec les bêtes ne relève pas de l'esprit[24]. Or la mémoire nous est commune avec les bêtes comme il est évident d'après ce que dit Augustin au livre X des *Confessions*[25]. Donc la mémoire ne se trouve pas dans l'esprit.

2. Ensuite, le Philosophe dit dans le livre *De la mémoire et de la réminiscence*[26] que la mémoire n'appartient pas à l'intellect mais plutôt à la faculté primaire sensitive. Donc, comme l'esprit est la même chose que l'intellect – ce qui est évident à partir de ce qui a été dit – on voit que la mémoire n'est pas dans l'esprit.

3. Ensuite l'intellect, et tout ce qui en relève, fait abstraction de ce qui est donné ici et maintenant. Mais la mémoire n'abstrait pas, c'est un fait qu'elle concerne un temps déterminé, à savoir le passé et c'est donc un fait qu'elle porte sur des choses passées, comme Cicéron le rapporte[27], et ainsi elle n'appartient pas à l'esprit ou à l'intellect.

4. Ensuite, parce que la mémoire conserve ce qui n'est pas appréhendé actuellement, il faut que partout où la mémoire est posée, appréhender diffère de retenir. Or appréhender et retenir ne sont pas différents dans l'intellect mais seulement dans le sens. Ils peuvent en effet différer dans le sens car le sens utilise un organe corporel et tout ce qui relève du corps n'est pas appréhendé. L'intellect, pour sa part, n'utilise pas d'organe corporel ; tout ce qui est retenu en lui l'est donc de façon intelligible ; et ainsi il faut que cela soit intelligé actuellement. Donc la mémoire n'est pas dans l'intellect, c'est-à-dire dans l'esprit.

5. Ensuite, l'âme ne se souvient pas avant d'avoir fixé en soi ce qu'elle retient. Mais avant de recueillir des sens, dans lesquelles toute notre connaissance s'origine, quelques *species* qu'elle puisse retenir, l'âme est d'abord et avant tout image de la Trinité. Or, comme la mémoire est une partie de l'image, il ne semble pas qu'elle puisse être dans l'esprit.

6. Praeterea, mens secundum quod est ad imaginem Dei, fertur in Deum; sed memoria non fertur in Deum: est enim memoria eorum quae cadunt sub tempore, Deus autem est omnino supra tempus; ergo memoria non est in mente.

7. Praeterea, si memoria esset pars mentis, species intelligibiles in ipsa mente reservarentur sicut conservantur in mente angeli, sed angelus convertendo se ad species quas penes se habet, potest intelligere; ergo et mens convertendo se ad species retentas, et ita posset intelligere sine hoc quod ad phantasmata converteretur, quod manifeste apparet esse falsum: quantumcumque enim aliquis scientiam in habitu habeat, laeso tamen organo imaginativae virtutis vel memorativae, in actum exire non potest, quod non esset si mens actu intelligere posset non convertendo se ad potentias quae organis utuntur; ergo memoria non est in mente.

SED CONTRA, Philosophus dicit in III De anima quod anima est « locus specierum praeter quod non tota sed intellectiva »; loci autem est conservare contenta in eo; cum igitur conservare species ad memoriam pertineat, videtur quod in intellectu sit memoria.

2. Praeterea, illud quod se habet aequaliter ad omne tempus non concernit aliquod tempus particulare; sed memoria etiam proprie accepta se habet aequaliter ad omne tempus, ut dicit Augustinus XIV De Trinitate, et probat per dicta Virgilii qui proprie nomine memoriae et oblivionis usus est; ergo memoria non concernit aliquod tempus particulare sed omne ergo; ad intellectum pertinet.

3. Praeterea, memoria proprie accipiendo est praeteritorum; sed intellectus non solum est praesentium sed etiam praeteritorum: intellectus enim compositionem format secundum quodlibet tempus intelligens hominem fuisse, futurum esse et esse, ut patet in III De anima ergo memoria proprie loquendo ad intellectum potest pertinere.

4. Praeterea, sicut memoria est praeteritorum, ita providentia est futurorum secundum Tullium; sed providentia est in parte intellectiva proprie accipiendo; ergo eadem ratione et memoria.

6. Ensuite, l'esprit est porté vers Dieu en ce qu'il est à l'image de Dieu, mais ce n'est pas le cas de la mémoire. Elle relève en effet des choses qui tombent sous le temps. Or Dieu est absolument au dessus du temps. Donc la mémoire ne se trouve pas dans l'esprit.

7. Ensuite, si la mémoire était une partie de l'esprit, les *species* intelligibles seraient réservées en notre esprit comme elles sont conservées dans l'esprit de l'ange. Mais l'ange peut intelliger en se tournant vers les *species* qu'il a en sa possession. Donc s'il en est de même pour nous, l'esprit en se tournant vers les *species* qu'il retient pourrait intelliger sans avoir à faire retour aux phantasmes ; ce qui semble manifestement faux. Quelqu'un peut posséder une science en *habitus* aussi vaste qu'on voudra, cependant si l'organe de la faculté imaginative ou remémorative est endommagé, elle ne pourra s'actualiser, ce qui ne serait pas le cas si l'esprit pouvait intelliger en acte sans se tourner vers des puissances qui utilisent des organes. Donc la mémoire n'est pas dans l'esprit[28].

EN SENS CONTRAIRE :

1. Le Philosophe dit, au livre III du traité *De l'âme,* que « l'âme est le lieu des *species* et non pas l'âme tout entière mais seulement l'âme intellective »[29]. Or c'est le propre de ce lieu de conserver les choses qui sont contenues en lui. Donc puisque conserver les *species* relève de la mémoire, il semble que la mémoire soit dans l'intellect.

2. Ensuite, ce qui se rapporte également à tout temps ne concerne pas un temps en particulier. Mais la mémoire prise au sens propre se rapporte à tout temps, comme le dit Augustin au livre XIV de *La Trinité*[30], et il le prouve en citant Virgile qui a utilisé les mots de mémoire et d'oubli en un sens approprié[31]. Donc la mémoire ne concerne pas quelque temps en particulier mais tout temps. Donc elle appartient à l'intellect.

3. Ensuite, on entend généralement la mémoire au sens propre comme ce qui se réfère à des choses passées. Or l'intellect ne concerne pas seulement le présent mais encore le passé. En effet, l'intellect forme un jugement d'après chaque temps lorsqu'il comprend qu'un homme a existé, existera, ou existe, comme cela est évident au livre III du traité *De l'âme*[32] Donc, à proprement parler, la mémoire peut appartenir à l'intellect.

4. Comme la mémoire concerne le passé, la prévision d'après Cicéron[33] s'étend aux choses futures. Mais la prévision appartient, à proprement parler, à la partie intellective. Et il en est de même pour la mémoire si on lui applique le même raisonnement.

RESPONSIO. Dicendum quod memoria secundum communem usum loquentium pro notitia praeteritorum accipitur. Cognoscere autem praeteritum ut est praeteritum, est illius cuius est cognoscere nunc ut nunc; hoc autem est sensus. Sicuti enim intellectus non cognoscit singulare ut est hoc sed secundum aliquam communem rationem, ut in quantum est homo vel albus vel etiam particularis, non autem in quantum est hic homo vel particulare hoc, ita etiam intellectus cognoscit praesens et praeteritum, non in quantum est hoc nunc et hoc praeteritum. Unde cum memoria secundum propriam sui acceptionem respiciat ad id quod est praeteritum respectu huius nunc, constat quod memoria proprie loquendo non est in parte intellectiva sed sensitiva tantum, ut Philosophus probat.

Sed quia intellectus non solum intelligit intelligibile sed etiam intelligit se intelligere tale intelligibile, ideo nomen memoriae potest extendi ad notitiam qua, etsi non cognoscatur obiectum ut in praeteritione modo praedicto, cognoscitur tamen obiectum de quo etiam prius est notitia habita in quantum aliquis scit se eam prius habuisse; et sic omnis notitia non de novo accepta potest dici memoria. Sed hoc contingit dupliciter: uno modo quando consideratio secundum notitiam habitam non est intercisa sed continua; alio vero modo quando est intercisa, et sic habet plus de ratione praeteriti, unde et magis proprie ad rationem memoriae attingit, ut scilicet dicamur illius habere memoriam quod prius habitualiter cognoscebamus non autem in actu. Et sic memoria est in parte intellectiva nostrae animae; et hoc modo videtur Augustinus memoriam accipere ponens eam partem imaginis: vult enim omne illud quod habitualiter in mente tenetur ut in actu non prodeat, ad memoriam pertinere.

Quomodo autem hoc possit contingere diversimode a diversis ponitur. Avicenna enim in VI De naturalibus ponit quod hoc non contingit – quod anima habitualiter notitiam teneat alicuius rei quam actu non considerat – ex hoc quod aliquae species actu conserventur in parte intellectiva, sed vult quod species actualiter non consideratae non possunt

RÉPONSE :

Dans l'usage commun, le mot « mémoire » désigne la connaissance des choses passées. Mais connaître le passé comme passé appartient à ce dont relève la connaissance du maintenant comme maintenant, c'est-à-dire relève du sens. En effet, de même que l'intellect ne connaît pas le singulier en tant qu'il est ceci mais selon quelque raison commune, par exemple en tant qu'il est homme ou blanc ou encore particulier mais non en tant que cet homme-ci ou ce particulier; de même l'intellect connaît le présent et le passé mais non en tant qu'il est ce présent et ce passé. Puisque la mémoire, selon l'acception propre, concerne ce qui est passé par rapport au présent, il est clair que la mémoire, à proprement parler, n'appartient pas à la partie intellective de l'âme mais seulement à la partie sensitive, comme le prouve le Philosophe [34].

Mais puisque l'intellect intellige non seulement l'intelligible mais aussi s'intellige intelliger cet intelligible, le nom de mémoire peut, pour cette raison, être étendu à la connaissance par laquelle même si l'objet n'est pas connu en tant qu'il est dans le passé, au sens vu plus haut, un objet dont on a eu auparavant une connaissance est connu pour autant que quelqu'un sait avoir eu auparavant cette connaissance. Ainsi, toute connaissance qui n'est pas nouvellement reçue peut être nommée mémoire. Mais cela arrive de deux façons; d'une première manière quand l'examen selon la connaissance n'est pas interrompu mais continu, et aussi d'une autre manière quand il est interrompu, et ainsi, cet examen-là participe plus de la raison du passé et appartient par conséquent plus proprement à la raison de mémoire, comme lorsque nous disons qu'il y a mémoire de cette chose que nous connaissions auparavant de façon habituelle mais non pas en acte. Et ainsi la mémoire est dans la partie intellective de notre âme, et Augustin semble comprendre la mémoire en ce sens [35] quand il la pose comme une partie de l'image de la Trinité en nous ; il considère en effet que ce qui est habituellement retenu dans l'esprit sans passer à l'acte relève de la mémoire [36].

La manière dont cela a lieu est présentée de façon différente par les différents auteurs. En effet, Avicenne au livre VI *Des natures* [37] affirme que cela n'a pas lieu – que l'âme contienne habituellement la connaissance de quelque chose qu'elle ne contemple pas en acte – parce que certaines *species* seraient conservées dans la partie intellectuelle ; mais il considère que les *species* qui ne sont pas contemplées en acte ne

conservari nisi in parte sensitiva, vel quantum ad imaginationem quae est thesaurus formarum a sensu acceptarum, vel quantum ad memoriam quantum ad intentiones particulares non acceptas a sensibus. In intellectu vero non permanet species nisi quando actu consideratur, post considerationem vero in eo esse desinit; unde quando iterum actu vult considerare aliquid oportet quod species intelligibiles de novo fluant in intellectum possibilem ab intelligentia agente; nec tamen sequitur secundum ipsum quod, quandocumque aliquis de novo debet considerare quae prius scivit, oporteat eum iterum addiscere vel invenire sicut a principio quia relicta est in eo quaedam habilitas per quam facilius se convertit ad intellectum agentem ut ab eo species effluentes recipiat quam prius; et haec habilitas est habitus scientiae in nobis. Et secundum hanc opinionem memoria non esset in mente secundum retentionem aliquarum specierum sed secundum habilitatem ad accipiendum de novo. Sed ista opinio non videtur rationabilis: primo quia, cum intellectus possibilis sit stabilioris naturae quam sensus, oportet quod species in eo recepta stabilius recipiatur; unde magis possunt in eo conservari species quam in parte sensitiva. Secundo quia intelligentia agens aequaliter se habet ad influendum species convenientes omnibus scientiis; unde si in intellectu possibili non conservarentur aliquae species sed sola habilitas ad convertendum se ad intellectum agentem, aequaliter remaneret homo habilis ad quodcumque intelligibile, et ita ex hoc quod homo addisceret unam scientiam, non magis sciret illam quam alias. Et praeterea hoc videtur expresse contrarium sententiae Philosophi in III De anima qui commendat antiquos de hoc quod posuerunt animam esse locum specierum quantum ad intellectivam partem.

Et ideo alii dicunt quod species intelligibiles in intellectu possibili remanent post actualem considerationem, et harum ordinatio est habitus scientiae; et secundum hoc vis qua mens nostra retinere potest huiusmodi intelligibiles species post actualem considerationem, memoria dicetur. Et hoc magis accedit ad propriam significationem memoriae.

peuvent être conservées que dans la partie sensitive, dans une certaine mesure dans l'imagination qui est le trésor des formes reçues des sens, ou bien dans une certaine mesure dans la mémoire en ce qui concerne certaines intentions particulières qui ne sont pas reçues des sens. Mais la *species* ne demeure pas dans l'intellect si elle n'est pas contemplée en acte ; elle cesse d'être en lui après la contemplation ; par conséquent quand l'intellect veut contempler à nouveau quelque chose, il faut à nouveau que les *species* fluent de l'intelligence agente dans l'intellect possible. D'après lui, rien n'implique cependant que, si quelqu'un doit à nouveau contempler des choses qu'il connaissait auparavant, il soit nécessaire qu'il apprenne de nouveau ou qu'il découvre comme au commencement ; parce qu'en lui demeure une disposition par laquelle il se tourne plus facilement vers l'intellect agent de sorte qu'il reçoit de lui les *species* qui s'écoulent ; et cette disposition est en nous l'*habitus* de la science. Et d'après cette opinion, la mémoire ne serait pas dans l'esprit comme la rétention de quelques *species,* mais comme disposition à recevoir à nouveau. Mais cette opinion ne semble pas raisonnable. Premièrement parce que, l'intellect possible étant plus stable que les sens, il est nécessaire que la *species* qui est reçue en lui le soit de façon plus stable ; et par conséquent, il conserve mieux les *species* que la partie sensitive. Deuxièmement, parce que l'intelligence agente est disposée également à influer les *species* qui conviennent à toutes les sciences. Donc, si dans l'intellect possible n'étaient pas conservées certaines *species* mais seulement l'aptitude à se tourner vers l'intellect agent, l'homme resterait capable de n'importe quel intelligible ; et ainsi, du fait que l'homme apprendrait une science seulement, il ne connaîtrait pas cette science plus que les autres. De plus, on voit que cela est expressément contraire à la proposition du Philosophe, dans le livre III *De l'âme*[38], qui recommande les Anciens parce qu'ils posèrent que l'âme est, quant à la partie intellective, le lieu des espèces.

Et pour cette raison d'autres[39] disent que les *species* intelligibles subsistent dans l'intellect possible après que l'esprit les a contemplées actuellement et leur ordonnance est l'*habitus* de la science ; et que cette puissance, par laquelle notre esprit peut retenir les *species* intelligibles après les avoir contemplées actuellement, se nomme la mémoire ; et cela se rapproche plus du sens propre de la mémoire.

1. Ad primum igitur dicendum quod memoria quae communis est nobis et brutis, est illa in qua conservantur particulares intentiones; et haec non est in mente, sed illa tantum in qua conservantur species intelligibiles.

2. Ad secundum dicendum quod Philosophus loquitur de memoria quae est praeteriti prout est relatum ad hoc nunc in quantum est hoc, et sic non est in mente.

3. Unde patet responsio ad tertium.

4. Ad quartum dicendum quod in intellectu possibili differt actu apprehendere et retinere, non ex hoc quod species sit in eo aliquo modo corporaliter, sed intelligibiliter tantum. Nec tamen sequitur quod semper intelligatur secundum illam speciem, sed solum quando intellectus possibilis perfecte fit in actu illius speciei; quandoque vero est imperfecte in actu eius, scilicet quodam modo medio inter puram potentiam et purum actum, et hoc est habitualiter cognoscere, et de hoc modo cognitionis reducitur in actum perfectum per voluntatem quae, secundum Anselmum, est motor omnium virium.

5. Ad quintum dicendum quod mens est ad imaginem praecipue secundum quod fertur in Deum et in se ipsam; ipsa autem est sibi praesens et similiter Deus antequam aliquae species a sensibilibus accipiantur. Et praeterea mens non dicitur habere vim memorativam ex hoc quod actu aliquid teneat sed ex hoc quod est potens tenere.

6. Ad sextum patet responsio ex dictis.

7. Ad septimum dicendum quod nulla potentia potest aliquid cognoscere nisi convertendo se ad obiectum suum, sicut visus nihil cognoscit nisi convertendo <se> ad colorem; unde cum phantasma hoc modo se habeat ad intellectum possibilem sicut sensibilia ad sensum, ut patet per Philosophum in III De anima, quantumcumque aliquam speciem intelligibilem apud se intellectus habeat, numquam tamen actu aliquid considerat secundum illam speciem nisi convertendo se ad phantasma. Et ideo sicut intellectus noster secundum statum viae indiget phantasmatibus ad actu considerandum antequam accipiat habitum, ita et postquam acceperit; secus autem est de angelis quorum intellectus obiectum non est phantasma.

RÉPONSE AUX ARGUMENTS :

1. La mémoire que nous avons en commun avec les bêtes est celle en laquelle sont conservées les intentions particulières ; or cette mémoire-ci n'est pas dans l'esprit, mais seulement celle où les *species* intelligibles sont conservées.

2. Le Philosophe parle de la mémoire qui concerne le passé, en tant qu'il est relié à ce maintenant, dans la mesure où il est ce maintenant-ci, et ainsi il n'est pas dans l'esprit.

3. La réponse à la troisième objection est donc évidente.

4. Dans l'intellect possible, appréhender et retenir ne diffèrent pas parce que la *species* existerait en lui sur quelque mode corporel, car elle existe seulement sur un mode intellectuel. Et cependant, il ne suit pas de là qu'on intellige toujours d'après cette *species,* mais seulement quand l'intellect possible s'actualise parfaitement par rapport à cette espèce. Mais il est parfois imparfaitement en son acte, c'est-à-dire, en quelque façon intermédiaire entre la pure puissance et le pur acte ; et c'est cela connaître habituellement. Mais à partir de ce mode du connaître, il est amené parfaitement à l'acte par la volonté, qui est selon Anselme[40], le moteur de toutes les puissances.

5. L'esprit est à l'image de Dieu, principalement en tant qu'il est porté vers Dieu et vers soi-même. Il est présent à lui même et de même Dieu lui est présent avant de recevoir quelque espèce des sens. En outre, l'esprit n'est pas dit posséder la mémoire parce qu'il comprendrait quelque chose en acte mais parce qu'il peut le comprendre.

6. La réponse à la sixième objection est donc évidente.

7. Aucune puissance ne peut connaître quelque chose sans se tourner vers son objet, comme la vue ne connaît rien si elle ne se tourne pas vers la couleur. Donc, puisque les phantasmes sont disposés pour l'intellect possible comme les sensibles pour les sens, ainsi qu'il est évident d'après ce que dit le Philosophe au livre III du traité *De l'âme*[41], l'intellect possible peut trouver en soi une *species* intelligible, mais, il ne considère jamais pour autant quelque chose en acte d'après cette *species,* s'il ne se tourne pas vers les phantasmes. Et pour cette raison, de même que notre intellect, en tant qu'il est ici-bas, a besoin des phantasmes pour contempler quelque chose en acte avant de recevoir un *habitus,* il en est de même après qu'il l'ait reçu. Mais il en va autrement des anges, de l'intellect desquels l'objet n'est pas le phantasme.

1. Ad primum vero eorum quae in contrarium obiciuntur dicendum quod ex auctoritate illa haberi non potest quod in mente sit memoria nisi secundum modum praedictum, non autem quod proprie.

2. Ad secundum dicendum quod verbum Augustini est intelligendum quod memoria potest esse de praesentibus obiectis ; numquam tamen potest dici memoria nisi consideretur aliquid praeteritum ad minus ex parte ipsius cognitionis ; et secundum hoc etiam dicitur aliquis sui oblivisci vel memorari in quantum de se ipso, qui est praesens sibi, non conservat vel conservat praeteritam cognitionem.

3. Ad tertium dicendum quod, in quantum intellectus cognoscit differentias temporum secundum communes rationes, sic formare potest compositiones secundum quamlibet temporis differentiam.

4. Ad quartum dicendum quod providentia non est in intellectu nisi secundum generales rationes futuri, sed ad particularia applicatur mediante ratione particulari quam oportet mediam intercidere inter rationem universalem moventem et motum qui in particularibus consequitur, ut patet per Philosophum in III De anima.

RÉPONSE AUX ARGUMENTS DE SENS CONTRAIRE :

1. Selon cette autorité, il n'est pas possible de soutenir que la mémoire soit dans l'esprit si ce n'est sur le mode dont on a parlé et d'aucune autre façon qui soit appropriée.

2. La phrase d'Augustin doit être comprise ainsi : la mémoire se rencontre au sujet des objets présents, cependant on ne parle jamais de mémoire si quelque chose n'est pas considéré comme passé au moins quant à sa connaissance ; et d'après ceci, on dit même que quelqu'un s'oublie lui-même ou qu'il se souvient de lui-même dans la mesure où, quoique présent à soi-même, il ne conserve pas la connaissance passée de soi.

3. Dans la mesure où l'intellect connaît la différence des temps d'après les raisons communes, il peut former des propositions selon une quelconque distinction du temps.

4. La prévision n'est dans l'intellect que selon des raisons générales concernant le futur ; mais elle s'applique aux choses particulières moyennant une raison particulière, car il est nécessaire d'interposer la raison moyenne entre la raison universelle motrice et le mû, qui vient après, dans les choses particulières, comme il est évident d'après le Philosophe, au livre III du traité *De l'âme*[42].

ARTICULUS TERTIUS

Tertio quaeritur utrum memoria distinguatur ab intelligentia sicut potentia a potentia. Et videtur quod non : diversarum enim potentiarum sunt diversi actus ; sed intellectus possibilis et memoriae, prout in mente ponitur, est idem actus qui est species retinere : hoc enim Augustinus memoriae, Philosophus autem intellectui possibili attribuit ; ergo memoria non distinguitur ab intelligentia sicut potentia a potentia.

2. Praeterea, accipere aliquid non concernendo aliquam temporis differentiam est proprium intellectus qui abstrahit ab hic et nunc ; sed memoria non concernit aliquam differentiam temporis quia, secundum Augustinum XIV De Trinitate, memoria est communiter praeteritorum, praesentium et futurorum ; ergo memoria ab intellectu non distinguitur.

3. Praeterea, intelligentia accipitur dupliciter secundum Augustinum XIV De Trinitate : uno modo prout dicimur intelligere illud quod actu cogitamus, alio modo prout dicimur intelligere illud quod non actu consideramus ; sed intelligentia secundum quam illud tantum dicimur intelligere quod actu cogitamus est intelligere in actu, quod non est potentia sed operatio alicuius potentiae, et sic non distinguitur a memoria sicut potentia a potentia ; secundum vero quod intelligimus ea quae non actu cogitamus, nullo modo a memoria distinguitur sed ad memoriam pertinet, quod patet per Augustinum XIV De Trinitate ubi sic dicit « Si nos referamus ad interiorem mentis

ARTICLE 3

La mémoire est-elle distincte de l'intelligence comme une puissance par rapport à une autre puissance[43] ?

En troisième lieu, on se demande si la mémoire est distincte de l'intelligence comme une puissance par rapport à une autre puissance. Et il semble que non.

1. En effet, des actes différents appartiennent à des puissances différentes. Mais un seul et même acte qui consiste à retenir les *species* relève de l'intellect possible et de la mémoire dans la mesure où ils sont dans l'esprit, en effet ce qu'Augustin attribuait à la mémoire, le Philosophe l'attribuait à l'intellect possible[44]. Donc la mémoire n'est pas distincte de l'intellect comme une puissance par rapport à une autre puissance.

2. Ensuite, c'est le propre de l'intellect qui fait abstraction de l'ici et du maintenant de recevoir quelque chose qui ne concerne aucune des distinctions du temps. Mais la mémoire ne concerne pas quelque distinction temporelle puisque selon ce que dit Augustin au livre XIV de *La Trinité*[45], la mémoire relève tout ensemble du présent, du passé et du futur. Donc la mémoire n'est pas distincte de l'intelligence.

3. Ensuite, selon Augustin dans *La Trinité,* au livre XIV, l'intelligence se prend de deux façons[46]. D'une part en tant que nous sommes dits intelliger ce que nous pensons en acte; d'autre part en tant que nous sommes dits intelliger ce que nous ne contemplons pas en acte[47]. Mais l'intelligence par laquelle on dit que nous intelligeons seulement ce que nous pensons en acte consiste précisément à intelliger en acte; ce qui n'est pas une puissance mais l'opération d'une puissance. et ainsi elle ne se distingue pas de la mémoire comme une puissance par rapport à une autre puissance. Et en tant que nous intelligeons les choses que nous ne pensons pas en acte, elle ne se distingue aucunement de la mémoire mais relève de la mémoire comme il est évident d'après ce que dit Augustin au livre XIV de *La Trinité* où il écrit: « Si en effet nous nous reportons à la mémoire intérieure, par laquelle l'esprit se

memoriam qua sui meminit, et interiorem intelligentiam qua se intelligit, et interiorem voluntatem qua se diligit, ubi haec tria simul semper sunt, sive cogitarentur sive non cogitarentur videbitur quidem imago Trinitatis ad solam memoriam pertinere » ; ergo intelligentia nullo modo distinguitur a memoria sicut potentia a potentia.

4. Si dicatur quod intelligentia est quaedam potentia secundum quam anima est potens actu cogitare, et sic etiam intelligentia qua non dicimur intelligere nisi cogitantes, distinguitur a memoria sicut potentia a potentia. – Contra, eiusdem potentiae est habitum habere et uti habitu ; sed intelligere non cogitando est intelligere in habitu, intelligere autem cogitando est uti habitu ; ergo ad eandem potentiam pertinet intelligere non cogitando et intelligere cogitando, et sic per hoc non diversificatur intelligentia a memoria sicut potentia a potentia.

5. Praeterea, in intellectiva parte animae non invenitur aliqua potentia nisi cognitiva et motiva vel affectiva ; sed voluntas est affectiva vel motiva, intelligentia autem est cognitiva ; ergo memoria non est alia potentia ab intelligentia.

SED CONTRA est quod Augustinus dicit XIV De Trinitate, quod secundum hoc anima est ad imaginem Dei quod uti ratione atque intellectu ad intelligendum Deum et conspiciendum potest ; sed potest anima conspicere secundum potentiam ; ergo imago in anima attenditur secundum potentias ; sed imago in anima attenditur secundum quod haec tria in ea inveniuntur : memoria, intelligentia et voluntas ; ergo haec tria sunt tres potentiae distinctae.

2. Praeterea, si ista tria non sunt tres potentiae, oportet aliquid eorum esse actum sive operationem ; sed actus non semper est in anima : non enim semper actu intelligit vel vult ; ergo ista tria non semper erunt in anima, et sic non semper erit anima ad imaginem Dei, quod est contra Augustinum.

3. Praeterea, inter haec tria invenitur aequalitas per quam aequalitas divinarum personarum repraesentatur ; sed inter actum et habitum vel potentiam non invenitur aequalitas quia ad plura se extendit potentia quam habitus et habitus quam

souvient de lui-même, à l'intelligence intérieure par laquelle il se comprend, et à la volonté intérieure par laquelle il s'aime, en ce centre où elles sont toujours ensemble, avec ou sans intervention de la pensée, il apparaîtra bien que l'image de Dieu appartient aussi à la seule mémoire »[48]. Donc l'intelligence n'est en aucune façon distincte de la mémoire comme une puissance par rapport à une autre puissance.

4. Si l'on objecte que l'intelligence est une certaine puissance selon laquelle l'âme est capable de penser en acte et qu'ainsi même l'intelligence, par laquelle nous ne sommes dits intelliger que si nous pensons, se distingue de la mémoire comme une puissance d'une puissance. – Il faut alors répondre que posséder un *habitus* et se servir de cet *habitus* relèvent de la même puissance. Intelliger sans penser, c'est intelliger en *habitus* et intelliger en pensant, c'est utiliser l'*habitus*. Donc intelliger sans penser et intelliger en pensant appartiennent à une même puissance : et l'intelligence ne se différencie pas par là de la mémoire comme une puissance par rapport à une autre puissance.

5. Ensuite, on ne trouve pas dans la partie intellective de l'âme d'autre puissance que la puissance cognitive et motrice ou affective. Mais la volonté est affective ou motrice, et l'intelligence est cognitive. Donc la mémoire n'est pas une autre puissance que l'intelligence.

EN SENS CONTRAIRE :

1. Augustin dit au livre XIV de *La Trinité* que « l'âme est à l'image de Dieu, dans la mesure où elle peut se servir de la raison et de l'intellect pour comprendre Dieu et le contempler »[49]. Mais l'âme peut contempler selon sa puissance. Donc l'image de Dieu appartient à l'âme selon ses puissances. Or l'image appartient à l'âme selon que se rencontrent ces trois facultés : mémoire, intelligence et volonté. Ainsi, ces trois facultés sont trois puissances distinctes.

2. Ensuite, si celles-la ne sont pas trois puissances, il faut que quelqu'une parmi elles soit un acte ou une opération. Mais un acte n'est pas toujours dans l'âme, en effet ce n'est pas toujours en acte qu'elle intellige ou bien qu'elle veut. Donc ces trois facultés ne seront pas toujours dans l'âme et ainsi elle ne serait pas toujours à l'image de Dieu, ce qui est contraire à Augustin[50].

3. Ensuite, on trouve entre ces trois facultés une égalité, par laquelle est représentée l'égalité des trois personnes. Mais entre l'acte et l'*habitus*, ou bien la puissance, on ne trouve pas d'égalité ; parce que la puissance s'étend à plus de choses que l'*habitus*, et l'*habitus* à plus de

actus, quia unius potentiae sunt plures habitus et ab uno habitu plures actus eliciuntur; ergo non potest esse quod aliquod eorum sit habitus et aliud actus.

RESPONSIO. Dicendum quod imago Trinitatis in anima potest assignari dupliciter: uno modo secundum perfectam imitationem Trinitatis, alio modo secundum imperfectam. Anima quidem perfecte Trinitatem imitatur secundum quod meminit, intelligit actu et vult actu; quod ideo est quia in illa Trinitate increata media in Trinitate persona est Verbum, verbum autem esse non potest sine actuali cogitatione. Unde secundum hunc modum perfectae imitationis assignat Augustinus imaginem in his tribus: memoria, intelligentia et voluntate, prout memoria importat habitualem notitiam, intelligentia vero actualem cogitationem ex illa notitia prodeuntem, voluntas vero actualem voluntatis motum ex cogitatione procedentem. Et hoc expresse patet ex hoc quod dicit in XIV De Trinitate sic dicens «Quia ibi», scilicet in mente, «verbum esse sine cogitatione non potest; cogitamus enim omne quod dicimus illo interiori verbo quod ad nullius gentis pertinet linguam, in tribus potius illis imago ista cognoscitur, memoria scilicet, intelligentia, voluntate. Hanc autem nunc dico intelligentiam qua intelligimus cogitantes, et eam voluntatem quae istam prolem parentemque coniungit».

Imago vero secundum imperfectam imitationem est quando assignatur secundum habitus et potentias, et sic assignat Trinitatis imaginem in anima in IX De Trinitate quantum ad haec tria: mens, notitia et amor, ut mens nominet potentiam, notitia vero et amor habitus in ea existentes. Et sicut posuit notitiam, ita ponere potuisset intelligentiam habitualem: utrumque enim habitualiter accipi potest, ut patet ex hoc quod dicit in XIV De Trinitate «Numquid recte possumus dicere: iste musicus novit quidem musicam, sed nunc eam non intelligit, quia eam non cogitat; intelligit vero nunc geometriam, hanc enim nunc cogitat? Absurda est quantum apparet ista sententia». Et sic secundum hanc assignationem haec duo, quae sunt notitia et amor habitualiter accepta, ad memoriam tantum pertinent, ut patet per auctoritatem eiusdem in obiciendo inductam. Sed quia actus sunt in potentiis radicaliter

choses que l'acte; car plusieurs *habitus* appartiennent à une seule puissance, et que d'un *habitus* proviennent plusieurs actes. Donc, il n'est pas possible que parmi elles, l'une soit un *habitus* et l'autre un acte.

RÉPONSE :

L'image de la Trinité peut être déterminée de deux façons : 1° comme imitation parfaite de la Trinité et 2° comme imitation imparfaite. En effet, l'âme imite parfaitement la Trinité en tant qu'elle se souvient en acte, comprend en acte et veut en acte. Il en est ainsi car dans la Trinité incréée, la personne intermédiaire est le Verbe ; or le verbe ne peut exister en dehors d'une pensée en acte. Ainsi Augustin, suivant le mode d'imitation parfaite, définit l'image de Dieu en ces trois termes : mémoire, intelligence, volonté ; dans la mesure où la mémoire désigne une connaissance habituelle, l'intelligence une pensée actuelle procédant de cette connaissance habituelle, et la volonté un mouvement en acte de la volonté procédant de cette pensée. Et cela est évident d'après ce qu'Augustin dit dans le livre XIV de *La Trinité* : « … mais comme ici, à savoir dans l'esprit, il ne peut y avoir de verbe sans pensée ; nous pensons en effet tout ce que nous disons dans le verbe intérieur qui n'appartient à aucune langue, nous reconnaissons que cette image se trouve plutôt dans ces trois facultés : mémoire, intelligence, volonté, ce que j'appelle maintenant intelligence par laquelle nous intelligeons lorsque nous pensons, et volonté le principe qui unit le terme engendré et le terme engendrant »[51].

Mais on trouve l'image selon le mode d'imitation imparfaite quand elle est définie selon les *habitus* et les puissances ; c'est ainsi qu'Augustin, au livre IX de *La Trinité*[52], définit l'image de la Trinité en l'âme selon les trois termes : esprit, connaissance et amour, où l'esprit désigne une puissance, et la connaissance et l'amour les *habitus* existant sous cette puissance ; et c'est d'une manière similaire qu'il a posé, dans les définitions de la trinité dans l'âme, la connaissance d'un côté et la connaissance habituelle de l'autre ; en effet chacun de ces termes peut être pris comme habituel, comme cela est évident à partir de ce qui est dit au livre XIV de *La Trinité* : « Serait-il juste de dire ce musicien connaît la musique mais pour l'instant il ne la comprend pas, parce qu'il n'y pense pas, par contre il comprend pour l'instant la géométrie, car c'est à elle que pour l'instant il pense ? Phrase absurde s'il semble »[53]. Et ainsi, selon cette définition, ces deux termes : amour et connaissance, pris comme *habitus,* appartiennent seulement à la mémoire, comme il est évident par l'autorité d'Augustin citée dans l'argument. Mais parce que les actes sont compris dans les puissances

sicut effectus in causis, ideo etiam perfecta imitatio, quae est secundum memoriam, intelligentiam actualem et voluntatem actualem, potest originaliter inveniri in potentiis secundum quas anima potest meminisse, intelligere actualiter et velle, ut per verba Augustini inducta patet.

Et sic imago attendetur secundum potentias ; non tamen hoc modo quod memoria possit esse in mente aliqua potentia praeter intelligentiam, quod sic patet. Potentiae enim non diversificantur ex diversitate obiectorum nisi diversitas obiectorum sit ex his quae per se accidunt obiectis secundum quod sunt talium potentiarum obiecta ; unde calidum et frigidum, quae colorato accidunt, in quantum huiusmodi non diversificant potentiam visivam : eiusdem enim visivae potentiae est videre coloratum calidum et frigidum, dulce et amarum. Quamvis autem mens sive intellectus aliquo modo cognoscere possit praeteritum, tamen cum indifferenter se habeat ad cognoscenda praesentia, praeterita et futura, differentia praesentis et praeteriti est accidentalis intelligibili in quantum huiusmodi ; unde quamvis in mente aliquo modo possit esse memoria, non tamen potest esse ut potentia quaedam per se distincta ab aliis per modum quo philosophi de distinctione potentiarum loquuntur, sed hoc modo solummodo inveniri potest memoria in parte animae sensitiva quae fertur ad praesens in quantum est praesens ; unde si debeat ferri in praeteri requiritur aliqua altior virtus quam ipse sensus. Nihilominus tamen, etsi memoria non sit potentia distincta ab intelligentia prout intelligentia sumitur pro potentia, tamen invenitur trinitas in anima etiam considerando ipsas potentias secundum quod una potentia, quae est intellectus, habet habitudinem ad diversa, scilicet ad tenendum notitiam alicuius habitualiter et ad considerandum illud actualiter, sicut etiam Augustinus distinguit rationem inferiorem a superiori secundum habitudinem ad diversa.

1. Ad primum igitur dicendum quod, quamvis memoria prout est in mente non sit alia potentia ab intellectu possibili distincta, tamen inter intellectum possibilem et memoriam invenitur distinctio secundum habitudinem ad diversa, ut ex dictis patet.

2-5. Et similiter dicendum ad quatuor sequentia.

aussi radicalement que les effets sont compris dans leurs causes, l'imitation parfaite qui se prend selon la trinité : mémoire, intelligence actuelle et volonté actuelle, peut être découverte de façon originaire dans les puissances à partir desquelles l'âme peut se souvenir, comprendre actuellement et vouloir, comme cela est évident d'après les pensées d'Augustin citées dans l'argument.

Et ainsi l'image de la Trinité se retrouve selon les puissances, non pas cependant de sorte que la mémoire puisse être dans l'esprit une autre puissance que l'intelligence comme cela est évident. Les puissances ne sont distinguées par la diversité des objets que si cette diversité d'objets provient des accidents qui conviennent à ces objets, pour autant qu'ils sont les objets de telles puissances ; donc le chaud et le froid qui sont des accidents du coloré, dans la mesure où ils sont de cette façon, ne diversifient pas la puissance de voir : c'est à la même puissance de voir qu'il revient de voir le coloré chaud et froid, doux et amer. Bien que l'esprit ou l'intellect puisse connaître le passé d'une certaine façon, cependant comme il est indifférent à connaître les choses comme présentes, passées ou futures, la différence du présent et du passé est pour l'intelligible en tant que telle accidentelle. Par conséquent, bien que la mémoire puisse être dans l'esprit en quelque façon, cependant elle ne peut y être comme quelque puissance par soi distincte des autres, à la manière dont les philosophes parlent de la distinction des puissances ; mais cette mémoire peut seulement se rencontrer dans la partie sensitive de l'âme, laquelle est dirigée vers le présent en tant que présent ; donc si elle devait être dirigée vers le passé, elle exigerait quelque puissance plus haute que le sens lui même. Cependant même si la mémoire n'est pas une puissance distincte de l'intelligence, dans la mesure où l'intelligence est saisie comme une puissance, on rencontre la Trinité en l'âme en considérant ses puissances, selon qu'une seule puissance, qui est l'intellect, se rapporte à divers actes, à savoir pour pour posséder habituellement la connaissance de quelque chose et pour le considérer actuellement ; et de la même façon Augustin[54] distingue la raison inférieure et la raison supérieure selon un rapport à des choses diverses.

RÉPONSE AUX ARGUMENTS :

1. Bien que la mémoire, en tant qu'elle est dans l'esprit, ne soit pas une puissance différente de l'intellect possible ; cependant entre l'intellect possible et la mémoire, on découvre une différence d'après un rapport à des choses différentes, comme il est évident à partir de ce qui a été dit plus haut.

2-5. Et on doit répondre de même aux quatre objections suivantes.

1. Ad primum vero in contrarium dicendum quod Augustinus ibi loquitur de imagine inventa in anima non secundum perfectam imitationem quae est quando actu imitatur Trinitatem intelligendo eam.

2. Ad secundum dicendum quod semper est in anima imago Trinitatis aliquo modo, sed non secundum perfectam imitationem.

3. Ad tertium dicendum quod inter potentiam et actum et habitum potest esse aequalitas secundum quod comparantur ad unum obiectum, et sic imago Trinitatis invenitur in anima secundum quod fertur in Deum; et tamen etiam communiter loquendo de potentia habitu et actu invenitur in eis aequalitas, non quidem secundum proprietatem naturae quia alterius modi habet esse operatio, habitus et potentia, sed secundum comparationem ad actum secundum quam consideratur horum trium quantitas; nec oportet quod accipiatur unus actus tantum numero aut unus habitus, sed actus et habitus in genere.

RÉPONSE AUX ARGUMENTS DE SENS CONTRAIRE :

1. Augustin parle ici de l'image de la Trinité en l'âme non pas d'après l'imitation parfaite qui a lieu quand on imite en acte la Trinité en l'intelligeant.

2. L'image de la Trinité est toujours en l'âme en quelque façon, mais non pas selon l'imitation parfaite.

3. Entre la puissance, l'acte et l'*habitus,* il peut y avoir égalité selon qu'ils se rapportent à un même objet ; et ainsi, on trouve l'image de la Trinité en l'âme en tant qu'elle est portée vers Dieu. Cependant, même en usant du sens communément admis de la puissance, de l'*habitus,* et de l'acte, on trouve entre eux une égalité non pas selon une propriété de nature, puisque l'opération possède l'être sur un autre mode que l'*habitus* et la puissance, mais selon leur rapport à l'acte par lequel on considère la quantité de ces trois termes : et il ne faut pas comprendre ici un seul acte ou un seul *habitus* selon le nombre, mais un acte et un *habitus* selon le genre.

ARTICULUS QUARTUS

Quarto quaeritur utrum mens cognoscat res materiales. Et videtur quod non : mens enim non cognoscit aliquid nisi intellectuali cognitione ; sed, ut habetur in glosa <II> Cor. XII[2] « illa est intellectualis visio quae eas res continet quae non habent imagines sui similes, quae non sunt quod ipsae » ; cum igitur res materiales non possint esse in anima per se ipsas sed solum per 'imagines sui similes quae non sunt quod ipsae', videtur quod mens materialia non cognoscat.

2. Praeterea, Augustinus XII Super Genesim ad litteram dicit « Mente intelliguntur quae nec corpora sunt nec similitudines corporum » ; sed res materiales sunt corpora et similitudines corporum habent ; ergo mente non cognoscuntur.

3. Praeterea, mens sive intellectus habet cognoscere quiditatem rerum quia obiectum intellectus est 'quod quid est', ut dicitur in III De anima ; sed quiditas rerum materialium non est ipsa corporeitas, alias oporteret omnia quae quiditatem habent corporea esse ; ergo materialia mens non cognoscit.

4. Praeterea, cognitio mentis consequitur formam quae est principium cognoscendi ; sed formae intelligibiles quae sunt in mente sunt omnino immateriales ; ergo per eas mens non potest res materiales cognoscere.

5. Praeterea, omnis cognitio est per assimilationem ; sed non potest esse assimilatio inter mentem et materialia quia similitudinem facit unitas qualitatis, qualitates autem rerum materialium sunt corporalia accidentia quae in mente esse non possunt ; ergo mens non potest materialia cognoscere.

ARTICLE 4

L'esprit connaît-il les choses matérielles[55] ?

En quatrième lieu, on se demande si l'esprit connaît les choses matérielles. Et il semble que non.

1. L'esprit ne connaît en effet quelque chose que par une connaissance intellectuelle. Mais comme cela se trouve dit dans la*Glose* II *Cor.* XII2 : « est intellectuelle la vision qui contient toutes ces choses qui n'ont pas d'images semblables à elles, qui ne sont pas ce que les choses matérielles sont »[56]. Puisque les choses matérielles ne peuvent être dans l'âme par elles mêmes, mais seulement par « des similitudes qui ne sont pas ce que les choses matérielles sont » ; il semble que l'esprit ne connaisse pas les choses matérielles.

2. Ensuite, Augustin, dans *La Genèse au sens littéral,* dit : « Par l'esprit, on comprend ce qui n'est ni les corps, ni les similitudes des corps »[57]. Mais les choses matérielles sont des corps et possèdent des similitudes. Donc elles ne sont pas connues par l'esprit.

3. Ensuite, l'esprit ou l'intellect a à connaître la quiddité des choses puisque l'objet de l'intellect est le ' ce que c'est ' comme il est dit dans le livre III du traité *De l'âme*[58] Mais la quiddité des choses matérielles n'est pas la corporéité elle-même, autrement il faudrait que tout ce qui a une quiddité soit corporel. Donc l'esprit ne connaît pas les choses matérielles.

4. Ensuite, la connaissance de l'esprit suppose une forme qui est le principe de la connaissance. Mais les formes intelligibles qui sont dans l'esprit sont tout à fait immatérielles. Donc l'esprit ne peut connaître les choses matérielles par leur intermédiaire.

5. Ensuite, toute connaissance se fait par assimilation. Mais, il ne peut y avoir d'assimilation entre l'esprit et les choses matérielles puisque l'unité de qualité constitue la similitude, or les qualités des choses corporelles sont des accidents corporels qui ne peuvent être dans l'esprit. Donc l'esprit ne peut connaître les choses matérielles.

6. Praeterea, mens nihil cognoscit nisi abstrahendo a materia et a condicionibus materiae ; sed res materiales quae sunt res naturales non possunt etiam secundum intellectum a materia separari quia in eorum diffinitionibus cadit materia ; ergo materialia per mentem cognosci non possunt.

SED CONTRA, ea quae ad scientiam naturalem pertinent, mente cognoscuntur ; sed scientia naturalis de rebus materialibus est ; ergo mens res materiales cognoscit.

2. Praeterea, « unusquisque bene iudicat quae cognoscit et horum est optimus iudex », ut dicitur in I Ethicorum ; sed, sicut dicit Augustinus XII Super Genesim ad litteram, per mentem « ista inferiora iudicantur » ; ergo haec inferiora materialia per mentem intelliguntur.

3. Praeterea, per sensum non cognoscimus nisi materialia ; sed cognitio mentis a sensu oritur ; ergo et mens materiales res cognoscit.

RESPONSIO. Dicendum quod omnis cognitio est secundum aliquam formam quae est in cognoscente principium cognitionis. Forma autem huiusmodi dupliciter potest considerari : uno modo secundum esse quod habet in cognoscente, alio modo secundum respectum quem habet ad rem cuius est similitudo. Secundum quidem primum respectum facit cognoscentem actu cognoscere, sed secundum respectum secundum determinat cognitionem ad aliquod cognoscibile determinatum ; et ideo modus cognoscendi rem aliquam est secundum condicionem cognoscentis in quo forma recipitur secundum modum eius. Non autem oportet quod res cognita sit secundum modum cognoscentis, vel secundum illum modum quo forma, quae est cognoscendi principium, esse habet in cognoscente ; unde nihil prohibet per formas quae in mente immaterialiter existunt res materiales cognosci.

Hoc autem differenter contingit in mente humana quae formas accipit a rebus, et in divina vel angelica quae a rebus non accipiunt. In mente enim accipiente scientiam a rebus, formae existunt per quandam actionem rerum in animam ; omnis autem actio est per formam ; unde formae quae sunt in mente nostra primo et principaliter respiciunt res extra animam existentes quantum ad formas earum. Quarum est duplex

6. Ensuite, l'esprit ne connaît rien sinon par abstraction de la matière et des conditions de la matière. Mais les choses matérielles qui sont des choses naturelles ne peuvent être séparées de la matière, même selon l'intellect, parce que la matière appartient à leur définition. Donc, l'esprit ne peut connaître les choses matérielles[59].

EN SENS CONTRAIRE :

1. Les choses qui appartiennent à la science naturelle sont connues par l'esprit. Or la science naturelle concerne les choses matérielles. Donc les choses matérielles peuvent être connues par l'esprit.

2. Ensuite, « chacun juge bien des choses qu'il connaît et en est le meilleur juge », comme il est dit au livre I de *L'Ethique à Nicomaque*[60]. Or comme le dit Augustin dans le livre XII de *La Genèse au sens littéral*[61], « les choses d'ici-bas sont jugées » par l'esprit. Donc les choses matérielles d'ici-bas sont intelligées par l'esprit.

3. Ensuite, nous ne connaissons rien par les sens sinon les choses matérielles. Mais la connaissance de l'esprit tire son origine des sens. Donc l'esprit connaît les choses matérielles.

RÉPONSE :

Toute connaissance suppose une forme qui est dans le connaissant principe de connaissance. Or une forme de cette sorte peut être considérée de deux façons : 1° selon l'être qu'elle possède dans le connaissant 2° selon le rapport qu'elle entretient avec la chose dont elle est la similitude[62]. Sous le premier rapport, elle fait connaître en acte le connaissant, mais sous le deuxième rapport, elle ordonne la connaissance à quelque chose de connaissable déterminé. Et pour cette raison, la manière de connaître quelque chose est propre à la condition du connaissant dans lequel la forme est reçue conformément à son mode d'être. Mais il n'est pas nécessaire que la chose connue existe conformément à la manière d'être du connaissant, ou soit proportionnée à la manière par laquelle la forme, qui est principe de connaissance, a l'être dans le connaissant. Rien n'interdit donc que les choses matérielles soient connues par les formes qui existent de façon immatérielle dans l'esprit[63].

Mais cela a lieu différemment pour l'esprit humain, qui reçoit les formes des choses, et pour l'esprit divin ou angélique, qui ne les reçoivent pas des choses. Dans l'esprit qui reçoit la science des choses, les formes existent par quelque action des choses sur l'âme ; or toute action résulte d'une forme ; par conséquent les formes qui sont dans notre esprit concernent premièrement et principalement les choses existant hors de l'âme relativement à leur forme. De ces formes, il y a

modus : quaedam enim sunt quae nullam sibi materiam determinant, ut linea, superficies et huiusmodi ; quaedam autem determinant sibi specialem materiam, sicut omnes formae naturales. Ex cognitione ergo formarum quae nullam sibi materiam determinant non relinquitur aliqua cognitio de materia, sed ex cognitione formarum quae determinant sibi materiam cognoscitur etiam ipsa materia aliquo modo, scilicet secundum habitudinem quam habet ad formam. Et propter hoc dicit Philosophus in I Physicorum quod materia prima est « scibilis secundum analogiam », et sic per similitudinem formae ipsa res materialis cognoscitur, sicut aliquis ex hoc ipso quod cognoscit simitatem, cognosceret nasum simum.

Sed formae rerum in mente divina existentes sunt, ex quibus fluit esse rerum quod est communiter formae et materiae ; unde et formae illae respiciunt materiam et formam immediate, non unum per alterum ; et similiter formae intellectus angelici quae sunt similes formis mentis divinae, quamvis non sint causae rerum. Et sic mens nostra de rebus materialibus immaterialem cognitionem habet ; mens vero divina et angelica materialia immaterialius et tamen perfectius cognoscit.

1. Ad primum igitur dicendum quod auctoritas illa dupliciter potest exponi : uno modo ut referatur ad visionem intellectualem quantum ad omnia quae sub ipsa comprehenduntur, et sic dicitur esse intellectualis visio illarum tantum rerum « quae non habent imagines sui similes quae non sint quod ipsae », non ut hoc intelligatur de imaginibus quibus res intellectuali visione videntur, quae sunt quasi medium cognoscendi, sed quia ipsa cognita per intellectualem visionem sunt res ipsae et non rerum imagines, quod in visione corporali, scilicet sensitiva, et spirituali, scilicet imaginaria, non accidit : obiecta enim imaginationis et sensus sunt quaedam accidentia ex quibus quaedam rei figura vel imago constituitur, sed obiectum intellectus est ipsa rei essentia, quamvis essentiam rei cognoscat per eius similitudinem sicut per medium cognoscendi, non sicut per obiectum in quod primo feratur eius visio.–Vel dicendum quod hoc quod in auctoritate dicitur, pertinet ad visionem intellectualem secundum quod excedit imaginariam et

deux sortes : quelques-unes en effet ne déterminent pour soi aucune matière comme la ligne, la surface et les choses de cette sorte ; mais les autres déterminent pour soi quelque matière spéciale, comme toutes les formes naturelles. De la connaissance des formes qui ne déterminent aucune matière pour soi, il ne reste aucune matière à connaître mais de la connaissance des formes qui déterminent une matière, leur matière aussi est en quelque façon connue ; à savoir selon le rapport qu'elle a à l'égard de la forme ; et à cause de cela, le Philosophe dit dans la *Physique,* livre I, que la matière première est « connaissable par analogie » à la forme et ainsi, par la similitude de la forme, la chose matérielle elle même, est connue, comme quelqu'un connaît le nez camus à partir du fait qu'il connaît le camus[64].

Mais les formes des choses existent dans l'esprit divin, desquelles provient l'être des choses qui est commun à la forme comme à la matière ; par conséquent ces formes concernent immédiatement la matière comme la forme, et non l'une par l'autre et il en est de même des formes des intellects angéliques qui sont semblables aux formes de l'esprit divin quoiqu'elles ne soient pas cause des choses. Et ainsi, notre esprit possède une connaissance immatérielle des choses matérielles ; cependant que l'esprit divin et l'esprit angélique connaissent les choses matérielles plus immatériellement et plus parfaitement[65].

RÉPONSE AUX ARGUMENTS :

1. Cette autorité peut être exposée de deux façons.

1° en tant que rapportée à la vision intellectuelle, relativement à toutes les choses qui tombent sous elle ; ainsi on parle de vision intellectuelle seulement « de ces choses qui n'ont pas d'images semblables à elles, lesquelles images ne sont pas ce que sont les choses » ; et que cela ne soit pas compris au sujet des images à partir desquelles les choses sont vues dans une vision intellectuelle, lesquelles images sont comme un moyen de connaître, mais parce que les choses connues par une vision intellectuelle sont les choses mêmes et non les images des choses ; ce qui n'a pas lieu dans la vision corporelle, à savoir dans la vision sensible ou spirituelle, c'est-à-dire imaginative. En effet, les objets de l'imagination et des sens sont certains accidents à partir desquels on constitue une certaine figure ou image de la chose ; mais l'objet de l'intellect est l'essence même de la chose ; et bien qu'il connaisse l'essence de la chose par sa similitude, comme par un moyen de connaître, il ne connaît pas cette dernière comme l'objet vers lequel sa vision est premièrement dirigée. 2° Ou bien on doit répondre que ce qui est dit dans l'autorité concerne la vision intellectuelle pour autant qu'elle excède la vision imaginative et

sensitivam : sic enim Augustinus, ex cuius verbis glosa sumitur, intendit assignare differentiam trium visionum, attribuens superiori visioni illud in quo inferiorem excedit ; sicut dicit quod spiritualis visio est cum absentia cogitamus per similitudines quasdam, et tamen spiritualis sive imaginaria visio etiam est de his quae praesentialiter videntur ; sed in hoc quod etiam absentia videt, imaginatio sensum transcendit, et ideo ponitur hoc quasi proprium eius. Similiter etiam intellectualis visio in hoc transcendit imaginationem et sensum quod ad illa se extendit quae per essentiam suam sunt intelligibilia et ideo hoc ei attribuit Augustinus quasi eius proprium, quamvis etiam cognoscere possit materialia quae per suas similitudines cognoscibilia sunt ; unde dicit Augustinus XII Super Genesim ad litteram quod per mentem « et ista inferiora diiudicantur, et ea cernuntur quae neque sunt corpora neque ullas gerunt formas similes corporum ».

2. Et per hoc patet responsio ad secundum.

3. Ad tertium dicendum quod, si corporeitas sumatur a corpore prout est in genere quantitatis, sic corporeitas non est rei naturalis quiditas sed eius accidens, scilicet trina dimensio ; si vero sumatur a corpore prout est in genere substantiae, sic corporeitas nominat rei naturalis essentiam. Nec tamen sequetur quod omnis quiditas sit corporeitas, nisi diceretur quod quiditati, in quantum est quiditas, conveniret esse corporeitatem.

4. Ad quartum dicendum quod, quamvis in mente non sint nisi immateriales formae, possunt tamen esse similitudines materialium rerum : non enim oportet quod eiusmodi esse habeat similitudo et id cuius est similitudo, sed solum quod in ratione conveniant, sicut forma hominis in statua aurea, quale esse habet forma hominis in carne et ossibus.

5. Ad quintum dicendum quod, quamvis qualitates corporales non possint esse in mente, possunt tamen <in> ea esse similitudines corporearum qualitatum, et secundum has mens rebus corporeis assimilatur.

6. Ad sextum dicendum quod intellectus cognoscit abstrahendo a materia particulari et condicionibus eius, sicut ab his carnibus et his ossibus, non tamen oportet quod abstrahat a materia universali ; unde potest considerare formam naturalem in carnibus et ossibus, licet non in his.

sensitive ; ainsi Augustin, des paroles duquel la glose est tirée, entend assigner une différence entre ces trois visions, attribuant à la vision supérieure ce en quoi elle excède la vision inférieure ; comme il est dit que la vision spirituelle a lieu dans l'absence – nous pensons en effet par quelques similitudes – cependant que la vision spirituelle, c'est-à-dire imaginative, s'exerce aussi au sujet des choses qui sont vues présentement ; mais en ce qu'elle voit aussi en l'absence des choses, l'imagination transcende le sens et, pour cette raison, on pose que cela lui est propre. Et de même, la vision intellectuelle transcende l'imagination et le sens en ce qu'elle s'étend à des choses qui sont intelligibles par essence ; et, pour cette raison, Augustin lui attribue cela comme ce qui lui appartient en propre, bien qu'elle puisse connaître les choses matérielles, qui sont connaissables à partir de leurs similitudes. Par conséquent, Augustin dit au livre XII de *La Genèse au sens littéral*[66], que par l'esprit « ces choses inférieures qui ne sont ni corps, ni similitudes des corps sont aussi examinées et connues ».

2. À partir de ce qui vient d'être dit, la réponse est évidente.

3. Si la corporéité est saisie du corps en tant qu'il est du genre de la quantité, la corporéité n'est pas la quiddité même de la chose naturelle mais plutôt son accident, à savoir la tri-dimensionalité. Mais, si elle est saisie du corps en tant qu'il est du genre de la substance, alors la corporéité désigne l'essence de la chose naturelle. Cependant, il ne suit pas de là que toute quiddité soit corporéité si l'on n'a pas d'abord dit qu'à la quiddité, dans la mesure où elle est la quiddité, convient la corporéité.

4. Bien que dans l'esprit, il n'y ait que des formes immatérielles, elles peuvent cependant être des similitudes des choses matérielles. Il n'est pas, en effet, nécessaire que la similitude possède l'être de la même manière que la chose dont elle est la similitude, mais seulement de sorte que cela convienne en raison ; comme la forme de l'homme n'a pas le même être dans une statue d'or que la forme dans l'homme en chair et en os.

5. Bien que les qualités corporelles ne puissent être dans l'esprit, cependant les similitudes des qualités des corps y peuvent être et par leur intermédiaire, l'esprit s'assimile aux choses corporelles.

6. L'intellect connaît en faisant abstraction de la matière particulière et de ses conditions, comme ces chairs et ces os ; il n'est pas nécessaire cependant qu'elle fasse abstraction de la matière universelle ; par conséquent on peut considérer la forme naturelle en chair et en os, quoique non en ceux-ci.

ARTICULUS QUINTUS

Quinto quaeritur utrum mens nostra possit cognoscere materialia in singulari. Et videtur quod sic quia sicut singulare habet esse propter materiam, ita et res dicuntur naturales quae in sui diffinitione materiam habent ; sed mens, quamvis sit immaterialis, potest cognoscere res naturales ; ergo eadem ratione potest cognoscere res singulares.

2. Praeterea, nullus iudicat recte et disponit de aliquibus nisi ea cognoscat ; sed sapiens per mentem iudicat et disponit recte de singularibus, sicut de familia sua et de rebus suis ; ergo mente singularia cognoscimus.

3. Praeterea, nullus cognoscit compositionem nisi cognoscat compositionis extrema, sed hanc compositionem 'Socrates est homo' format mens : non enim posset eam formare aliqua sensitiva potentia quae hominem in universali non apprehendit ; ergo mens singularia cognoscit.

4. Praeterea, nullus potest imperare actum aliquem nisi cognoscat obiectum illius actus ; sed mens sive ratio imperat actum concupiscibilis et irascibilis, ut patet in I Ethicorum, cum ergo illarum obiecta sint singularia, mens singularia cognoscet.

5. Praeterea, « quicquid potest virtus inferior, potest et superior » secundum Boetium ; sed potentiae sensitivae, quae sunt inferiores mente, singularia cognoscunt ; ergo multo amplius mens singularia cognoscere potest.

6. Praeterea, quanto aliqua mens est altior tanto habet universaliorem cognitionem ut patet per Dionysium XII cap. Caelestis hierarchiae ; sed mens angeli est altior quam mens hominis, et tamen angelus cognoscit singularia ; ergo multo amplius mens humana.

ARTICLE 5

Notre esprit peut-il connaître les choses matérielles dans leur singularité[67] ?

On se demande en cinquième lieu si notre esprit peut connaître les choses matérielles dans leur singularité. Et il semble que oui.

1. Puisque de la même façon que c'est par la matière que le singulier obtient l'être, de même les choses qui possèdent la matière dans leur définition sont dites naturelles. Mais, quoique immatériel, l'esprit peut connaître les choses naturelles. Donc, pour cette raison, il peut connaître les choses singulières.

2. Ensuite, personne ne juge correctement des choses ni ne les ordonne s'il ne les connaît pas. Or par l'esprit, le sage juge et ordonne correctement les choses singulières comme c'est le cas au sujet de sa famille et de ses affaires. Donc nous connaissons les choses singulières par l'esprit.

3. Ensuite, personne ne saisit une proposition sans en connaître les termes. Mais l'esprit forme cette proposition : « Socrate est un homme ». Or aucune puissance sensitive ne pourrait la former puisqu'elle n'appréhende pas l'homme de manière universelle. Donc l'esprit connaît les choses singulières.

4. Ensuite, personne ne peut ordonner d'acte quelconque s'il n'en connaît pas l'objet. Or l'esprit, c'est-à-dire la raison, ordonne l'acte concupiscible et l'acte irascible, comme il est évident dans le livre I de l'*Éthique à Nicomaque*[68], et puisque leurs objets sont singuliers, l'esprit connaît les choses singulières.

5. Ensuite, selon Boèce : « Ce que peut une faculté inférieure, la faculté supérieure le peut aussi »[69] ; mais les puissances sensibles, qui sont inférieures à l'esprit, connaissent les choses singulières. Donc, l'esprit peut les connaître plus amplement encore.

6. Ensuite, un esprit est d'autant plus élevé qu'il possède une connaissance plus universelle, comme il est évident par ce que dit Denys dans *La Hiérarchie céleste*[70]. Or l'esprit de l'ange est supérieur à l'esprit humain et cependant il connaît les choses singulières. Donc l'esprit humain les connaît plus amplement encore.

SED CONTRA, «universale est dum intelligitur, singulare dum sentitur», ut dicit Boetius.

RESPONSIO. Dicendum quod, sicut ex dictis patet, mens humana et angelica diversimode materialia cognoscit. Cognitio enim mentis humanae fertur ad res materiales primo secundum formam et secundario ad materiam prout habet habitudinem ad formam. Sicut autem omnis forma quantum est de se est universalis, ita habitudo ad formam non facit cognoscere materiam nisi cognitione universali; sic autem considerata materia non est individuationis principium, sed secundum quod consideratur materia in singulari quae est materia signata sub determinatis dimensionibus existens: ex hac enim forma individuatur; unde Philosophus dicit in VII Metaphysicae quod hominis partes sunt forma et materia ut universaliter, Socratis vero forma haec et haec materia. Unde patet quod mens nostra directe singulare cognoscere non potest; sed directe cognoscitur a nobis singulare per virtutes sensitivas quae recipiunt formas a rebus in organo corporali, et sic recipiunt eas sub determinatis dimensionibus et secundum quod ducunt in cognitionem materiae singularis: sicut enim forma universalis ducit in cognitionem materiae universalis, ita forma individualis ducit in cognitionem materiae signatae quae est individuationis principium. Sed tamen mens per accidens singularibus se immiscet in quantum continuatur viribus sensitivis quae circa particularia versantur; quae quidem continuatio est dupliciter: uno modo in quantum motus sensitivae partis terminatur ad mentem, sicut accidit in motu qui est a rebus ad animam; et sic mens singulare cognoscit per quandam reflexionem, prout scilicet mens cognoscendo obiectum suum, quod est aliqua natura universalis, redit in cognitionem sui actus, et ulterius in speciem quae est sui actus principium, et ulterius in phantasma a quo species est abstracta; et sic aliquam cognitionem de singulari accipit. Alio modo secundum quod motus qui est ab anima ad res incipit a mente, et procedit in partem sensitivam prout mens regit inferiores vires, et sic singularibus se immiscet

EN SENS CONTRAIRE :

Ainsi que le dit Boèce : « Tandis que l'universel est intelligé, le singulier est senti »[71].

RÉPONSE :

D'après ce qui a été dit[72], il est évident que l'esprit humain et l'esprit angélique connaissent les choses matérielles de manière différente. En effet, la connaissance humaine est portée premièrement vers les choses matérielles d'après leur forme et secondairement vers la matière en tant que cette dernière est en relation à la forme. Or comme toute forme est de soi universelle, la relation à la forme ne nous fait pas connaître la matière sinon par une connaissance universelle. Ce n'est pas la matière, ainsi considérée, qui est principe d'individuation mais, selon que la matière est considérée dans le singulier, et qu'elle est matière désignée existant sous différentes déterminations[73], et c'est d'elle que la forme reçoit l'individuation. C'est pourquoi le Philosophe dit dans le livre VII de *La Métaphysique* : « Les parties qui composent l'homme sont la matière et la forme prises universellement, mais celles de Socrate sont cette forme et cette matière-ci »[74]. Par conséquent, il est évident que notre esprit ne peut pas connaître directement le singulier. Nous le connaissons directement par les facultés sensitives, qui reçoivent les formes des choses dans l'organe corporel et ainsi les reçoivent sous des dimensions déterminées, et conduisent à partir de là à la connaissance de la matière singulière. De même que la forme universelle conduit à la connaissance de la matière universelle, ainsi la forme individuelle conduit à la connaissance de la matière désignée qui est principe d'individuation. Cependant, l'esprit se mêle par accident aux choses singulières dans la mesure où il est relayé par les facultés sensibles qui sont tournées vers les choses particulières. Et cette continuité de l'esprit et des facultés sensitives se prend en deux sens. D'une part, en tant que le mouvement de la partie sensitive est achevé dans l'esprit, comme c'est le cas dans le mouvement qui va des choses vers l'âme, et l'esprit connaît ainsi le singulier par une sorte de réflexion ; c'est-à-dire que l'esprit, en connaissant son objet qui est une nature universelle, revient sur la connaissance de son acte puis sur la *species* qui est au principe de celui-ci, et finalement sur le phantasme dont la *species* est abstraite ; de la sorte il acquiert une certaine connaissance du singulier[75].

D'autre part, en tant que le mouvement va de l'âme aux choses, c'est-à-dire commence à partir de l'esprit et procède ainsi vers la partie sensitive et, comme l'esprit dirige les facultés inférieures, l'âme se

mediante ratione particulari quae est potentia quaedam sensitivae partis componens et dividens intentiones individuales, quae alio nomine dicitur cogitativa, et habet determinatum organum in corpore, scilicet mediam cellulam capitis: universalem enim sententiam quam mens habet de operabilibus non est possibile applicari ad particularem actum nisi per aliquam potentiam mediam apprehendentem singulare, ut sic fiat quidam syllogismus cuius maior sit universalis quae est sententia mentis, minor autem singularis quae est apprehensio particularis rationis, conclusio vero electio singularis operis, ut patet per id quod habetur in III De anima.

Mens vero angeli, quia cognoscit res materiales per formas quae respiciunt immediate materiam sicut et formam, non solum cognoscit materiam in universali directa inspectione, sed etiam in singulari; et similiter etiam mens divina.

1. Ad primum ergo dicendum quod cognitio qua cognoscitur materia secundum analogiam quam habet ad formam, sufficit ad cognitionem rei naturalis, non autem ad cognitionem singularis, ut ex dictis patet.

2. Ad secundum dicendum quod dispositio sapientis de singularibus non fit per mentem nisi mediante vi cogitativa cuius est intentiones particulares cognoscere, ut ex dictis patet.

3. Ad tertium dicendum quod secundum hoc intellectus potest ex universali et singulari propositionem componere, quod singulare per reflexionem quandam cognoscit, ut dictum est.

4. Ad quartum dicendum quod intellectus sive ratio cognoscit in universali finem ad quem ordinat actum concupiscibilis et actum irascibilis imperando eos; hanc autem cognitionem universalem mediante vi cogitativa ad singularia applicat, ut dictum est.

5. Ad quintum dicendum quod illud quod potest virtus inferior, potest etiam superior, non tamen semper eodem modo sed quandoque alio altiori; et sic intellectus cognoscere potest ea quae cognoscit sensus, altiori tamen modo quam sensus: sensus enim cognoscit ea quantum ad dispositiones materiales et accidentia exteriora, sed intellectus penetrat ad intimam naturam speciei quae est in ipsis individuis.

mêle de cette façon aux choses singulières par l'intermédiaire d'une raison particulière qui est la puissance d'une certaine partie sensitive, composant et divisant les intentions individuelles, et qu'on désigne d'un autre nom: la cogitative[76], laquelle possède un organe précis du corps, à savoir cette cavité au milieu du crâne. Mais le jugement universel que l'esprit tient concernant les opérations ne peut être appliqué à un acte particulier si quelque puissance médiane n'appréhende pas le singulier, comme cela a lieu dans n'importe quel syllogisme, dont la majeure est universelle parce qu'elle est un jugement de l'esprit, la mineure singulière car elle est une application d'une raison particulière, et la conclusion qui est alors le choix de l'acte singulier[77], comme cela est évident à partir de ce qui est dit au livre III du traité *De l'âme*.

Mais l'esprit de l'ange, parce qu'il connaît à partir des formes qui ont immédiatement égard à la matière comme à la forme, ne connaît pas seulement la matière dans l'universel par un examen direct mais aussi dans le singulier, et il en est de même pour l'esprit divin.

RÉPONSE AUX ARGUMENTS:

1. La connaissance par laquelle la matière est connue d'après l'analogie qu'elle a à l'égard de la forme suffit à la connaissance d'une chose naturelle mais pas à celle d'une chose singulière, comme cela est évident à partir de ce qui a été dit dans le corps de l'article.

2. La manière dont le sage dispose les choses singulières ne s'exerce par l'esprit qu'au moyen de la faculté cogitative dont la fonction est de connaître les intentions particulières, comme cela est évident à partir de ce qui a été dit.

3. On déduit du fait que l'intellect est capable de former une proposition à partir d'un terme singulier et d'un terme universel qu'il peut connaître le singulier par quelque réflexion, comme il a été dit.

4. L'intellect, ou la raison, connaît universellement la fin à laquelle il ordonne l'acte concupiscible et l'acte irascible quand il les commande. Mais il applique cette connaissance universelle aux singuliers par l'intermédiaire de la faculté cogitative, comme cela a déjà été dit.

5. Ce que peut une faculté inférieure une faculté supérieure le peut, mais cependant pas toujours de la même manière et parfois d'une manière plus élevée. Et il en est ainsi de l'intellect qui peut connaître les choses que connaît aussi le sens mais de manière plus élevée que lui. Le sens en effet connaît les choses quant à leurs dispositions matérielles et leurs accidents extérieurs mais l'intellect pénètre l'intime nature de la *species* qui est dans ces individus.

6. Ad sextum dicendum quod cognitio mentis angelicae est universalior quam cognitio mentis humanae quia ad plura se extendit paucioribus mediis utens ; est tamen efficacior ad singularia cognoscenda quam mens humana, ut ex dictis patet.

6. La connaissance qu'a l'esprit angélique est plus universelle que celle qu'a l'esprit humain parce qu'elle s'étend à plus de choses en usant de moins de médiations et elle est cependant plus efficace pour connaître les choses singulières comme cela est évident à partir de ce qui a été dit.

ARTICULUS SEXTUS

Sexto quaeritur utrum mens humana cognitionem accipiat a sensibilibus. Et videtur quod non : eorum enim quae non communicant in materia, non potest esse actio et passio, ut per Boetium in libro De duabus naturis patet et per Philosophum in I De generatione ; sed mens nostra non communicat in materia cum rebus sensibilibus ; ergo non possunt sensibilia agere in mentem nostram ut ex eis menti nostrae aliqua cognitio imprimatur.

2. Praeterea, obiectum intellectus est quid, ut dicitur in III De anima ; sed quiditas rei nullo sensu percipitur ; ergo cognitio mentis a sensu non accipitur.

3. Praeterea, Augustinus dicit in X Confessionum loquens de cognitione intelligibilium quomodo a nobis acquiratur « Ibi », inquit, « erant », scilicet intelligibilia in mente nostra, « et antequam ea didicissem, sed in memoria non erant » ; ergo videtur quod intelligibiles species non sint in mente a sensibus acceptae

4. Praeterea, sicut Augustinus probat in X De Trinitate, anima non potest amare nisi cognita ; sed aliquis antequam aliquam scientiam addiscat amat eam, quod patet ex hoc quod multo studio eam quaerit ; ergo antequam addiscat illam scientiam habet eam in notitia sua, ergo videtur quod non accipiat mens cognitionem a rebus sensibilibus.

5. Praeterea, Augustinus dicit XII Super Genesim ad litteram « Corporis imaginem non corpus in spiritu sed ipse spiritus in se ipso facit celeritate mirabili quae ineffabiliter longe est a corporis tarditate » ; ergo videtur quod mens non accipiat

ARTICLE 6

L'esprit de l'homme reçoit-il la connaissance des choses sensibles[78] ?

On se demande, en sixième lieu, si l'esprit humain reçoit la connaissance des choses sensibles. Et il semble que non.

1. En effet, il ne peut y avoir d'action ou de passion entre des choses qui n'ont pas la matière en commun, comme il est évident d'après ce que dit Boèce dans le livre des *Deux Natures*[79] et aussi d'après ce que dit le Philosophe dans le livre I *De la génération et la corruption*[80]. Or notre esprit n'a pas la matière en commun avec les choses sensibles. Donc, elles ne peuvent agir sur lui afin d'imprimer en lui quelque connaissance.

2. Ensuite, l'objet de l'intellect est le *ce que c'est* comme il est dit au livre III du traité *De l'âme*[81]. Mais la quiddité de la chose n'est en aucune façon perçue par les sens. Donc, la connaissance de l'esprit n'est pas reçue des sens.

3. Ensuite, dans *Les Confessions,* livre X, Augustin dit au sujet de la manière dont la connaissance des intelligibles est acquise: « Ils existaient – c'est-à-dire, les intelligibles étaient dans notre esprit – avant même que je les apprisse mais ils n'étaient pas dans la mémoire ». Donc on voit que les *species* intelligibles ne sont pas reçues dans l'esprit à partir des sens.

4. Ensuite Augustin prouve dans *La Trinité,* au livre X, que l'âme ne peut aimer que ce qu'elle connaît[82]. Mais on aime une science avant de l'apprendre et cela est évident du fait qu'elle exige beaucoup d'application. Donc avant d'apprendre quelque science, l'âme l'enveloppe ainsi dans sa connaissance, et on voit donc que l'âme ne reçoit pas la science des choses sensibles.

5. Ensuite, au livre XII de La Genèse au sens littéral, Augustin dit: « Ce n'est pas le corps qui forme une image dans l'esprit, mais l'esprit lui-même qui la forme en soi, avec une merveilleuse rapidité qui contraste singulièrement avec la lenteur du corps »[83]. Donc il semble

species intelligibiles a sensibilibus sed ipsa eas in se formet.

6. Praeterea, Augustinus dicit in XII De Trinitate quod mens nostra « de rebus corporalibus iudicat secundum rationes incorporales et sempiternas » ; sed rationes a sensu acceptae non sunt huiusmodi ; ergo videtur quod mens humana non accipiat cognitionem a sensibilibus.

7. Praeterea, si mens cognitionem a sensibilibus accipiat, hoc non potest esse nisi in quantum species, quae a sensibilibus accipitur, intellectum possibilem movet ; sed talis species non potest movere intellectum possibilem : non enim movet ipsum in phantasia adhuc existens quia ibi existens nondum est actu intelligibilis sed potentia tantum, intellectus autem non movetur nisi ab intelligibili actu, sicut nec visus nisi a visibili in actu ; similiter nec movet intellectum possibilem existens in intellectu agente qui nullius speciei est receptivus, alias non differret ab intellectu possibili ; similiter nec existens in ipso possibili intellectu quia forma iam inhaerens subiecto subiectum non movet sed in ipso quodam modo quiescit ; nec etiam per se existens cum species intelligibiles non sint substantiae sed de genere accidentium, ut dicit Avicenna in sua Metaphysica ; ergo nullo modo esse potest ut mens nostra a sensibilibus accipiat scientiam.

8. Praeterea, agens est nobilius patiente, ut patet per Augustinum XII Super Genesim ad litteram, et per Philosophum in III De anima ; sed recipiens se habet ad illud a quo recipit quasi patiens ad agens ; cum ergo mens sit multo nobilior sensibilibus et sensibus ipsis, non poterit ab eis cognitionem accipere.

9. Praeterea, Philosophus dicit in VII Physicorum quod « anima in quiescendo fit sciens et prudens » sed anima non posset accipere scientiam a sensibilibus nisi moveretur aliquo modo ab eis ; ergo anima non accipit scientiam a sensibilibus.

SED CONTRA, sicut dicit Philosophus et experimento probatur, cui deficit unus sensus deest una scientia, sicut caecis deest scientia de coloribus, hoc autem non esset si anima

que l'esprit ne reçoive pas les *species* intelligibles des sensibles mais qu'il les forme lui-même en soi.

6. Ensuite, au livre XII de *La Trinité,* Augustin dit : « Notre esprit juge des choses corporelles selon des raisons incorporelles et éternelles »[84]. Mais les raisons que l'on reçoit des sens ne sont pas ainsi ; et donc il semble que l'esprit humain ne reçoive pas la connaissance des choses sensibles.

7. Ensuite, si l'esprit recevait des choses sensibles la connaissance, il faudrait que la *species,* qui est reçue des sensibles, meuve l'intellect possible. Mais une telle *species* ne peut mouvoir l'intellect possible car, quand elle est dans l'imagination, elle n'est pas encore intelligible en acte mais seulement en puissance et ainsi elle ne peut pas mouvoir l'intellect possible. Or l'intellect n'est mû que par quelque chose d'intelligible en acte, comme la vue est mue seulement par quelque chose d'actuellement visible. De même, la *species* existant dans l'intellect agent ne peut mouvoir l'intellect possible puisque l'intellect agent ne reçoit pas de *species* sinon il ne différerait pas de l'intellect possible. De même la *species* existant dans l'intellect possible ne le peut non plus car la forme déjà inhérente à un sujet ne meut pas ce sujet mais repose en lui en quelque façon ; et elle ne le meut pas non plus en existant par soi-même puisque les *species* intelligibles ne sont pas des substances mais appartiennent aux genre des accidents, comme dit Avicenne dans sa *Métaphysique*[85]. Donc il n'est en aucune façon possible que notre esprit reçoive la science des sensibles.

8. Ensuite, l'agent est plus noble que le patient, comme cela est évident d'après ce que prouve Augustin dans le livre XII de *La Genèse au sens littéral*[86], et aussi le Philosophe dans le livre III du traité *De l'âme*[87]. Mais celui qui reçoit est par rapport à ce par quoi il reçoit comme le patient par rapport à l'agent. Donc, comme l'esprit est plus noble que les choses sensibles et que les sens eux-mêmes, il n'est pas possible qu'il reçoive d'eux la connaissance.

9. Ensuite, au livre VII de *La Physique,* le Philosophe dit que « l'âme engendre en repos la science et la prudence »[88]. Mais elle ne peut recevoir la science des sensibles sans être mue en quelque façon par eux. Donc l'âme ne reçoit pas la science des choses sensibles.

EN SENS CONTRAIRE :

1. Ainsi que le Philosophe le dit et comme le prouve aussi l'expérience, quand il manque un sens, la science correspondante fait défaut, comme à l'aveugle la connaissance des couleurs[89]. Or cela n'arriverait

aliunde acciperet scientiam quam per sensus; ergo a sensibilibus per sensus cognitionem accipit.

2. Praeterea, omnis nostra cognitio originaliter consistit in notitia primorum principiorum indemonstrabilium; horum autem cognitio in nobis a sensu oritur, ut patet in fine Posteriorum; ergo scientia nostra omnis a sensu oritur.

3. Praeterea, natura nihil facit frustra nec deficit in necessariis; frustra autem dati essent sensus animae nisi per eos cognitionem de rebus acciperet; ergo mens nostra a sensibilibus cognitionem accipit.

RESPONSIO. Dicendum quod circa hanc quaestionem multiplex fuit antiquorum opinio. Quidam enim posuerunt ortum scientiae nostrae totaliter a causa exteriori esse quae est a materia separata; quae in duas sectas dividitur: quidam enim ut Platonici, posuerunt formas rerum sensibilium esse a materia separatas, et sic esse intelligibiles actu, et per earum participationem a materia sensibili effici individua in natura, earum vero participatione humanas mentes scientiam habere; et sic ponebant formas praedictas esse principium generationis et scientiae, ut Philosophus narrat in I Metaphysicae. Sed haec positio a Philosopho sufficienter reprobata est, qui ostendit quod non est ponere formas sensibilium rerum nisi in materia sensibili, cum etiam nec sine materia sensibili in universali formae naturales intelligi possint sicut nec simus sine naso.

Et ideo alii, non ponentes formas sensibilium separatas sed intelligentias tantum quas nos angelos dicimus, posuerunt originem scientiae nostrae totaliter ab huiusmodi substantiis separatis esse. Unde Avicenna voluit quod, sicut formae sensibiles non acquiruntur in materia sensibili nisi ex influentia intelligentiae agentis, ita nec formae intelligibiles humanis mentibus imprimuntur nisi ex intelligentia agente quae non est pars animae sed substantia separata, ut ipse ponit; indiget tamen anima sensibus quasi excitantibus et disponentibus ad scientiam, sicut agentia inferiora praeparant materiam ad suscipiendum formam ab intelligentia agente. Sed ista etiam opinio non videtur rationabilis quia secundum hoc non esset necessaria dependentia inter cognitionem mentis humanae et

pas si l'âme recevait la science par autre chose que les sens. Donc, elle reçoit des choses sensibles la connaissance par les sens.

2. Ensuite, toute notre connaissance consiste de façon originelle, dans la connaissance des premiers principes indémontrables. Mais cette connaissance naît en nous des sens, comme il est évident à la fin des *Seconds analytiques*[90] Donc notre science tire son origine des sens.

3. Ensuite, la nature ne fait rien en vain et ne manque pas de pourvoir aux choses nécessaires. Or les sens, qui appartiennent à l'âme, nous seraient donnés en vain si l'on ne recevait d'eux aucune connaissance des choses. Donc notre esprit reçoit des choses sensibles la connaissance.

RÉPONSE :

Les Anciens ont répondu à cette question de différentes manières. Quelques-uns ont affirmé que nos connaissances proviennent totalement d'une cause extérieure séparée de la matière : cette opinion est partagée en deux écoles de pensée. Quelques-uns, comme les platoniciens[91], ont affirmé que les formes des choses sensibles sont séparées de la matière et sont ainsi intelligibles en acte. C'est en participant à elles que les réalités individuelles dans la nature sont faites et que les esprits humains reçoivent la connaissance. Ils ont ainsi affirmé que les formes dont on a parlé sont principe de la génération et de la science comme le rapporte le Philosophe au livre I de *La Métaphysique*[92]. Mais cette position est suffisamment critiquée par le Philosophe qui montre que les formes des choses sensibles ne doivent être posées que dans la matière sensible puisque les formes naturelles ne peuvent pas être intelligées dans l'universel sans la matière sensible, comme le camus sans le nez.

D'autres, pour cette raison, n'ont pas posé des formes séparées des réalités sensibles, mais seulement des intelligences que nous nommons anges, et ils ont affirmé que l'origine de notre science provient totalement des substances séparées de cette sorte. Ainsi Avicenne soutenait que de même que les formes sensibles ne sont pas ajoutées à la matière sensible, sinon par l'influence d'une intelligence agente, ainsi les formes intelligibles ne seraient pas non plus imprimées dans les esprits humains sinon par l'intelligence agente, laquelle n'est pas une partie de l'âme mais une substance séparée, comme lui-même l'affirme[93]. L'âme a cependant besoin des sens en tant qu'ils excitent et disposent à la science ; de même que les agents inférieurs préparent la matière à assumer la forme qui provient de l'intellect agent. Mais il semble que cette opinion ne soit pas conforme à la raison parce que, selon elle, il n'y aurait pas de dépendance nécessaire entre la connaissance qu'a

virtutes sensitivas, cuius contrarium manifeste apparet tum ex hoc quod deficiente sensu deficit scientia de suis sensibilibus, tum etiam ex hoc quod mens nostra non potest actu considerare etiam ea quae habitualiter scit nisi formando aliqua phantasmata, unde et laeso organo phantasiae impeditur consideratio. Et praeterea, praedicta positio tollit proxima rerum principia si omnia inferiora ex substantia separata immediate formas consequuntur tam intelligibiles quam sensibiles.

Alia autem opinio fuit ponentium nostrae scientiae originem totaliter a causa interiori esse ; quae etiam in duas sectas dividitur. Quidam enim posuerunt humanas animas in se ipsis continere omnium rerum notitiam, sed per coniunctionem ad corpus praedictam notitiam obtenebrari ; et ideo dicebant nos indigere sensibus et studio ut impedimenta scientiae tollerentur, dicentes addiscere nihil aliud esse quam reminisci, sicut etiam manifeste apparet quod ex his quae audimus vel videmus reminiscimur ea quae prius sciebamus. Sed haec positio non videtur etiam rationabilis : si enim coniunctio animae ad corpus sit naturalis, non potest esse quod per eam totaliter naturalis scientia impediretur, et ita, si haec opinio vera esset, non pateremur omnimodam ignorantiam eorum quorum sensum non habemus. Esset autem haec opinio consona illi positioni quae ponit animas ante corpora fuisse creatas et postmodum corporibus unitas, quia tunc compositio corporis et animae non esset naturalis sed accidentaliter proveniens ipsi animae ; quae quidem opinio et secundum fidem et secundum philosophorum sententias reprobanda iudicatur.

Alii vero dixerunt quod anima sibi ipsi est scientiae causa : non enim a sensibilibus scientiam accipit quasi per actionem sensibilium aliquo modo similitudines rerum ad animam perveniant, sed ipsa anima ad praesentiam sensibilium in se similitudines rerum sensibilium format. Sed haec etiam positio non videtur totaliter rationabilis : nullum enim agens nisi secundum quod est actu agit ; unde si anima in se format omnium rerum similitudines, oportet quod ipsa in se actu habeat omnes illas similitudines rerum, et sic redibit in praedictam opinionem quae ponit omnium rerum scientiam animae humanae naturaliter insitam esse.

l'âme humaine et les facultés sensitives, et le contraire apparaît manifestement d'une part parce que lorsqu'un sens manque, la science correspondant à ces sensibles fait défaut, et d'autre part parce que notre esprit ne peut même pas examiner en acte les choses qu'il connaît habituellement s'il ne forme pas quelques phantasmes, et par conséquent quand l'organe de l'imagination est lésé, l'examen ne peut avoir lieu. Et de plus une telle position supprime les principes les plus proches des choses si toutes les choses inférieures découlent immédiatement des formes tant intelligibles que sensibles provenant de la substance séparée.

Une autre position consista à affirmer que l'origine de notre science provient totalement d'une cause intérieure : cette opinion est partagée en deux écoles de pensée. Quelques-uns ont affirmé que les âmes humaines contenaient en elles-mêmes la connaissance de toutes les choses, mais que cette connaissance était obscurcie par l' union avec le corps[94]. Et ainsi ils ont dit que nous avions besoin des sens et d'application pour supprimer les obstacles à la science, car selon eux apprendre est proprement se ressouvenir comme cela semble suffisamment manifeste du fait que les choses que nous voyons et entendons nous font nous souvenir des choses que nous avons connu antérieurement. Mais cette position ne semble pas conforme à la raison. Si en effet l'union de l'âme et du corps est naturelle, il est impossible que ce soit à cause d'elle que la science naturelle soit totalement empêchée : et si cette opinion était vraie, nous ne serions pas sujets à l'ignorance complète de ces objets qui requièrent un sens dont on est privé. Cette opinion s'accorderait avec la position qui affirme que les âmes ont été créées avant les corps, et ensuite unies aux corps ; puisqu'alors l'union de l'âme et du corps ne serait pas naturelle mais surviendrait à l'âme elle-même par accident[95]. On juge d'après la foi et en suivant les affirmations des philosophes que cette opinion doit être réprouvée.

Mais d'autres ont dit que l'âme est cause de sa science[96] : elle ne reçoit pas en effet la science des choses sensibles comme si les similitudes parvenaient en quelque sorte à l'âme par l'action des choses sensibles ; mais elle forme elle-même en soi, à la seule présence des sensibles, les similitudes de ces choses sensibles. Mais on voit que cette opinion n'est pas totalement conforme à la raison. En effet aucun agent n'agit s'il n'est pas en acte ; et par conséquent si l'âme forme en soi les similitudes de toutes les choses, il faut qu'elle possède en acte ces similitudes, et ainsi cette position se ramènera alors à celle dont on vient de parler, qui affirme que la science de toutes les choses est naturellement inscrite dans l'âme humaine.

Et ideo prae omnibus praedictis positionibus rationabilior est sententia Philosophi qui ponit scientiam mentis nostrae partim ab intrinseco et partim ab extrinseco esse, non solum a rebus a materia separatis sed etiam ab ipsis sensibilibus. Cum enim mens nostra comparatur ad res sensibiles quae sunt extra animam, invenitur se habere ad eas in duplici habitudine : uno modo ut actus ad potentiam, in quantum scilicet res quae sunt extra animam sunt intelligibiles in potentia, ipsa vero mens est intelligibilis in actu, et secundum hoc ponitur in anima intellectus agens qui faciat intelligibilia in potentia esse intelligibilia in actu ; alio modo ut potentia ad actum, prout scilicet in mente nostra formae rerum determinatae sunt in potentia tantum quae in rebus extra animam sunt in actu, et secundum hoc ponitur in anima nostra intellectus possibilis cuius est recipere formas a rebus sensibilibus abstractas, factas intelligibiles in actu per lumen intellectus agentis, quod quidem lumen intellectus agentis in anima procedit sicut a prima origine a substantiis separatis et praecipue a Deo.

Et secundum hoc verum est quod scientiam mens nostra a sensibilibus accipit ; nihilominus tamen ipsa anima in se similitudines rerum format in quantum per lumen intellectus agentis efficiuntur formae a sensibilibus abstractae intelligibiles actu, ut in intellectu possibili recipi possint. Et sic etiam in lumine intellectus agentis nobis est quodam modo originaliter omnis scientia indita mediantibus universalibus conceptionibus quae statim lumine intellectus agentis cognoscuntur, per quas sicut per universalia principia iudicamus de aliis et ea praecognoscimus in ipsis, ut secundum hoc etiam illa opinio veritatem habeat quae ponit nos ea quae addiscimus ante in notitia habuisse.

1. Ad primum igitur dicendum quod formae sensibiles vel a sensibilibus abstractae non possunt agere in mentem nostram nisi quatenus per lumen intellectus agentis immateriales redduntur ; et sic efficiuntur quodam modo homogeneae intellectui possibili in quem agunt.

2. Ad secundum dicendum quod circa idem virtus superior et inferior operantur non similiter sed superior sublimius ; unde

Et au regard de toutes les positions qui ont été étudiées, l'affirmation du Philosophe semble ainsi plus conforme à la raison, laquelle soutient que la science qu'a notre esprit provient en partie de ce qui est intrinsèque et en partie de ce qui est extrinsèque, non seulement des choses qui sont séparées de la matière mais aussi des choses sensibles mêmes. Et ainsi lorsque notre esprit se rapporte aux choses sensibles extérieures à l'âme, on voit qu'il a deux façons de s'y référer. D'une part, comme l'acte à l'égard de la puissance; à savoir, en tant que les choses en dehors de l'âme sont intelligibles en puissance. Mais l'esprit est pour sa part intelligible en acte et on pose dans l'âme un intellect agent qui rend les choses intelligibles en puissance intelligibles en acte. D'autre part, comme la puissance à l'égard de l'acte; à savoir, en tant que les formes déterminées des choses sont dans l'esprit seulement en puissance tandis qu'elles sont en acte dans les choses en dehors de l'âme; et ainsi notre âme comprend un intellect possible qui peut recevoir les formes abstraites par les sens, formes qui sont actualisées par la lumière de l'intellect agent, laquelle dans l'âme procède des substances séparées et en premier lieu de Dieu comme à partir d'une première origine.

Et d'après tout ceci, il est vrai que notre esprit acquiert la science des choses sensibles; néanmoins l'âme forme en soi les similitudes des choses, dans la mesure où, par la lumière de l'intellect agent, les formes abstraites des sensibles, sont rendues intelligibles en acte, afin de pouvoir être reçues dans l'intellect possible. Et ainsi tout savoir est en quelque façon originairement implanté en nous dans la lumière de notre intellect agent, par l'intermédiaire des conceptions universelles qui sont aussitôt connues par la lumière de l'intellect agent et par lesquelles nous jugeons de toutes les autres choses comme à partir de principes universels que nous connaissons antérieurement en notre intellect agent. Et ainsi, l'opinion qui soutient que nous apprenons ce que nous avions déjà en notre connaissance possède quelque vérité.

RÉPONSE AUX ARGUMENTS :

1. Les formes sensibles ou abstraites des choses sensibles ne peuvent pas agir sur notre esprit si elles ne sont pas pas rendues immatérielles par la lumière de l'intellect agent, et rendues ainsi en quelque manière homogènes à l'intellect possible en lequel elles agissent.

2. Une faculté supérieure et une faculté inférieure n'opèrent pas de manière semblable par rapport à une même chose, la faculté supérieure agit en effet de manière plus sublime. Donc quand le sens connaît une

et per formam quae a rebus recipitur, sensus non ita efficaciter rem cognoscit sicut intellectus, sed sensus per eam manuducitur in cognitionem exteriorum accidentium, intellectus vero pervenit ad nudam quiditatem rei secernendo eam ab omnibus materialibus dispositionibus. Unde non pro tanto dicitur cognitio mentis a sensu originem habere quod omne illud quod mens cognoscit sensus apprehendat, sed quia ex his quae sensus apprehendit mens in aliqua ulteriora manuducitur, sicut etiam sensibilia intellecta manuducunt in intelligibilia divinorum.

3. Ad tertium dicendum quod verbum Augustini est referendum ad praecognitionem qua particularia in principiis universalibus praecognoscuntur; sic enim verum est quod ea quae addiscimus, prius in anima nostra erant.

4. Ad quartum dicendum quod aliquis, antequam aliquam scientiam acquirat, amare eam potest in quantum eam cognoscit quadam cognitione universali, cognoscendo utilitatem illius scientiae vel visu vel quocumque alio modo.

5. Ad quintum dicendum quod secundum hoc intelligenda est anima se ipsam formare quod per actionem intellectus agentis formae intelligibiles factae intellectum possibilem formant, ut dictum est, et secundum quod etiam vis imaginativa potest formare diversorum sensibilium formas; quod praecipue apparet dum imaginamur ea quae numquam sensu percepimus.

6. Ad sextum dicendum quod prima principia quorum cognitio est nobis innata sunt quaedam similitudo increatae veritatis; unde secundum quod per ea de aliis iudicamus, dicimur iudicare de rebus per rationes incommutabiles vel per veritatem increatam. Hoc tamen quod Augustinus ibi dicit referendum est ad rationem superiorem quae aeternis contemplandis inhaeret; quae quidem, quamvis sit dignitate prior, est tamen eius operatio tempore posterior quia « invisibilia Dei per ea quae facta sunt intellecta, conspiciuntur », Rom. I20.

7. Ad septimum dicendum quod in receptione qua intellectus possibilis species rerum accipit a phantasmatibus, se habent phantasmata ut agens instrumentale vel secundarium, intellectus vero agens ut agens principale et primum; et ideo effectus actionis relinquitur in intellectu possibili secundum condicionem utriusque et non secundum condicionem alterius tantum; et ideo intellectus possibilis recipit formas ut

chose par le biais d'une forme reçue des choses, il ne la connaît pas de façon aussi efficace que l'intellect : le sens est conduit par la forme à la connaissance des accidents extérieurs alors que l'intellect parvient à la quiddité nue, en la séparant de toutes les dispositions matérielles. Par conséquent, lorsqu'on dit que la connaissance de l'esprit tire son origine des sens, cela ne signifie pas tant que les sens appréhendent tout ce que l'âme connaît, mais que c'est à partir des choses que les sens appréhendent que l'esprit est conduit à quelques réalités ultérieures, tout comme la connaissance des choses sensibles conduit à la connaissance des choses divines.

3. Les affirmations d'Augustin se réfèrent à la précognition par laquelle les choses particulières sont connues antérieurement en leurs principes universels, et ainsi il est vrai que les choses que nous connaissons étaient antérieurement en notre âme.

4. Quelqu'un peut, avant d'avoir acquis quelque science, l'aimer dans la mesure où il possède quelque connaissance universelle, comme lorsqu'il connaît l'utilité de cette science, ou bien par la vue ou bien de quelque autre manière.

5. Il faut comprendre que l'âme s'informe elle-même au sens où les formes faites intelligibles par l'action de l'intellect agent informent l'intellect possible, comme il a été dit ; et en ce sens aussi, la puissance imaginative peut former les formes des diverses choses sensibles ; ce qui apparaît principalement lorsque nous imaginons des choses que nous n'avons jamais perçues par les sens.

6. Les premiers principes dont la connaissance est pour nous innée sont une certaine similitude increéée de la vérité ; par conséquent, dans la mesure où nous jugeons des autres choses par leur intermédiaire et on dit que nous jugeons des choses par des raisons immuables, ou par la vérité increéée. Ce que dit ici Augustin doit cependant être rapporté à une raison supérieure, qui est attachée aux choses éternelles à contempler ; et bien qu'elle soit antérieure quant à la dignité, son opération est cependant postérieure ; car « les invisibles de Dieu, par lesquelles toutes les choses ont été faites, se laissent voir par l'intelligence », *Rom.* I[20].

7. Dans la réception par laquelle l'intellect possible accueille les *species* des choses à partir des phantasmes, ceux-ci sont disposés comme des agents instrumentaux ou secondaires tandis que l'intellect agent est l'agent principal et premier ; et pour cette raison, l'effet de l'action est reçu dans l'intellect possible en conformité avec la condition respective de l'un et de l'autre, et non selon la seule condition de l'un des deux seulement. Ainsi l'intellect possible reçoit les formes

intelligibiles actu ex virtute intellectus agentis, sed ut similitudines determinatarum rerum ex cognitione phantasmatum, et sic formae intelligibiles in actu non sunt per se existentes neque in phantasia neque in intellectu agente, sed solum in intellectu possibili.

8. Ad octavum dicendum quod, quamvis intellectus possibilis sit simpliciter nobilior quam phantasma, tamen secundum quid nihil prohibet phantasma nobilius esse, in quantum scilicet phantasma est actu similitudo talis rei quod intellectui possibili non convenit nisi in potentia ; et sic quodam modo potest agere in intellectum possibilem virtute luminis intellectus agentis, sicut et color potest agere in visum virtute luminis corporalis.

9. Ad nonum dicendum quod quies in qua perficitur scientia, excludit motum materialium passionum, non autem motum et passionem communiter accepta secundum quod quodlibet recipere pati dicitur et moveri ; sic enim Philosophus dicit in III De anima quod « intelligere quoddam pati est ».

comme intelligibles en acte par la vertu de l'intellect agent, mais comme similitudes de choses déterminées, par la connaissance des phantasmes. Les formes intelligibles en acte n'existent donc pas par soi, ni dans l'imagination, ni dans l'intellect agent mais seulement dans l'intellect possible.

8. À la huitième objection, on doit dire ceci : bien que l'intellect possible soit de manière absolue plus noble que le phantasme, rien n'interdit cependant que le phantasme soit plus noble de manière relative, à savoir dans la mesure où le phantasme est la similitude en acte de telle chose, ce qui n'est pas le cas de l'intellect possible sinon en puissance. Et, d'une certaine manière, le phantasme peut agir sur l'intellect possible en vertu de la lumière de l'intellect agent, comme la couleur peut agir sur la vue en vertu de la lumière corporelle.

9. À la neuvième objection, on doit dire que le repos dans lequel s'accomplit la science exclut le mouvement des passions matérielles mais non le mouvement et la passion pris selon le sens général, selon lequel recevoir signifie subir et être mû, et comme dit le Philosophe dans le livre III du traité *De l'âme* : « Intelliger est pâtir en quelque façon »[97].

ARTICULUS SEPTIMUS

Septimo quaeritur utrum in mente sit imago Trinitatis secundum quod materialia cognoscit, an solum secundum quod cognoscit aeterna. Et videtur quod non solum secundum quod cognoscit aeterna quia, ut dicit Augustinus XII De Trinitate, « cum quaerimus trinitatem in anima, in tota quaerimus, non separantes actionem rationalem in temporalibus a contemplatione aeternorum » ; sed mens non est ad imaginem nisi secundum quod in ea trinitas invenitur ; ergo mens est ad imaginem non solum secundum quod inhaeret aeternis contemplandis, sed etiam secundum quod inhaeret temporalibus agendis.

2. Praeterea, imago Trinitatis consideratur in anima in quantum in ea repraesentatur aequalitas personarum et earum origo ; sed magis aequalitas personarum repraesentatur in mente secundum quod cognoscit temporalia quam secundum quod cognoscit aeterna cum aeterna in infinitum excedant mentem, mens autem non in infinitum temporalia excedit ; origo etiam personarum repraesentatur in cognitione temporalium sicut et in cognitione aeternorum quia utrobique ex mente procedit notitia et ex notitia procedit amor ; ergo imago Trinitatis non solum est in mente secundum quod cognoscit aeterna, sed etiam secundum quod cognoscit temporalia.

3. Praeterea, similitudo est in potentia diligendi, sed imago in potentia cognoscendi, ut habetur in II Sententiarum XVI distinctione ; sed mens nostra per prius cognoscit materialia quam aeterna cum ex materialibus in aeterna perveniat, et etiam perfectius cum materialia comprehendat non autem aeterna ;

ARTICLE 7

L'image de la Trinité se trouve-t-elle dans l'esprit selon qu'il connaît les choses matérielles[98] ?

On se demande en septième lieu si l'image de la Trinité se trouve dans l'esprit selon qu'il connaît les choses matérielles ou seulement selon qu'il connaît les choses éternelles. Et il semble que cela ne soit pas seulement en tant qu'il connaît les choses éternelles.

1. Parce que, comme dit Augustin, dans *La Trinité,* livre XII : « quand nous cherchons dans l'âme une trinité, nous la cherchons dans l'âme entière : nous ne séparons pas la raison qui agit sur le temporel et celle qui contemple l'éternel »[99]. Mais l'esprit n'est pas à l'image de Dieu si on ne trouve pas en lui l'image de la Trinité. Donc l'esprit est à l'image de Dieu non seulement en tant qu'il adhère aux êtres éternels à contempler, mais aussi en tant qu'il reste attaché aux choses temporelles qui doivent être mises en action.

2. Ensuite, on considère qu'il y a une image de la Trinité dans l'âme, dans la mesure où est représentée en elle l'égalité des personnes ainsi que leur origine. Mais l'égalité des personnes est mieux représentée dans l'esprit dans la mesure où il connaît les choses temporelles qu'en tant qu'il connaît les éternelles, puisque les choses éternelles excèdent infiniment l'esprit, alors qu'il n'excède pas en infinité les choses temporelles. Ainsi, l'origine des personnes est même représentée dans la connaissance des choses temporelles comme dans la connaissance des éternelles, parce que dans l'une et dans l'autre, la connaissance procède de l'esprit et l'amour de la connaissance. Donc l'image de la Trinité ne se trouve pas dans l'esprit seulement selon qu'il connaît les choses éternelles, mais aussi en tant qu'il connaît les temporelles.

3. Ensuite, la similitude est dans la puissance d'aimer, mais l'image est dans la puissance de connaître, comme cela est dit dans *Les Sentences,* livre II, distinction 16[100]. Mais notre esprit connaît d'abord les choses matérielles et ensuite les choses éternelles puisqu'il parvient aux éternelles à partir des matérielles ; et il les connaît plus parfaitement puisqu'il comprend les choses temporelles mais non les éternelles.

ergo imago magis est in mente secundum quod comparatur ad temporalia quam secundum quod comparatur ad aeterna.

4. Praeterea, imago Trinitatis invenitur in anima quodam modo secundum potentias, ut supra dictum est ; sed potentiae indifferenter se habent ad omnia obiecta ad quae potentiae determinantur ; ergo imago Dei invenitur in mente respectu quorumlibet obiectorum.

5. Praeterea, perfectius videtur illud quod in se ipso videtur quam quod videtur in sui similitudine ; sed anima videt se ipsam in se, Deum autem nonnisi in similitudine in statu viae ; ergo perfectius cognoscit se ipsam quam Deum ; et ita magis est attendenda imago Trinitatis in anima secundum quod anima cognoscit se ipsam quam secundum quod cognoscit Deum cum in nobis secundum id imago Trinitatis inveniatur quod perfectissimum in natura nostra habemus, ut Augustinus dicit.

6. Praeterea, secundum hoc personarum aequalitas in mente nostra repraesentatur quod memoria, intelligentia et voluntas tota invicem se capiunt, ut patet per Augustinum in X De Trinitate ; sed ista mutua comprehensio non ostenderet earum aequalitatem nisi quantum ad omnia obiecta se comprehenderent ; ergo ratione omnium obiectorum imago Trinitatis invenitur in potentiis mentis.

7. Praeterea, sicut imago est in potentia cognoscendi, ita caritas in potentia diligendi ; sed caritas non solum respicit Deum sed etiam proximum, unde et duplex ponitur actus caritatis, scilicet dilectio Dei et proximi ; ergo et imago non solum est in mente secundum quod cognoscit Deum sed etiam secundum quod cognoscit creaturas.

8. Praeterea, potentiae mentis in quibus consistit imago, aliquibus habitibus perficiuntur secundum quos imago deformata dicitur reformari et perfici ; sed potentiae mentis non indigent habitibus secundum quod comparantur ad aeterna sed solum secundum quod comparantur ad temporalia quia habitus ad hoc sunt ut secundum eos potentiae regulentur ; in aeternis autem error non potest accidere, ut ibi regula opus sit, sed solum in temporalibus ; ergo imago magis consistit in mente secundum quod cognoscit temporalia quam secundum quod cognoscit aeterna.

Donc l'image est plus dans l'esprit selon qu'elle se rapporte aux choses temporelles que selon le rapport qu'elle a aux éternelles.

4. Ensuite, l'image de la Trinité se rencontre en quelque façon dans l'âme selon les puissances, comme il a été dit plus haut[101]. Mais les puissances se rapportent indifféremment à tous les objets auxquels elles sont déterminées. Donc l'image se trouve dans l'esprit par rapport à leurs objets quels qu'ils soient.

5. Ensuite, ce qui est vu en soi-même est vu plus parfaitement que ce qui est vu en sa similitude. Mais l'âme se voit elle-même en soi, et ne voit Dieu ici-bas qu'en similitude. Donc elle se connaît plus parfaitement qu'elle ne connaît Dieu ; et ainsi l'image de la Trinité est plus parfaitement atteinte, en tant que l'âme se connaît elle-même que selon qu'elle connaît Dieu ; puisque l'image de la Trinité se rencontre en nous d'après ce qui est le plus parfait dans notre nature, comme dit Augustin[102].

6. Ensuite, l'égalité des personnes est représentée en notre esprit dans la mesure où la mémoire, l'intelligence et la volonté se rapportent toutes trois l'une à l'autre, ainsi qu'il est évident à partir de ce que dit Augustin, au livre X de *La Trinité*[103]. Mais cette compréhension mutuelle ne manifesterait pas leur égalité si elles ne se rapportaient pas l'une à l'autre relativement à tous les objets qui sont compris dans les puissances de l'âme. Et donc l'image de la Trinité se rencontre dans les puissances de l'âme par la raison de tous les objets.

7. Ensuite, comme l'image se trouve dans la puissance de connaître, la charité se trouve dans la puissance d'aimer. Mais la charité ne concerne pas seulement Dieu mais aussi le prochain ; et par conséquent l'acte de charité est posé de deux manières, à savoir comme amour de Dieu et comme amour du prochain. De même donc l'image ne se trouve pas dans l'esprit selon qu'il connaît Dieu seulement mais aussi selon qu'il connaît les créatures.

8. Ensuite, les puissances de l'esprit qui constituent l'image sont rendues parfaites par quelques *habitus,* selon lesquels on dit que l'image déformée est réformée et parachevée. Mais les puissances de l'esprit n'ont pas besoin d'*habitus* qui les rapportent aux choses éternelles mais d'*habitus* qui les rapportent aux choses temporelles, puisque les *habitus* sont disposés en vue de régler les puissances, or dans les choses éternelles l'erreur ne peut avoir lieu puisqu'ici la règle est l'œuvre, mais elle advient seulement dans les choses temporelles. Donc l'image se place dans l'esprit plutôt en tant qu'il connaît les choses temporelles qu'en tant qu'il connaît les éternelles.

9. Praeterea, Trinitas increata repraesentatur in imagine mentis nostrae praecipue quantum ad consubstantialitatem et coaequalitatem; sed haec duo inveniuntur etiam in potentia sensitiva quia sensibile et sensus in actu efficiuntur unum et species sensibilis non recipitur in sensu nisi secundum suam capacitatem; ergo etiam in potentia sensitiva imago Trinitatis invenitur, multo igitur magis in mente secundum quod temporalia cognoscit.

10. Praeterea, metaphoricae locutiones secundum aliquas similitudines attenduntur quia, secundum Philosophum, « omnes transferentes secundum aliquam similitudinem transferunt » ; sed a quibusdam creaturis sensibilibus magis fit transumptio in divina per metaphoricas locutiones quam etiam ab ipsa mente, sicut patet de radio solari, ut dicit Dionysius IV cap. De divinis nominibus; ergo creaturae sensibiles aliquae magis possunt dici ad imaginem quam etiam ipsa mens, et ita non videtur aliquid impedire quin mens secundum quod temporalia cognoscit, ad imaginem sit.

11. Praeterea, Boetius dicit in libro De Trinitate quod formae quae sunt in materia sunt imagines illarum rerum quae sunt sine materia; formae autem in materia existentes sunt formae sensibiles; ergo formae sensibiles sunt imagines ipsius Dei, et ita mens secundum quod ea cognoscit videtur ad imaginem Dei esse.

SED CONTRA est quod Augustinus dicit in XV De Trinitate quod trinitas quae in inferiori scientia invenitur, « licet ad interiorem hominem iam pertineat, nondum tamen imago Dei appellanda est vel putanda » ; inferior autem scientia est secundum quam mens temporalia contemplatur : sic enim a sapientia aeternorum distinguitur; ergo imago Trinitatis non attenditur in mente secundum quod temporalia cognoscit.

2. Praeterea, partes imaginis secundum ordinem debent tribus personis respondere; sed ordo personarum non invenitur in mente secundum quod temporalia cognoscit : in cognitione enim temporalium intelligentia non procedit ex memoria ut Verbum a Patre, sed magis memoria ab intelligentia quia ea quae prius intelleximus memoramur; ergo imago non consistit in mente secundum quod temporalia cognoscit.

3. Praeterea, Augustinus dicit in XII De Trinitate « facta ista distributione » mentis qua scilicet dividitur in contemplationem

9. Ensuite, la Trinité incréée est représentée dans l'image de notre esprit avant tout relativement à la consubstantialité et à l'égalité parfaite. Mais ces deux termes se retrouvent dans la puissance sensible parce que le sensible et le sens en acte ne font qu'un et que la *species* sensible n'est reçue par le sens que selon sa capacité. Donc l'image de la Trinité se rencontre même dans la puissance sensible, et plus encore par conséquent selon que l'esprit connaît les choses temporelles.

10. Ensuite, les locutions métaphoriques sont saisies d'après quelque similitude parce que, selon le Philosophe, « tous les termes qui véhiculent quelque similitude transposent effectivement »[104]. Mais la transposition dans les locutions métaphoriques va plus de certaines créatures sensibles à Dieu que de l'esprit lui-même à Dieu ; comme il est évident à partir de ce que dit Denys à propos du rayon solaire, au chapitre IV des *Noms Divins*[105]. Donc quelques créatures sensibles peuvent être dites plus à l'image de Dieu que ne l'est l'esprit lui-même ; et ainsi il ne semble pas que quelque chose empêche l'esprit, dans la mesure où il connaît les choses temporelles, d'être à l'image de Dieu.

11. Ensuite, Boèce dit, dans le livre de *La Trinité*[106], que les formes qui sont dans la matière sont les images de ces choses qui sont sans matière. Or les formes qui existent dans la matière sont des formes sensibles. Donc les formes sensibles sont images de Dieu même et ainsi on voit que l'esprit est à l'image de Dieu en tant qu'il les connaît.

EN SENS CONTRAIRE :

1. Augustin dit au livre XV de *La Trinité* qu'on trouve une trinité dans la science inférieure, mais « bien que cette trinité appartiennent déjà à l'homme intérieur, pourtant il ne faut ni dire ni penser qu'elle est image de Dieu »[107]. Or c'est une science inférieure que celle selon laquelle l'esprit contemple les choses temporelles ; et elle est ainsi distincte de la sagesse des choses éternelles. Donc on ne saisit pas l'image dans l'esprit selon qu'il connaît les choses temporelles.

2. Ensuite les éléments de l'image, considérés quant à leur ordre, doivent correspondre aux trois personnes. Mais l'ordre des trois personnes ne se retrouve pas dans la connaissance qu'a l'esprit des choses temporelles ; en effet dans cette connaissance l'intelligence ne procède pas de la mémoire comme le Verbe du Père, mais c'est plutôt la mémoire qui procède de l'intelligence parce que nous nous souvenons des choses que nous avons connues auparavant. Donc l'image ne se trouve pas dans l'esprit selon qu'il connaît les choses temporelles.

3. Ensuite, Augustin dit au livre XII de *La Trinité* : « Une fois distribuées ainsi les fonctions » de l'esprit en contemplation des choses

aeternorum et actionem temporalium, « in eo solo quod ad contemplationem pertinet aeternorum, non solum trinitas sed etiam imago Dei, in hoc autem quod derivatum est in actione temporalium, etiamsi trinitas possit, non tamen imago Dei potest inveniri », et sic idem quod prius.

4. Praeterea, imago Trinitatis semper existit in anima, non autem cognitio rerum temporalium cum per acquisitionem habeatur ; ergo imago Trinitatis non invenitur in anima secundum quod temporalia cognoscit.

RESPONSIO. Dicendum quod rationem imaginis similitudo perficit ; non tamen quaelibet similitudo ad rationem imaginis sufficiens invenitur, sed expressissima similitudo per quam aliquid repraesentatur secundum rationem suae speciei ; et ideo in corporalibus imagines rerum attenduntur magis secundum figuras quae sunt specierum propria signa, quam secundum colores et alia accidentia. Invenitur autem in anima nostra aliqua similitudo Trinitatis increatae secundum quamlibet sui cognitionem, non solum mentis, sed etiam sensus, ut patet per Augustinum in XI De Trinitate ; sed in illa tantum cognitione mentis imago Dei reperitur secundum quam in mente nostra expressior Dei similitudo invenitur.

Ut igitur cognitionem mentis secundum obiecta distinguamus, triplex cognitio in mente nostra invenitur, cognitio scilicet qua mens cognoscit Deum, et qua cognoscit se ipsam, et qua cognoscit temporalia. In illa igitur cognitione qua mens temporalia cognoscit, non invenitur expressa similitudo Trinitatis increatae, neque secundum conformationem quia res materiales magis sunt Deo dissimiles quam ipsa mens, unde per hoc quod mens earum scientia informatur non efficitur Deo maxime conformis ; similiter etiam neque secundum analogiam eo quod res temporalis quae sui notitiam parit in anima vel intelligentiam actualem, non est eiusdem substantiae cum ipsa mente sed extraneum a natura eius, et sic non potest per hoc increatae Trinitatis consubstantialitas repraesentari. Sed in cognitione qua mens nostra cognoscit se ipsam est repraesentatio Trinitatis increatae secundum analogiam, in quantum hoc modo mens cognoscens se ipsam verbum sui gignit et ex utroque procedit amor, sicut Pater se ipsum dicens Verbum suum genuit ab aeterno et ex utroque Spiritus Sanctus procedit. Sed in cognitione illa qua mens ipsum Deum

éternelles et en action concernant les temporelles, « c'est en cette seule zone de l'âme de qui relève la contemplation des réalités éternelles que nous trouvons non seulement une trinité, mais l'image de Dieu »[108], et ainsi il en est de même qu'auparavant.

4. Ensuite, l'image de la Trinité est toujours dans l'âme, mais pas la connaissance des choses temporelles qu'on acquiert. Donc l'image de la Trinité n'est pas trouvée dans l'âme selon qu'elle connaît les choses temporelles.

RÉPONSE :

La similitude accomplit parfaitement la raison de l'image mais n'importe quelle similitude ne suffit pas à la raison de l'image ; seule la similitude la plus expresse y suffit, par laquelle quelque chose est représenté d'après la raison de sa *species ;* et pour cette raison les images des choses dans les corps sont mieux saisies selon les figures qui sont les signes propres de ces *species* que selon les couleurs et autres accidents. On rencontre en notre âme quelque similitude de la Trinité incréée selon n'importe quelle connaissance de soi, non seulement celle de l'esprit mais aussi celle du sens, comme il est évident par Augustin, au livre XI de *La Trinité*[109], mais cependant c'est seulement dans cette connaissance de l'esprit que l'image de Dieu se retrouve de façon plus expresse.

Donc, quand nous distinguons la connaissance que l'esprit a selon les objets, on trouve trois sortes de connaissances : la connaissance par laquelle l'esprit connaît Dieu, celle par laquelle il se connaît lui-même, et celle par laquelle il connaît les choses temporelles. Dans cette connaissance par laquelle l'esprit connaît les choses temporelles, on ne trouve pas de similitude expresse de la Trinité incréée, ni par conformité, puisque les choses matérielles sont plus dissemblables à Dieu que l'esprit, et par conséquent parce que l'esprit est informé par la connaissance de ceux-ci, il n'est pas rendu tout à fait conforme à Dieu ; ni non plus par analogie parce que la chose temporelle qui prépare l'âme à la connaissance ou à l'intellection en acte n'est pas de même substance que l'esprit mais est extérieure à sa nature, et ainsi cette connaissance ne peut représenter la consubstantialité de la Trinité incréée. Mais dans la connaissance par laquelle notre esprit se connaît lui-même, on trouve la représentation de la Trinité incréée par analogie, parce qu'ainsi, l'esprit se connaissant lui-même engendre son verbe et que l'amour procède de l'un et de l'autre. Ainsi le Père, dans sa propre diction, engendre son Verbe de toute éternité, et l'Esprit Saint procède de l'un et de l'autre. Mais dans la connaissance même où Dieu est

cognoscit, mens ipsa Deo conformatur, sicut omne cognoscens in quantum huiusmodi assimilatur cognito.

Maior est autem similitudo quae est per conformitatem, ut visus ad colorem, quam quae est per analogiam, ut visus ad intellectum qui similiter ad sua obiecta comparatur; unde expressior similitudo Trinitatis est in mente secundum quod cognoscit Deum quam secundum quod cognoscit se ipsam. Et ideo proprie imago Trinitatis in mente est secundum quod cognoscit Deum primo et principaliter, sed quodam modo et secundario etiam secundum quod cognoscit se ipsam, et praecipue prout se ipsam considerat ut est imago Dei, ut sic eius consideratio non sistat in se sed procedat usque ad Deum. In consideratione vero rerum temporalium non invenitur imago, sed similitudo quaedam Trinitatis quae magis potest ad vestigium pertinere sicut et similitudo quam Augustinus assignat in potentiis sensitivis.

1. Ad primum igitur dicendum quod trinitas quidem aliqua invenitur in mente secundum quod se extendit ad actionem temporalium, sed tamen illa trinitas non dicitur imago increatae Trinitatis, ut patet per ea quae ibidem Augustinus subiungit.

2. Ad secundum dicendum quod aequalitas divinarum personarum magis repraesentatur in cognitione aeternorum quam temporalium; non enim est attendenda aequalitas inter obiectum et potentiam, sed inter unam potentiam et aliam. Quamvis autem maior sit inaequalitas inter mentem nostram et Deum quam inter mentem nostram et rem temporalem, tamen inter memoriam quam mens nostra habet de Deo et actualem intelligentiam eius et amorem maior invenitur aequalitas quam inter memoriam quam habet de rebus temporalibus et earum intelligentiam et amorem: ipse enim Deus per se ipsum cognoscibilis est et diligibilis, et ita tantum a mente uniuscuiusque intelligitur et amatur quantum menti praesens est, cuius praesentia in mente ipsius memoria in mente est; et sic memoriae quae de ipso habetur intelligentia, et huic voluntas sive amor adaequatur. Res autem materiales non sunt secundum se intelligibiles et diligibiles; et ideo respectu earum talis aequalitas in mente non invenitur, nec etiam idem ordo originis cum ex hoc nostrae memoriae praesentes sint quod a nobis intellectae fuerunt, et sic memoria ex intelligentia oritur potius quam e converso. Cuius contrarium in mente creata

connu, l'esprit est rendu conforme à Dieu, comme tout connaissant, dans la mesure où de cette façon, il est rendu semblable au connu.

La similitude est plus grande quand elle est par conformité, comme la vue par rapport à la couleur, que lorsqu'elle est par analogie, comme la vue par rapport à l'intellect qui est rendu semblable à ses objets de la même manière que la vue[110]. Par conséquent, la similitude à l'égard de la Trinité est plus expresse dans l'esprit selon qu'il connaît Dieu que selon qu'il se connaît lui-même, et pour cette raison, l'image de la Trinité se trouve proprement dans l'esprit selon qu'il connaît Dieu premièrement et principalement; mais de manière secondaire selon qu'il se connaît lui-même, et avant tout en tant qu'il se considère comme image de Dieu et qu'ainsi son examen ne s'arrête pas à lui mais procède jusqu'à Dieu. Mais dans l'examen des choses temporelles, on ne trouve pas l'image de la Trinité, mais seulement quelque similitude qui relève peut-être plus du vestige; et c'est tout à fait la similitude qu'Augustin attribue aux puissances sensibles[111].

RÉPONSE AUX ARGUMENTS :

1. Quelque trinité se rencontre bien dans l'esprit selon qu'il tend à l'action sur les choses temporelles mais cependant cette trinité n'est pas nommée image de la Trinité incréée, comme il est évident d'après ce qu'Augustin ajoute au même endroit.

2. L'égalité des personnes est mieux représentée dans la connaissance des choses éternelles que dans la connaissance des choses temporelles. L'égalité ne peut en effet être saisie entre la puissance et l'objet, mais entre une puissance et une autre. Or bien que l'inégalité soit aussi plus grande entre notre esprit et Dieu qu'entre notre esprit et la chose temporelle, cependant on rencontre une plus grande égalité entre la mémoire que notre esprit a de Dieu, l'intelligence actuelle que l'esprit a de lui, et l'amour pour lui, qu'entre la mémoire, l'intelligence et l'amour des choses temporelles. En effet Dieu lui même est connaissable par soi et aimable par soi, et il est ainsi autant intelligé et aimé de chaque esprit que présent à l'esprit; et cette présence dans l'esprit est la mémoire de lui même qui est en notre esprit; et ainsi l'intelligence et la volonté même ou l'amour sont rendus égaux à la mémoire qui vient de lui. Or les choses matérielles ne sont pas intelligibles et aimables par soi, et on ne trouve pas par rapport à elle une telle égalité dans l'esprit, ni non plus le même ordre originel puisque nos souvenirs nous sont présents parce que les choses ont été d'abord intelligées par nous, et ainsi la mémoire provient plutôt ici de l'intelligence que le contraire. Le contraire advient dans l'esprit créé par rapport à Dieu, à partir de la

accidit respectu ipsius Dei, ex cuius praesentia mens intellectuale participat lumen ut intelligere possit.

3. Ad tertium dicendum quod, quamvis cognitio quam de rebus materialibus habemus sit prior tempore illa notitia quam habemus de Deo, tamen haec est prior dignitate. Nec obstat quod materialia a nobis perfectius cognoscuntur quam Deus quia minima cognitio quae de Deo haberi potest superat omnem cognitionem quae de creatura habetur: nobilitas enim scientiae ex nobilitate sciti dependet, ut patet in principio I De anima; unde et in XI De animalibus Philosophus praeponit modicam scientiam quam habemus de rebus caelestibus omni scientiae quam de rebus inferioribus habemus.

4. Ad quartum dicendum quod, quamvis potentiae se extendant ad omnia sua obiecta, tamen earum virtus pensatur ex ultimo in quod possunt, ut patet in I Caeli et mundi; et ideo id quod ad maximam perfectionem potentiarum mentis pertinet, scilicet esse ad imaginem Dei, attribuitur eis respectu nobilissimi obiecti quod Deus est.

5. Ad quintum dicendum quod, quamvis mens perfectius se ipsam cognoscat quam Deum, tamen cognitio quam habet de Deo est nobilior et per eam magis Deo conformatur, ut dictum est; et ideo secundum ipsam magis est ad Dei imaginem.

6. Ad sextum dicendum quod, quamvis aequalitas ad imaginem pertineat quae in mente nostra invenitur, non tamen oportet quod respectu omnium imago attendatur respectu quorum aliqua aequalitas invenitur in ipsa, eo quod plura alia ad imaginem requiruntur, unde ratio non sequitur.

7. Ad septimum dicendum quod, quamvis caritas quae imaginem perficit respiciat proximum, non tamen sicut principale obiectum cum eius principale obiectum sit solus Deus: in proximo enim nihil diligit caritas nisi Deum.

8. Ad octavum dicendum quod potentiae imaginis aliquibus habitibus perficiuntur etiam secundum quod comparantur in Deum, sicut fide, spe et caritate, sapientia et aliis huiusmodi; quamvis enim in ipsis aeternis error non inveniatur ex parte ipsorum, potest tamen accidere error nostro intellectui in cognitione eorum: difficultas enim in eis cognoscendis accidit nobis non ex eis sed ex parte nostra, ut dicitur in II Metaphysicae.

présence duquel, en effet, l'esprit participe à la lumière intellectuelle de sorte qu'il peut l'intelliger.

3. Bien que la connaissance que nous avons des choses matérielles soit première dans le temps par rapport à la connaissance que nous avons de Dieu, cette dernière est cependant première en dignité. Que nous connaissions plus parfaitement les choses matérielles que Dieu n'empêche pas cela, parce que la connaissance qu'on peut avoir de Dieu est très petite mais dépasse toute connaissance qu'on a de la créature. En effet, la noblesse de la science dépend de la noblesse de ce qui est connu, comme cela apparaît manifestement au commencement du traité *De l'âme*[112]; et au livre XI *Des parties des animaux*[113], où le Philosophe met la modeste science que nous avons des choses célestes au dessus de toute la science que nous avons des choses inférieures.

4. Bien que les puissances s'étendent à tous leurs objets, cependant leur vertu se mesure à l'aune de l'objet ultime auquel elles atteignent, comme il est évident dans le livre I *Du ciel*[114]. Et pour cette raison ce qui atteint la plus haute perfection des puissances de l'esprit, à savoir être à l'image de Dieu, lui est attribué par rapport à la suprême noblesse de l'objet qui est Dieu.

5. Bien que l'esprit se connaisse plus parfaitement qu'il ne connaît Dieu, cependant la connaissance qu'il a de Dieu est plus noble et l'esprit est rendu plus conforme à Dieu par elle. comme cela a été dit. Et, pour cette raison, l'esprit est par cette connaissance plus à l'image de Dieu.

6. Bien que l'égalité appartiennent à l'image de Dieu qu'on trouve en notre esprit, il n'est pas nécessaire cependant que l'image soit saisie par rapport à tout mais par rapport à ce en quoi quelque égalité est rencontrée en lui parce que plusieurs autres choses sont requises pour être à l'image de Dieu, par conséquent l'objection n'est pas concluante.

7. Bien que la charité, qui accomplit l'image, prend le prochain en considération, elle ne le considère pas comme objet principal puisque son objet principal est Dieu seul; dans le prochain, la charité n'aime rien sinon Dieu.

8. Les puissances de l'image sont accomplies par quelques *habitus* selon qu'ils sont rapportés à Dieu comme dans la foi, l'espérance, la charité, la sagesse et dans toutes les autres choses de cette sorte. Bien qu'en effet, l'erreur ne se rencontre pas de leur part dans les choses éternelles, il peut arriver que notre intellect commette une erreur dans la connaissance de celles-ci, la difficulté pour les connaître ne provenant pas d'elles mais de nous, comme il est dit dans *La Métaphysique,* livre II[115].

9. Ad nonum dicendum quod inter sensibile et sensum non invenitur consubstantialitas eo quod ipsum sensibile est extraneum a sensus essentia, nec etiam invenitur aequalitas cum quandoque non semper tantum videatur visibile quantum visibile est.

10. Ad decimum dicendum quod creaturae aliquae irrationales possunt quadam similitudine magis Deo assimilari quam etiam rationales quantum ad causandi efficaciam, sicut patet de radio solari quo omnia in inferioribus causantur et renovantur, et ex hoc convenit cum divina bonitate quae omnia causat, ut Dionysius dicit; tamen secundum proprietates sibi inhaerentes magis creatura <rationalis> Deo est similis quam quaecumque irrationalis. Hoc tamen quod a creaturis irrationalibus frequentius metaphoricae locutiones transferuntur in Deum, contingit ex ratione dissimilitudinis quia, ut Dionysius dicit in II cap. Caelestis hierarchiae, ea quae sunt in vilioribus creaturis ideo frequentius transferuntur in divina ut omnis errandi tollatur occasio: translatio enim a creaturis nobilioribus facta existimationem posset inducere quod ea quae metaphorice dicerentur essent secundum proprietatem intelligenda, quod opinari nullus potest de ipsis vilioribus creaturis.

11. Ad undecimum dicendum quod Boetius formas materiales ponit esse imagines non Dei, sed formarum immaterialium, idest rationum idealium in mente divina existentium a quibus secundum perfectam similitudinem oriuntur.

9. On ne trouve aucune consubstantialité entre le sens et le sensible, parce que le sensible est extérieur à l'essence du sens; et on ne trouve pas même d'égalité, car parfois le visible n'est pas toujours vu seulement dans la mesure où il est visible.

10. Quelques créatures non-rationnelles peuvent, par une certaine similitude, ressembler plus à Dieu que des créatures même rationnelles, et cela par rapport à leur efficacité causale; comme il est évident à propos des rayons de soleil par lesquels toutes les choses inférieures sont causées, et pour cette raison, ils sont en convenance avec la divine bonté qui cause toutes choses comme dit Denys [116]. Cependant, conformément aux propriétés qui lui sont inhérentes, la créature <rationnelle> est plus semblable à Dieu qu'une créature non-rationnelle quelle qu'elle soit. Que cependant des locutions métaphoriques soient tranférées, très fréquemment, des créatures non-rationnelles à Dieu n'arrive qu'à raison d'une dissimilitude puisque, comme dit Denys au chapitre II de *La Hiérarchie céleste* [117], les choses qui sont dans les créatures plus viles sont souvent pour cette raison transférées dans les divines pour supprimer toutes les occasions de se tromper, et en effet le transfert métaphorique des créatures plus nobles à Dieu peut induire une fausse estimation, parce que les choses qui sont dites de façon métaphoriques peuvent alors être comprises au sens propre, ce que personne n'irait penser au sujet des créatures plus viles.

11. Boèce affirme que les formes matérielles sont des images non de Dieu mais des formes immatérielles, c'est-à-dire des raisons idéales des choses, existant dans l'esprit divin, desquelles elles sont nées selon une parfaite similitude.

ARTICULUS OCTAVUS

Octavo quaeritur utrum mens se ipsam per essentiam cognoscat aut per aliquam speciem. Et videtur quod per aliquam speciem quia, ut Philosophus dicit in III De anima, « intellectus noster nihil intelligit sine phantasmate » ; sed ipsius essentiae animae non potest accipi aliquod phantasma ; ergo oportet quod per aliquam aliam speciem a phantasmatibus abstractam mens nostra se ipsam intelligat.

2. Praeterea, ea quae per sui essentiam videntur, certissime cognoscuntur sine errore ; sed de mente humana multi erraverunt cum quidam dicerent eam esse aerem, quidam ignem, et multa alia de ea inepta sentirent ; ergo mens non videt se per essentiam suam.

3. Sed dicebat quod mens per essentiam suam videt se esse, errare tamen potest in inquirento quid sit. – Sed contra, scire aliquid per essentiam suam est scire de eo quid est cum essentia rei sit idem quod quiditas eius ; si igitur anima videret se ipsam per essentiam, quilibet sine errore sciret de anima sua quid est, quod manifeste patet falsum esse.

4. Praeterea, anima nostra est forma coniuncta materiae ; sed omnis huiusmodi forma cognoscitur per abstractionem speciei a materia et materialibus condicionibus ; ergo anima cognoscitur per aliquam speciem abstractam.

5. Praeterea, intelligere non est actus animae tantum sed actus coniuncti, ut dicitur in I De anima ; sed omnis talis actus est communis animae et corpori ; ergo oportet quod in intelligendo semper sit aliquid ex parte corporis ; sed hoc non esset si mens se ipsam per essentiam suam videret sine aliqua specie a corporeis sensibus abstracta ; ergo mens non videt se ipsam per essentiam.

ARTICLE 8

L'esprit se connaît-il lui-même par essence ou par quelque *species* [118] ?

En huitième lieu, on se demande si l'esprit se connaît par essence ou par quelque *species*, et il semble que ce soit par quelque *species*.

1. Car le Philosophe dit au livre III du traité *De l'âme* : « notre intellect n'intellige rien sans phantasme » [119]. Mais on ne peut recevoir aucun phantasme de l'essence de l'âme. Il est donc nécessaire que notre esprit s'intellige par quelque autre *species* abstraite des phantasmes.

2. Ensuite, les choses qui sont vues par leur essence sont connues avec le maximum de certitude et sans erreur. Mais beaucoup se sont trompés au sujet de l'esprit humain ; comme certains ont dit qu'il était un air [120], d'autres un feu [121] et beaucoup d'autres inepties qu'ils ont présenté à son sujet. Donc, il semble que l'esprit ne se connaît pas par son essence.

3. On objectera que l'esprit voit qu'il est par son essence, et qu'il peut cependant se tromper en recherchant ce qu'il est – On répond en sens contraire que connaître quelque chose par son essence consiste à savoir ce qu'elle est, puisque l'essence d'une chose est identique à sa quiddité. Donc si l'âme se voyait par son essence, n'importe qui pourrait sans erreur connaître au sujet de son âme ce qu'elle est ; ce qui paraît manifestement faux.

4. Ensuite, notre âme est une forme unie à la matière. Mais toute forme ainsi constituée est connue par abstraction de la forme à partir de la matière et des conditions matérielles. Donc l'âme est connue par quelque *species* abstraite.

5. Ensuite, intelliger n'est pas seulement l'acte de l'âme mais du composé, comme il est dit au livre I du traité *De l'âme* [122]. Mais tous les actes de ce genre sont communs à l'âme et au corps. Il faut donc que dans l'acte d'intelliger quelque chose du corps y ait toujours part. Et cela n'aurait pas lieu si l'esprit se voyait lui-même par son essence, sans quelque *species* abstraite des choses sensibles. Donc, l'esprit ne se voit pas par essence.

6. Praeterea, Philosophus dicit in III De anima quod intellectus intelligit se sicut et alia ; sed alia intelligit non per essentiam suam sed per aliquas species ; ergo nec se ipsam mens intelligit per suam essentiam.

7. Praeterea, potentiae cognoscuntur per actus et actus per obiecta ; sed essentia animae non potest cognosci nisi potentiis eius cognitis cum virtus rei cognoscere faciat rem ipsam ; ergo oportet quod essentiam suam per actus suos et per species obiectorum suorum cognoscat.

8. Praeterea, sicut se habet sensus ad sensibile, ita intellectus ad intelligibile ; sed inter sensum et sensibile requiritur quaedam distantia ex quo provenit quod oculus se ipsum videre non possit ; ergo et in intellectuali cognitione requiritur quaedam distantia ut numquam se per essentiam suam intelligere possit.

9. Praeterea, secundum Philosophum in Posterioribus non est circulo demonstrare quia sequeretur quod aliquid per se ipsum notum fieret, et sic sequeretur quod aliquid esset prius et notius se ipso, quod est impossibile ; sed si mens se ipsam per essentiam suam videt, erit idem quod cognoscitur et per quod cognoscitur ; ergo sequitur idem inconveniens ut aliquid sit prius et notius se ipso.

10. Praeterea, Dionysius dicit VII cap. De divinis nominibus quod anima circulo quodam cognoscit existentium veritatem ; circularis autem motus est ab eodem in idem ; ergo videtur quod anima a se ipsa egrediens intelligendo per res exteriores ad sui ipsius cognitionem redeat, et sic non intelliget se per essentiam suam.

11. Praeterea, manente causa manet eius effectus ; si igitur mens se per essentiam suam videret propter hoc quod essentia sua sibi est praesens, cum semper ei sit praesens semper ipsam videret ; ergo cum impossibile sit simul plura intelligere, numquam aliud intelligeret.

12. Praeterea, posteriora sunt magis composita prioribus ; sed intelligere est posterius quam esse ; ergo in intelligentia animae invenitur maior compositio quam in eius esse ; sed in anima non est idem quod est et quo est ; ergo nec in ea est idem quod intelligitur et quo intelligitur, et sic mens non se videt per suam essentiam.

6. Ensuite le Philosophe dit au livre III du traité *De l'âme* que l'intellect s'intellige lui même comme il intellige les autres choses[123]. Mais il intellige les autres choses non par son essence mais par quelque *species*. Donc l'esprit ne s'intellige pas lui-même par son essence.

7. Ensuite, les puissances sont connues par les actes et les actes par leurs objets. Mais l'essence de l'âme ne peut être connue si ses puissances ne sont pas connues comme la vertu d'une chose fait connaître cette chose même. Donc il faut qu'on connaisse son essence par ses actes et les *species* de ses objets.

8. Ensuite, l'intellect se rapporte à l'intelligible comme le sens au sensible. Mais une certaine distance est requise entre le sens et le sensible et ainsi l'œil ne peut se voir lui-même. Donc, dans la connaissance intellectuelle il en est de même ; une certaine distance est requise de telle sorte que l'esprit ne peut jamais s'intelliger par son essence.

9. Ensuite, selon ce que le Philosophe dit au livre I des *Seconds analytiques,* une démonstration ne peut être circulaire[124] : parce qu'il s'ensuivrait que quelque chose se connaîtrait par soi-même, et ainsi il découlerait de cela que quelque chose serait antérieur et plus connu que soi-même, ce qui est impossible. Mais si l'esprit se voit lui-même par sa propre essence, ce qui est connu et ce par quoi il est connu sera la même chose. Donc la même contradiction s'ensuit, à savoir que quelque chose serait antérieur et plus connu que soi.

10. Ensuite, Denys dit au chapitre VII des *Noms divins* que l'âme connaît la vérité des existants en quelque cercle[125]. Le cercle en effet est mû à partir du même vers le même. Donc on voit que l'âme, sortant de soi-même, en intelligeant par les choses extérieures, revient à la connaissance de soi, et ainsi elle ne se connaît pas par son essence.

11. Ensuite, quand une cause demeure, son effet demeure. Donc si l'esprit se voyait par son essence, son essence lui serait présente ; puisqu'il serait toujours présent à lui même, il la verrait toujours. Donc comme il est impossible d'intelliger plusieurs choses à la fois, il n'intelligerait jamais rien d'autre que soi.

12. Ensuite, les choses postérieures sont plus composées que les antérieures. Mais intelliger est postérieur à être. Donc dans l'intelligence de l'âme, on trouve plus de composition que dans son être. Mais dans l'âme ce n'est pas la même chose que *ce qui est* et *ce par quoi il est*. Donc ce n'est pas la même chose en elle que ce par quoi elle est intelligée et ce qui est intelligé, et ainsi l'esprit ne se voit pas par sa propre essence.

13. Praeterea, non potest idem <esse> forma et formatum respectu eiusdem; sed intellectus, cum sit quaedam potentia animae, est quasi quaedam forma essentiae ipsius; ergo non potest esse quod essentia animae sit forma intellectus, sed id quo aliquid intelligitur est forma intellectus; ergo mens non videt se ipsam per essentiam suam.

14. Praeterea, anima est quaedam substantia per se subsistens; formae autem intelligibiles non sunt per se subsistentes alias scientia quae ex huiusmodi formis intelligibilibus consistit, non esset de genere accidentis; ergo essentia animae non potest esse ut forma intelligibilis qua mens se ipsam videat.

15. Praeterea, cum actus et motus penes terminos distinguantur, intelligibilia quae sunt unius speciei, eodem modo secundum speciem intelliguntur; sed anima Petri est unius speciei cum anima Pauli; ergo anima Petri eodem modo intelligit se ipsam sicut intelligit animam Pauli: sed animam Pauli non intelligit per eius essentiam cum ab ea sit absens; ergo nec se intelligit per essentiam suam.

16. Praeterea, forma est simplicior eo quod per formam informatur, sed mens non est simplicior se ipsa; ergo non informatur se ipsa, cum igitur informetur eo per quod cognoscit, non cognoscet se ipsam per se ipsam.

SED CONTRA est quod Augustinus dicit in IX De Trinitate « Mens se ipsam per se ipsam novit quoniam est incorporea; nam si non se ipsam novit, non se ipsam amat ».

2. Praeterea, II Cor. XII[2] super illud « Scio hominem » etc. dicit glosa « Hac visione quae dicitur intellectualis ea cernuntur quae non sunt corpora nec ullas gerunt formas similes corporum, velut ipsa mens et omnis animae affectio » ; sed, ut in eadem glosa dicitur « intellectualis visio eas res continet quae non habent imagines sui similes quae non sunt quod ipsae » ; ergo mens non cognoscit se ipsam per aliquid quod non sit idem quod ipsa,

3. Praeterea, sicut dicitur in III De anima, « in his quae sunt separata a materia idem est quod intelligitur et quo intelligitur » ; sed mens est res quaedam immaterialis, ergo per essentiam suam intelligitur.

13. Ensuite, la même chose, relativement à une même chose, ne peut être forme et ce qui est informé. Mais puisque l'intellect est quelque puissance de l'âme, il est d'une certaine manière forme de son essence. Donc il n'est pas possible que l'essence de l'âme soit forme de l'intellect mais *ce par quoi* quelque chose est intelligé est la forme de l'intellect; donc l'esprit ne se voit pas par son essence.

14. Ensuite, l'âme est une certaine substance subsistant par soi. Or les formes intelligibles ne sont pas subsistantes par elles-mêmes autrement la science qui consiste en la possession de ces formes intelligibles ne serait pas du genre de l'accident. Donc l'essence de l'âme ne peut être une forme intelligible par laquelle l'esprit se voit lui-même.

15. Ensuite, comme l'acte et le mouvement se distinguent de par leurs termes, les intelligibles qui sont d'une même espèce sont intelligés de même manière selon la *species*. Mais l'âme de Pierre est de la même espèce que l'âme de Paul. Donc l'âme de Pierre se comprend exactement de la même façon que l'âme de Paul. Mais elle ne comprend pas l'âme de Paul par son essence puisqu'elle n'y est pas présente. Donc elle ne se connaît pas non plus par son essence.

16. Ensuite, la forme est plus simple que ce qui est informé par elle. Mais l'esprit n'est pas plus simple que lui-même donc il n'est pas informé par lui-même. Et comme il est informé par ce au moyen de quoi il connaît, il ne se connaît pas par lui-même.

EN SENS CONTRAIRE:

1. Augustin dit au livre IX de *La Trinité*: «l'esprit se connaît soi-même par soi-même puisqu'il est incorporel, car s'il ne se connaît pas soi-même, il ne s'aime pas lui-même»[126].

2. Ensuite, la glose sur II *Cor.*, XII[2], au sujet de: «Je connais un homme» etc., dit «Par cette vision qui est dite intellectuelle, sont vues les choses qui ne sont pas corporelles et qui ne s'apparentent pas aux choses corporelles; comme l'esprit même et toute affection de l'âme»[127]. Mais comme dans la même glose il est dit: «la vision intellectuelle voit ces choses qui n'ont pas d'images semblables à soi et qui ne sont qu'elles-mêmes» donc l'esprit ne se connaît pas lui-même par quelque chose qui soit autre que ce qu'il est lui-même.

3. Ensuite, comme il est dit au livre III du traité *De l'âme*: «dans ces choses qui sont séparées de la matière, c'est la même chose qui est intelligée et ce par quoi elle est intelligée»[128]. Mais l'esprit est quelque chose d'immatériel. Donc il est intelligé par son essence.

4. Praeterea, omne quod est praesens intellectui ut intelligibile ab intellectu intelligitur; sed ipsa essentia animae est praesens intellectui per modum intelligibilis: est enim ei praesens per suam veritatem, veritas autem est ratio intelligendi sicut bonitas ratio diligendi; ergo mens per essentiam suam se intelligit.

5. Praeterea, species per quam aliquid intelligitur est simplicior eo quod per eam intelligitur; sed anima non habet aliquam speciem se simpliciorem quae ab ea abstrahi possit; ergo anima non intelligit se per aliquam speciem sed per essentiam suam.

6. Praeterea, omnis scientia est per assimilationem scientis ad scitum, sed nihil aliud est animae similius quam sua essentia; ergo per nihil aliud se intelligit quam per essentiam suam.

7. Praeterea, illud quod est causa cognoscibilitatis aliis, non cognoscitur per aliquid aliud quam per se ipsum; sed anima est aliis rebus materialibus causa cognoscibilitatis: sunt enim intelligibilia in quantum nos ea intelligibilia facimus, ut Commentator dicit in II Metaphysicae; ergo anima per se ipsam solum intelligitur.

8. Praeterea, scientia de anima est certissima, secundum Philosophum in I De anima; sed magis certum non cognoscitur per minus certum; ergo de anima non habetur scientia per aliud a se ipsa.

9. Praeterea, omnis species per quam anima nostra intelligit est a sensibilibus abstracta; sed nullum sensibile est a quo anima possit suam quiditatem abstrahere; ergo anima non cognoscit se ipsam per aliquam similitudinem.

10. Praeterea, sicut lux corporalis facit omnia esse visibilia in actu, ita anima per suam lucem facit omnia materialia esse intelligibilia in actu, ut patet in III De anima; sed lux corporalis per se ipsam videtur non per aliquam similitudinem sui; ergo et anima per suam essentiam intelligitur, non per aliquam similitudinem.

11. Praeterea, sicut Philosophus dicit in III De anima, intellectus agens «non aliquando quidem intelligit, aliquando autem non», sed semper intelligit; sed non intelligit semper nisi se ipsum, nec hoc etiam posset si per speciem a sensibus abstractam se intelligeret quia sic ante abstractionem non se intelligeret; ergo mens nostra intelligit se per suam essentiam.

4. Ensuite, tout ce qui est présent à l'intellect comme intelligible est intelligé par l'intellect. Mais l'essence même de l'âme est présente à l'intellect de façon intelligible, elle est en effet présente par sa vérité même, or la vérité est la raison même de l'intellection comme la bonté est la raison de l'amour ; donc l'esprit s'intellige par son essence.

5. Ensuite, la *species* par laquelle quelque chose est intelligée est plus simple que ce qui est intelligé par elle. Mais l'âme n'a pas de *species* plus simple que soi qui puisse être abstraite d'elle. Donc l'âme ne s'intellige pas par quelque *species* mais toujours par son essence.

6. Ensuite, toute science résulte de l'assimilation du connaissant au connu. Mais rien n'est plus semblable à l'âme que son essence. Donc l'âme ne s'intellige par rien d'autre que par son essence.

7. Ensuite, ce qui rend possible la connaissance des autres choses n'est pas connu par quelque chose d'autre que par soi-même. Mais l'âme est cause de la cognoscibilité des autres choses matérielles : elles sont en effet intelligibles dans la mesure où nous les rendons intelligibles comme dit le Commentateur[129] dans *La Métaphysique,* livre II. Donc l'âme est intelligée elle-même par elle-même seulement.

8. Ensuite, le Philosophe dit, dans le traité *De l'âme,* au livre I, que la science concernant l'âme est la plus certaine de toutes les sciences[130]. Mais ce qui est plus certain n'est pas connu par ce qui est moins certain. Donc il n'y a pas de science de l'âme qui soit par le biais de quelque chose d'autre qu'elle-même.

9. Ensuite, toute *species* par laquelle notre âme intellige est abstraite des choses sensibles. Mais aucune chose sensible n'est ce par quoi l'âme pourrait abstraire sa quiddité. Donc l'âme ne se connaît pas par quelque similitude.

10. Ensuite, comme la lumière corporelle actualise tous les visibles, l'âme, par sa lumière, rend toutes les choses matérielles intelligibles en acte, comme il est évident livre III du traité *De l'âme*[131]. Mais la lumière corporelle est vue par soi et non par quelque similitude de soi. Donc de même l'âme est intelligée par son essence et non par quelque similitude.

11. Ensuite, comme le dit le Philosophe au livre III du traité *De l'âme,* « l'intellect agent n'intellige pas par moment » mais toujours[132]. Mais il n'intellige pas toujours s'il ne s'intellige pas lui-même, et cela il ne le pourrait pas s'il s'intelligeait par une *species* abstraite des sens, parce qu'ainsi, avant d'abstraire, il ne s'intelligerait pas. Donc notre esprit s'intellige par son essence.

RESPONSIO. Dicendum quod, cum quaeritur utrum aliquid per suam essentiam cognoscatur, quaestio ista dupliciter potest intelligi : uno modo ut hoc quod dicitur per essentiam referatur ad ipsam rem cognitam, ut illud intelligatur per essentiam cognosci cuius essentia cognoscitur, illud autem non cuius essentia non cognoscitur sed accidentia quaedam eius ; alio modo ut referatur ad id quo aliquid cognoscitur, ut sic intelligatur aliquid per suam essentiam cognosci quia ipsa essentia est quo cognoscitur, et hoc modo ad praesens quaeritur utrum anima per suam essentiam intelligat se.

Ad cuius quaestionis evidentiam sciendum est quod de anima duplex cognitio haberi potest ab unoquoque, ut Augustinus dicit in IX De Trinitate : una quidem qua cuiusque anima se tantum cognoscit quantum ad id quod est ei proprium, alia qua cognoscitur anima quantum ad id quod est omnibus animabus commune. Illa igitur cognitio quae communiter de omni anima habetur, est qua cognoscitur animae natura ; cognitio vero quam quis habet de anima quantum ad id quod est sibi proprium, est cognitio de anima secundum quod esse habet in tali individuo. Unde per hanc cognitionem cognoscitur an est anima, sicut cum aliquis percipit se animam habere ; per aliam vero cognitionem scitur quid est anima et quae sunt per se accidentia eius.

Quantum igitur ad primam cognitionem pertinet, distinguendum est quia cognoscere aliquid est habitu et actu. Quantum igitur ad actualem cognitionem qua aliquis se in actu considerat animam habere, sic dico quod anima cognoscitur per actus suos : in hoc enim aliquis se percipit animam habere et vivere et esse quod percipit se sentire et intelligere et alia huiusmodi vitae opera exercere ; unde dicit Philosophus in IX Ethicorum « Sentimus autem quoniam sentimus, et intelligimus quoniam intelligimus, et quia hoc sentimus intelligimus quoniam sumus ». Nullus autem percipit se intelligere nisi ex hoc quod aliquid intelligit, quia prius est intelligere aliquid quam intelligere se intelligere ; et ideo anima pervenit ad actualiter percipiendum se esse per illud quod intelligit vel sentit. Sed quantum ad habitualem cognitionem sic dico quod anima per essentiam suam se videt, id est, ex hoc ipso quod essentia sua est sibi praesens, est potens exire in actum

RÉPONSE :

Quand on cherche à savoir si quelque chose est connu par son essence, cette question peut être entendue de deux façons. 1° quand on utilise cette expression *par son essence* en la rapportant à la chose connue, de sorte que l'on comprend qu'est connu par essence ce dont l'essence est connue et qui ne le seraiit pas si l'essence n'était pas connue mais seulement quelques accidents lui appartenant. 2° lorsque l'expression est rapportée à *ce par quoi* quelque chose est connu ; et ainsi on comprend par là que quelque chose est connu par son essence, parce que son essence même est *ce par quoi* cette chose est connue ; et c'est de cette façon qu'on cherche à présent à savoir si l'âme s'intellige elle-même par sa propre essence [133].

Pour parvenir à une évidence sur de cette question, il faut savoir qu'au sujet de l'âme, la connaissance qu'on en peut avoir est double, comme le dit Augustin au livre IX de *La Trinité* [134] : 1° celle par laquelle l'âme de chacun se connaît d'autant plus qu'elle se connaît par ce qui lui appartient en propre et 2° l'autre par laquelle l'âme est connue par rapport à ce qui est commun à toutes les âmes. Une telle connaissance qui se rencontre communément au sujet de toute âme est celle par laquelle la nature de l'âme est connue ; mais la connaissance que l'on acquiert de l'âme selon ce qui lui appartient en propre est la connaissance de l'âme en tant qu'elle possède l'être en tel individu ; par conséquent par cette connaissance-là on sait si l'âme est, comme quand quelqu'un perçoit qu'il a une âme, mais c'est par une autre connaissance qu'on sait ce qu'est l'âme et qu'on connaît ses accidents par soi.

Donc, quant à la première connaissance, il faut distinguer car connaître quelque chose s'entend en deux sens : en *habitus* et en acte [135]. Relativement à la connaissance actuelle, par laquelle quelqu'un considère actuellement qu'il a une âme, je dis que l'âme est connue par ses actes. En effet quelqu'un perçoit qu'il a une âme, qu'il possède le vivre et l'être, du fait qu'il se perçoit sentir, intelliger et exercer toutes les autres sortes d'opérations vitales ; et ainsi le Philosophe dit dans l'*Ethique à Nicomaque,* IX : « Or, nous sentons que nous sentons, et nous intelligeons que nous intelligeons et parce que nous le sentons et l'intelligeons, nous sommes » [136]. Personne en effet ne se perçoit intelliger s'il n'intellige quelque chose, parce que d'abord on intellige quelque chose et ensuite on intellige qu'on intellige ; et, pour cette raison, l'âme parvient à se percevoir actuellement par ce qu'elle intellige ou sent. Mais quant à la connaissance habituelle, je dis que l'âme se voit par son essence : en effet de cela même que son essence lui est présente, elle est capable de passer à l'acte de connaissance de soi-

cognitionis sui ipsius; sicut aliquis ex hoc quod habet habitum alicuius scientiae, ex ipsa praesentia habitus est potens percipere illa quae subsunt illi habitui. Ad hoc autem quod percipiat anima se esse et quid in se ipsa agatur attendat, non requiritur aliquis habitus, sed ad hoc sufficit sola essentia animae quae menti est praesens: ex ea enim actus progrediuntur in quibus actualiter ipsa percipitur.

Sed si loquamur de cognitione animae, cum mens humana speciali aut generali cognitione diffinitur, sic iterum distinguendum videtur: ad cognitionem enim duo concurrere oportet, scilicet apprehensionem et iudicium de re apprehensa; et ideo cognitio qua natura animae cognoscitur potest considerari et quantum ad apprehensionem et quantum ad iudicium. Si igitur consideretur quantum ad apprehensionem, sic dico quod natura animae a nobis cognoscitur per species quas a sensibus abstrahimus. Anima enim nostra in genere intellectualium tenet ultimum locum, sicut materia prima in genere sensibilium, ut patet per Commentatorem in III De anima: sicut enim materia prima est in potentia ad omnes formas sensibiles, ita et intellectus possibilis noster ad omnes formas intelligibiles, unde in ordine intelligibilium est sicut potentia pura ut materia in ordine sensibilium; et ideo, sicut materia non est sensibilis nisi per formam supervenientem, ita intellectus possibilis non est intelligibilis nisi per speciem superinductam. Unde mens nostra non potest se intelligere ita quod se ipsam immediate apprehendat, sed ex hoc quod apprehendit alia devenit in suam cognitionem, sicut et natura materiae primae cognoscitur ex hoc ipso quod est talium formarum receptiva. Quod patet intuendo modum quo philosophi naturam animae investigaverunt: ex hoc enim quod anima humana universales rerum naturas cognoscit, perceperunt quod species qua intelligimus est immaterialis, alias esset individuata et sic non duceret in cognitionem universalis; ex hoc autem quod species intelligibilis est immaterialis, perceperunt quod intellectus est res quaedam non dependens a materia, et ex hoc ad alias proprietates cognoscendas intellectivae animae processerunt. Et hoc est quod Philosophus dicit in III De anima quod intellectus « est intelligibilis sicut alia intelligibilia » ; quod exponens Commentator dicit quod « intellectus intelligitur per intentionem in eo, sicut alia intelligibilia », quae quidem intentio nihil aliud est quam species intelligibilis. Sed haec intentio est

même ; comme quelqu'un, de cela qu'il a l'*habitus* d'une certaine science, est capable de percevoir ce qui se trouve sous cet *habitus*. Mais pour que l'âme perçoive qu'elle existe et qu'elle prenne conscience de ce qui se fait en elle, un *habitus* n'est pas requis mais à cela suffit la seule essence de l'âme qui est présente à l'esprit : de l'âme en effet émanent les actes dans lesquels elle-même est perçue actuellement.

Mais si nous parlons de la connaissance de l'âme, puisque l'esprit humain se définit par la connaissance spéciale ou générale, il semble qu'il faille de nouveau établir une distinction. Il faut pour connaître que deux choses concourent : à savoir l'appréhension et le jugement de la chose qu'on a saisie ; et, pour cette raison, la connaissance par laquelle la nature de l'âme est connue peut être considérée 1° quant à l'appréhension et 2° quant au jugement[137]. Et si on examine ce qui relève de l'appréhension, je dis que la nature de l'âme nous est connue par les *species* abstraites des sens. En effet notre âme tient la dernière place dans le genre des intellects, comme la matière première dans le genre des sensibles, ainsi que le dit clairement le Commentateur dans le livre III du traité *De l'âme*[138]. Comme en effet la matière première est en puissance toutes les formes sensibles, notre intellect possible est en puissance toutes les formes intelligibles ; par conséquent dans l'ordre des intelligibles il est comme la puissance pure, de même que la matière dans l'ordre des sensibles, et pour cette raison, comme la matière n'est pas sensible si ce n'est par information, de même l'intellect possible n'est pas intelligible si quelque *species* n'est pas induite. Par conséquent notre esprit ne peut s'intelliger lui-même ni se saisir immédiatement, mais il parvient à la connaissance de soi parce qu'il saisit d'autres choses ; il en est de même pour la nature de la matière qui est connue parce qu'elle est capable de recevoir telle ou telle forme. C'est évident quand on considère la manière dont les philosophes ont mené leurs recherches sur la nature de l'âme : en effet parce que l'âme humaine connaît les natures universelles des choses, ils ont perçu que la *species* par laquelle nous intelligeons est immatérielle, autrement elle serait individuée, et ne mènerait pas ainsi à la connaissance de l'universel. Or, parce que la *species* intelligible est immatérielle, ils ont compris que l'intellect est quelque chose d'indépendant de la matière et, à partir de là, se sont avancés dans la connaissance des autres propriétés de l'âme intellective. Et c'est ce que dit le Philosophe au livre III du traité *De l'âme* : l'intellect « est intelligible, comme les autres intelligibles »[139], ce qu'expose le Commentateur en disant : « l'intellect est intelligé par une intention en lui comme les autres intelligibles »[140], et que cette intention n'est rien d'autre qu'une *species* intelligible. Mais

in intellectu ut intelligibilis actu, in aliis autem rebus non, sed ut intelligibilis in potentia.

Si vero consideretur cognitio quam de natura animae habemus quantum ad iudicium quo sententiamus ita esse ut deductione praedicta apprehenderamus, sic notitia animae habetur in quantum « intuemur inviolabilem veritatem ex qua perfecte quantum possumus diffinimus, non qualis sit uniuscuiusque hominis mens sed qualis esse sempiternis rationibus debeat », ut Augustinus dicit IX De Trinitate. Hanc autem inviolabilem veritatem <intuemur> in sui similitudine, quae est menti nostrae impressa, in quantum aliqua naturaliter cognoscimus ut per se nota, ad quae omnia alia examinamus, secundum ea de omnibus iudicantes.

Sic ergo patet quod mens nostra cognoscit se ipsam quodam modo per essentiam suam, ut Augustinus dicit, quodam vero modo per intentionem sive per speciem, ut Philosophus et Commentator dicunt, quodam vero intuendo inviolabilem veritatem, ut item Augustinus dicit. Unde et sic ad utrasque rationes respondendum est.

1. Ad primum igitur dicendum quod intellectus noster nihil actu potest intelligere antequam a phantasmatibus abstrahat, nec etiam potest habere habitualem notitiam aliorum a se, quae scilicet in ipso non sunt, ante abstractionem praedictam eo quod species aliorum intelligibilium non sunt ei innatae. Sed essentia sua sibi innata est ut non eam necesse habeat a phantasmatibus acquirere, sicut nec materiae essentia acquiritur ab agente naturali sed solum eius forma quae ita comparatur ad materiam naturalem sicut forma intelligibilis ad materiam sensibilem, ut Commentator dicit in III De anima ; et ideo mens, antequam a phantasmatibus abstrahat, sui notitiam habitualem habet qua possit percipere se esse.

2. Ad secundum dicendum quod nullus umquam erravit in hoc quod non perciperet se vivere, quod pertinet ad cognitionem qua aliquis singulariter cognoscit quid in anima sua agatur ; secundum quam cognitionem dictum est quod anima per essentiam suam cognoscitur in habitu. Sed error apud multos accidit circa cognitionem naturae ipsius animae in

cette intention est dans l'intellect comme intelligible en acte et dans les autres choses comme intelligible en puissance.

Mais si on examine la connaissance que nous avons au sujet de la nature de l'âme, relativement au jugement par lequel nous sentons qu'il en est comme nous l'avions appréhendé dans la déduction énoncée plus haut, ainsi nous avons une connaissance de l'âme en tant que « nous voyons une vérité inviolable, par laquelle nous définissons parfaitement, autant que cela est en notre pouvoir, non ce qu'est l'âme de tel ou tel homme mais ce qu'elle doit être d'après des raisons éternelles », comme le dit Augustin au livre IX de *La Trinité.* Or nous connaissons une vérité inviolable, dans sa similitude, qui est imprimée dans notre esprit, dans la mesure où nous connaissons naturellement quelques évidences à l'aune desquelles nous examinons toutes les autres choses, selon qu'elles jugent des autres choses [141].

Ainsi, il est évident que notre esprit se connaît lui-même en quelque façon par son essence, comme le dit Augustin [142], mais en quelque façon aussi par une intention, c'est-à-dire par une *species,* comme le disent et le Philosophe et le Commentateur [143] ; mais en quelque façon aussi en voyant une vérité inviolable, comme dit Augustin [144]. Par conséquent on doit répondre ainsi aux arguments de chacun des deux côtés.

RÉPONSE AUX ARGUMENTS :

1. Notre intellect ne peut rien intelliger en acte avant d'avoir abstrait à partir des phantasmes, et il ne peut avoir aucune connaissance des autres choses à partir de soi, parce qu'elles ne sont pas en lui avant l'abstraction dont on vient de parler ; parce que les *species* des autres choses intelligibles ne sont pas innées en lui ; mais son essence lui est innée, de sorte qu'il n'est pas nécessaire qu'il la reçoive à partir des phantasmes ; comme l'essence de la matière n'est pas produite par un agent naturel mais seulement par sa forme, qui est ainsi rapportée à la matière naturelle comme la forme intelligible à la matière sensible, ainsi que le dit le Commentateur dans le livre III du traité *De l'âme* [145]. Et pour cette raison, l'esprit, avant qu'il abstraie à partir des phantasmes, possède une connaissance habituelle de soi-même par laquelle il peut percevoir qu'il est.

2. Nul ne peut jamais se tromper en ne percevant pas qu'il vit, cela appartenant à la connaissance par laquelle quelqu'un perçoit de façon singulière ce qui se passe en son âme ; et selon cette connaissance, il est dit que l'âme est connue par son essence dans un *habitus,* mais il arrive que beaucoup commettent une erreur en ce qui concerne la connais-

specie, et quantum ad hoc haec pars obiectionum verum concludit.

3. Et per hoc patet responsio ad tertium.

4. Ad quartum dicendum quod, quamvis anima materiae coniungatur ut forma eius, non tamen materiae subditur ut materialis reddatur ; ac per hoc non sit intelligibilis in actu, sed in potentia tantum per abstractionem a materia.

5. Ad quintum dicendum quod obiectio illa procedit de notitia actuali secundum quam anima non percipit se esse nisi percipiendo actum suum et obiectum, ut dictum est.

6. Ad sextum dicendum quod illud verbum Philosophi est intelligendum secundum quod intellectus intelligit de se quid est et non secundum quod habitualiter habet notitiam de se an sit.

7. Et similiter dicendum ad septimum.

8. Ad octavum dicendum quod operatio sensitiva perficitur per actionem sensibilis in sensum quae est actio situalis, et ideo requirit determinatam distantiam ; sed operatio intellectus non determinatur ad aliquem situm, et ideo non est simile.

9. Ad nonum dicendum quod dupliciter dicitur aliquid alio cognosci : uno modo sicut ex cuius cognitione deveniatur in cognitionem ipsius, et sic dicuntur conclusiones principiis cognosci, et hoc modo non potest aliquid cognosci se ipso ; alio modo dicitur aliquid alio cognosci sicut in quo cognoscitur, et sic non oportet ut id quo cognoscitur alia cognitione cognoscatur quam id quod eo cognoscitur. Unde sic nihil prohibet quod aliquid cognoscatur se ipso, sicut Deus se ipso se ipsum cognoscit ; et sic etiam anima quodam <modo> se ipsam per essentiam suam cognoscit.

10. Ad decimum dicendum quod circulus quidam in cognitione animae attenditur secundum quod ratiocinando inquirit existentium veritatem ; unde hoc dicit Dionysius ut ostendat in quo animae cognitio deficiat a cognitione angeli. Haec autem circulatio attenditur in hoc quod ratio ex principiis secundum viam inveniendi in conclusiones pervenit, et conclusiones inventas in principia resolvendo examinat secundum viam iudicandi ; et secundum hoc non est ad propositum.

11. Ad undecimum dicendum quod, sicut non oportet ut semper intelligatur in actu cuius notitia habitualiter habetur per aliquas species in intellectu existentes, ita etiam non oportet

sance de la nature de leur âme en une *species,* et en ce sens, cette partie de l'objection est concluante.

3. La réponse est ainsi évidente.

4. Bien que l'âme soit conjointe à la matière comme sa forme, elle n'est cependant pas soumise à la matière de façon à ce qu'elle soit rendue matérielle, et à cause de cela elle ne devient pas intelligible en acte, mais elle l'est seulement en puissance, par abstraction à partir de la matière.

5. Cet argument procède en partant de la connaissance actuelle selon laquelle l'âme ne perçoit pas qu'elle est, si elle ne perçoit pas son acte et son objet, comme il a été dit dans le corps de l'article.

6. Ces mots du Philosophe doivent être entendus ainsi : l'intellect intellige de soi ce qu'il est et non s'il est à partir d'une connaissance habituelle à son sujet.

7. De même.

8. L'opération sensitive est achevée par l'action sensible sur le sens, qui est une action locale et requiert pour cette raison une distance déterminée ; mais l'opération de l'intellect n'est pas déterminée par quelque position dans un lieu, et c'est pourquoi ce n'est pas la même chose.

9. On dit que quelque chose est connu par autre chose de deux manières. 1° quand on arrive à la connaissance de ceci à partir de la connaissance de cela, et ainsi on dit que les conclusions sont connues à partir des principes ; et ce n'est pas de cette manière qu'on peut se connaître. 2° on dit que quelque chose est connu par autre chose au sens de ce en quoi il est connu ; et ainsi il n'est pas nécessaire que ce par quoi il est connu soit connu par une autre connaissance que ce qui est connu par lui. Donc rien n'interdit que quelque chose soit connu par soi-même ; comme Dieu se connaît lui-même par lui-même et ainsi l'âme se connaît en quelque façon par son essence.

10. Un certain cercle se rencontre dans la connaissance de l'âme, d'après lequel on recherche la vérité des existants en raisonnant ; par conséquent Denys le dit afin de montrer en quoi la connaissance de l'âme est déficiente par rapport à la connaissance de l'ange. Or cette réflexion circulaire se rencontre en ce que la raison part, selon la voie de l'invention, des principes pour parvenir aux conclusions et il examine, selon la voie du jugement, en ramenant ces conclusions découvertes dans les principes. Donc cette objection n'est pas pertinente.

11. Comme il n'est pas nécessaire qu'on intellige toujours en acte ce dont nous possédons habituellement la connaissance par quelques *species* existant dans l'intellect ; de même il n'est pas nécessaire que soit

quod semper intelligatur actualiter ipsa mens cuius cognitio inest nobis habitualiter ex hoc quod ipsa eius essentia intellectui nostro est praesens.

12. Ad duodecimum dicendum quod quo intelligitur et quod intelligitur non hoc modo se habent ad invicem sicut quo est et quod est : esse enim est actus entis, sed intelligere non est actus eius quod intelligitur sed intelligentis ; unde quo intelligitur comparatur ad intelligentem sicut quo est ad quod est. Et ideo sicut in anima est aliud quo est et quod est, ita aliud est quo intelligit, id est potentia intellectiva, quae est principium actus intelligendi, a sua essentia. Non autem ex hoc oportet quod species qua intelligitur sit aliud ab eo quod intelligitur.

13. Ad tertium decimum dicendum quod intellectiva potentia est forma ipsius animae quantum ad actum essendi eo quod habet esse in anima sicut proprietas in subiecto ; sed quantum ad actum intelligendi nihil prohibet esse e converso.

14. Ad quartum decimum dicendum quod notitia qua anima se ipsam novit non est in genere accidentis quantum ad id quo habitualiter cognoscitur, sed solum quantum ad actum cognitionis qui est accidens quoddam ; unde etiam Augustinus dicit quod notitia substantialiter inest menti, in IX De Trinitate, secundum quod mens novit se ipsam.

15. Ad quintum decimum dicendum quod illa obiectio procedit de notitia animae prout cognoscitur quantum ad naturam speciei in qua omnes animae communicant.

16. Ad sextum decimum dicendum quod, cum mens intelligit se ipsam, ipsa mens non est forma mentis quia nihil est forma sui ipsius, sed se habet per modum formae in quantum ad se sua actio terminatur qua se ipsam cognoscit ; unde non oportet quod sit se ipsa simplicior, nisi forte secundum modum intelligendi in quantum id quod intelligitur accipitur ut simplicius ipso intellectu intelligente, sicut accipitur ut perfectio eius.

1. Ad primum autem in contrarium dicendum quod verbum Augustini est intelligendum quod mens se ipsam per se ipsam cognoscit quia ex ipsa mente est ei unde possit in actum prodire quo se actualiter cognoscat percipiendo se esse ; sicut etiam ex specie habitualiter in mente retenta inest menti ut possit actualiter rem illam considerare. Sed qualis est natura

toujours intelligé en acte l'esprit lui même, dont la connaissance est en nous habituellement, du fait que sa propre essence est présente à notre intellect.

12. Ce qui est intelligé et ce par quoi l'on intellige ne se rapportent pas l'un à l'autre à la manière de *ce par quoi il est* et *ce qui est ;* l'être en effet est l'acte de l'étant, et intelliger n'est pas l'acte de ce qui est intelligé mais de celui qui intellige ; par conséquent ce par quoi on intellige est rapporté à celui qui intellige comme *ce par quoi il est* et *ce qui est.* Et pour cette raison, comme dans l'âme autre est ce par quoi elle est et ce qu'elle est, de même ce par quoi elle intellige, c'est-à-dire la puissance intellective qui est principe de l'acte d'intelliger est autre que son essence. Or il n'est pas nécessaire à partir de là que la *species* par laquelle on intellige soit autre que ce qui est intelligé.

13. La puissance intellectuelle est la forme de l'âme elle-même relativement à l'acte d'être, en ce qu'elle a l'être dans l'âme, comme la propriété dans un sujet ; mais par rapport à l'acte d'intelliger rien n'interdit que ce soit le contraire.

14. La connaissance par laquelle l'âme se connaît elle-même n'appartient pas au genre de l'accident relativement à ce par quoi on connaît habituellement, mais seulement relativement à l'acte de connaissance qui est un certain accident ; et Augustin, au livre IX de *La Trinité*[146], dit que la connaissance par laquelle l'esprit se connaît lui-même lui appartient substantiellement.

15. Cette objection part de la connaissance de l'âme par laquelle on connaît ce qui concerne la nature de la *species* en laquelle toutes les âmes communiquent.

16. Comme l'âme s'intellige elle-même, l'esprit lui-même n'est pas la forme de l'esprit parce que rien n'est la forme de soi-même, mais se comporte de manière formelle dans la mesure où l'action par laquelle il se connaît lui-même s'achève en lui. Par conséquent il n'est pas nécessaire qu'il soit plus simple que soi-même, si ce n'est peut-être selon le mode d'intellection, en tant que ce par quoi on intellige est généralement reçu comme étant plus simple que l'intellect qui intellige parce qu'il est reçu comme sa perfection.

RÉPONSE AUX ARGUMENTS DE SENS CONTRAIRE :

1. Ces mots d'Augustin doivent être entendus ainsi ; l'esprit se connaît lui-même par lui-même, parce qu'à partir de sa présence il peut s'actualiser, et c'est par cette présence qu'il se connaît en percevant qu'il est ; de même qu'à partir de la *species* retenue habituellement dans l'esprit on peut actuellement examiner cette chose-ci. Mais

ipsius mentis, mens non potest percipere nisi ex consideratione obiecti sui, ut dictum est.

2. Ad secundum dicendum quod verbum glosae quod dicit quod « intellectualis visio eas res continet » etc., magis est referendum ad obiectum cognitionis quam ad id quo intelligitur ; et hoc patet considerando ea quae de aliis visionibus dicuntur. Dicitur enim in glosa eadem quod per visionem corporalem videntur corpora, per visionem vero spiritualem, id est imaginariam, similitudines corporum, per intellectualem autem ea quae neque sunt corpora neque similitudines corporum. Si enim hoc referretur ad id quo intelligitur, tunc quantum ad hoc nulla esset differentia inter visionem corporalem et spiritualem sive imaginariam quia etiam corporalis visio fit per similitudinem corporis : non enim lapis est in oculo sed similitudo lapidis. Sed in hoc est dictarum visionum differentia quod visio corporalis terminatur ad ipsum corpus, imaginaria vero terminatur ad imaginem corporis sicut ad obiectum. Et sic etiam, cum dicitur quod « visio intellectualis eas res continet quae non habent sui similitudines quae non sunt quod ipsae », non intelligitur quod visio intellectualis non fiat per aliquas species, quae non sunt idem quod res intellectae, sed quod visio intellectualis non terminatur ad aliquam rei similitudinem sed ad ipsam essentiam rei. Sicut enim visione corporali aliquis intuetur ipsum corpus, non ita quod inspiciat aliquam corporis similitudinem, quamvis per aliquam similitudinem corporis inspiciat, ita in visione intellectuali aliquis inspicit ipsam essentiam rei sine hoc quod inspiciat aliquam similitudinem illius rei, quamvis quandoque per aliquam similitudinem illam essentiam inspiciat ; quod etiam experimento patet : cum enim intelligimus animam, non confingimus nobis aliquod animae simulacrum quod intueamur, sicut in visione imaginaria accidebat, sed ipsam essentiam animae consideramus ; non tamen ex hoc excluditur quin ista visio sit per aliquam speciem.

3. Ad tertium dicendum quod verbum Philosophi est intelligendum de intellectu qui est omnino a materia separatus, ut Commentator ibidem exponit, sicut sunt intellectus angelorum, non autem de intellectu humano ; alias sequeretur quod scientia speculativa esset idem quod res scita, quod est impossibile, ut Commentator etiam ibidem deducit.

l'esprit ne peut percevoir quelle est sa nature si ce n'est à partir de l'examen de son objet comme il a été dit.

2. La formule de la glose qui dit « la vision intellectuelle voit ces choses » etc., doit plutôt être rapportée à l'objet de la connaissance qu'à ce par quoi on intellige ; et cela est évident quand on examine les choses qui sont dites au sujet des autres visions. On dit en effet dans la même glose que, par la vision corporelle, on voit les corps, par la vision spirituelle, c'est-à-dire imaginaire, on voit les similitudes des corps, et par la vision intellectuelle ce qui n'est ni corps ni similitude. En effet, si on la rapportait à ce par quoi on intellige alors il n'y aurait aucune différence entre la vision corporelle et la vision spirituelle, c'est-à-dire imaginaire, car la vision corporelle aussi se fait par la similitude du corps ; en effet la pierre n'est pas dans l'œil mais c'est seulement la similitude de la pierre qui est dans l'œil. Mais il y a bien une différence entre ces visions, en ce que la vision corporelle trouve son terme dans le corps lui-même, mais la vision imaginaire trouve son terme dans l'image du corps qui est comme son objet. Et ainsi quand il est dit : « La vision intellectuelle contient ces choses qui n'ont pas de similitudes de soi et qui ne sont qu'elles-mêmes », on ne doit pas comprendre que la vision intellectuelle ne s'accomplisse pas par le biais de quelques *species* qui ne sont pas la même chose que les choses intelligées, mais que la vision intellectuelle ne se termine pas à quelque similitude de la chose, mais à l'essence même de la chose. De même en effet, dans la vision corporelle, on voit le corps lui-même et on ne contemple pas quelque similitude du corps, bien qu'on contemple par quelque similitude du corps, de même dans la vision intellectuelle on contemple l'essence même de la chose sans s'arrêter à la contemplation de quelque similitude de la chose, bien que parfois on contemple cette essence par le biais d'une similitude, ce qui est évident par expérience. En effet quand nous intelligeons notre âme, nous ne forgeons pas quelque simulacre de l'âme que nous verrions, comme cela a lieu dans la vision imaginaire, mais nous considérons l'essence de l'âme. Cependant il n'est pas exclu par là que cette vision ait lieu par le biais de quelque *species*.

3. Les mots du Philosophe doivent être compris comme concernant l'intellect qui est totalement séparé de la matière, ainsi que le Commentateur l'expose au même endroit, comme c'est le cas des intellects des anges, mais pas de l'intellect humain. Autrement il s'ensuivrait que la science spéculative serait identique à la chose connue, ce qui est impossible, comme le Commentateur le déduit ici [147].

4. Ad quartum dicendum quod anima est sibi ipsi praesens ut intelligibilis, id est ut intelligi possit, non autem ut per se ipsam intelligatur sed ex obiecto suo, ut dictum est.

5. Ad quintum dicendum quod anima non cognoscitur per aliquam speciem abstractam a se, sed per speciem obiecti sui quae etiam fit forma eius secundum quod est intelligens actu, unde ratio non sequitur.

6. Ad sextum dicendum quod, quamvis anima nostra sit sibi ipsi simillima, non tamen potest esse principium cognoscendi se ipsam ut species intelligibilis, sicut nec materia prima, eo quod hoc modo se habet intellectus noster in ordine intelligibilium sicut materia prima in ordine sensibilium, ut Commentator dicit in III De anima.

7. Ad septimum dicendum quod anima est causa cognoscibilitatis aliis non sicut medium cognoscendi, sed in quantum per actum animae intelligibiles efficiuntur res materiales.

8. Ad octavum dicendum quod secundum hoc scientia de anima est certissima quod unusquisque in se ipso experitur se animam habere et actus animae sibi inesse; sed cognoscere quid sit anima difficillimum est. Unde Philosophus ibidem subiungit quod «omnino difficillimorum est accipere aliquam fidem de ipsa».

9. Ad nonum dicendum quod anima non cognoscitur per speciem a sensibilibus abstractam quasi intelligatur species illa esse animae similitudo; sed quia, considerando naturam speciei quae a sensibilibus abstrahitur, invenitur natura animae in qua huiusmodi species recipitur, sicut ex forma cognoscitur materia.

10. Ad decimum dicendum quod lux corporalis non videtur per se ipsam nisi quatenus fit ratio visibilitatis visibilium et forma quaedam dans esse eis visibile actu; ipsa vero lux quae est in sole, non videtur a nobis nisi per eius similitudinem in visu nostro existentem. Sicut enim species lapidis non est in oculo sed similitudo eius, ita non potest esse quod forma lucis quae est in sole ipsa eadem sit in oculo; et similiter etiam lumen intellectus agentis per se ipsum a nobis intelligitur in quantum est ratio specierum intelligibilium faciens eas intelligibiles actu.

11. Ad undecimum dicendum quod verbum illud Philosophi potest dupliciter exponi secundum duas opiniones de intellectu agente: quidam enim posuerunt intellectum agentem esse substantiam separatam, unam de aliis intelligentiis, et secundum hoc semper actu intelligit sicut aliae intelligentiae; quidam vero

4. L'âme est présente à soi comme intelligible, au sens où elle peut être intelligée non par elle-même, mais à partir de son objet, comme il a été dit.

5. L'âme n'est pas connue par quelque *species* abstraite à partir d'elle-même mais par la *species* de son objet qui devient alors sa forme en ce qu'elle intellige en acte; et par conséquent cet argument n'est pas concluant.

6. Bien que notre âme soit absolument semblable à elle-même, elle ne peut cependant être le principe de la connaissance de soi-même comme une *species* intelligible, ni non plus comme la matière première, parce que de cette façon notre intellect se trouve dans l'ordre des intelligibles comme la matière dans l'ordre des sensibles, ainsi que le dit le Commentateur dans le traité *De l'âme,* au livre III[148].

7. L'âme est la cause de la cognoscibilité des autres choses, non comme un moyen de connaissance, mais dans la mesure où les choses matérielles sont rendues intelligibles par l'acte de l'âme.

8. La science de l'âme est absolument certaine parce que chacun expérimente en soi qu'il possède une âme et que l'acte de l'âme est en lui, mais connaître ce qu'est l'âme est très difficile et ainsi le Philosophe ajoute qu'« il est tout à fait difficile d'avoir quelque assurance à ce sujet »[149].

9. L'âme n'est pas connue par une *species* abstraite des sens comme si l'on comprenait que cette *species* était une similitude de l'âme, mais c'est en examinant la nature de la *species* abstraite des sens qu'on découvre la nature de l'âme en laquelle en laquelle est reçue une *species* de ce type, de même qu'on connaît la matière à partir de la forme.

10. La lumière corporelle n'est pas vue par soi-même, si ce n'est dans la mesure où elle devient la raison de la visibilité des visibles et quelque forme leur donnant d'être visibles en acte; en effet on ne voit pas la lumière qui est dans le soleil sinon par sa similitude existant en notre vue. De même que la *species* de la pierre n'est pas dans l'œil mais sa similitude; de même il n'est pas possible que la forme de la lumière qui est dans le soleil soit la même que dans l'œil; et de même la lumière de l'intellect agent est comprise par soi-même, dans la mesure où elle est la raison des *species* intelligibles, en faisant en sorte qu'elles soient intelligibles en acte.

11. Ces formules du Philosophe peuvent être exposées de deux manières, suivant deux opinions au sujet de l'intellect agent. Certains, en effet, ont affirmé que l'intellect agent est une substance séparée parmi les autres intelligences, et d'après cela qu'il intellige toujours en acte comme les autres intelligences[150], mais d'autres affirment que

ponunt intellectum agentem esse potentiam animae, et secundum hoc dicitur quod intellectus agens 'non quandoque intelligit et quandoque non' quia causa quandoque intelligendi et quandoque non non est ex parte eius sed ex parte intellectus possibilis : in omni enim actu quo homo intelligit concurrit operatio intellectus agentis et intellectus possibilis. Intellectus autem agens non recipit aliquid ab extrinseco, sed solum intellectus possibilis ; unde, quantum ad id quod requiritur ad nostram considerationem, ex parte intellectus agentis non deest quin semper intelligamus sed quantum ad id quod requiritur ex parte intellectus possibilis qui non completur nisi per species intelligibiles a sensibus abstractas.

l'intellect agent est une puissance de l'âme, et d'après cela on dit que ce n'est pas le cas que l'intellect agent « parfois intellige et parfois non », puisque la raison pour laquelle il intellige parfois et parfois non ne vient pas de lui mais de l'intellect possible [151]. Dans tout acte en effet où l'homme intellige, concourent et l'opération de l'intellect agent et celle de l'intellect possible. Or l'intellect agent ne reçoit rien de l'extérieur mais c'est seulement l'intellect possible qui reçoit ; par conséquent il n'est pas nécessaire, relativement à notre propos, qu'en se plaçant du côté de l'intellect agent nous intelligions toujours en acte, mais en se plaçant du côté de l'intellect possible, il faut par contre qu'il ne soit jamais accompli sinon par les *species* intelligibles abstraites des sens.

ARTICULUS NONUS

Nono quaeritur utrum mens nostra cognoscat habitus in anima existentes per essentiam suam vel per aliquam similitudinem. Et videtur quod per essentiam suam quia II Cor. XII[2] super illud «Scio hominem» etc. dicit glosa «Dilectio non aliter videtur praesens in specie per quam est et aliter absens in aliqua imagine sui simili; sed quantum mente cerni potest ab alio minus, ab alio magis ipsa cernitur»; ergo dilectio per essentiam suam, non per aliquam sui similitudinem a mente cernitur, et eadem ratione quilibet alius habitus.

2. Praeterea, Augustinus dicit in X De Trinitate «Quid enim tam cognitioni adest quam id quod menti adest?»; sed habitus animae per sui essentiam menti adsunt; ergo per sui essentiam cognoscuntur a mente.

3. Praeterea, «propter quod unumquodque, illud magis»; sed habitus mentis sunt causa quare alia cognoscantur quae habitibus subsunt; ergo ipsi habitus per essentiam suam maxime cognoscuntur a mente.

4. Praeterea, omne quod cognoscitur a mente per sui similitudinem prius fit in sensu quam fiat in mente; sed habitus mentis numquam fit in sensu; ergo a mente non cognoscuntur per aliquam similitudinem.

5. Praeterea, quanto aliquid est propinquius menti tanto a mente magis cognoscitur; sed habitus est propinquior potentiae intellectivae mentis quam actus et actus quam obiectum; ergo mens magis cognoscit habitum quam actum vel obiectum, et ita habitum cognoscit per essentiam suam et non per actus vel obiecta.

ARTICLE 9

Notre âme connaît-t-elle les *habitus* qui sont en elle par essence ou par quelque similitude[152] ?

En neuvième lieu, on se demande si l'âme connaît les *habitus* qui sont en elle par son essence ou par quelque similitude, et il semble que ce soit par son essence.

1. La glose concernant II *Cor.*, XII[2], au sujet de : « Je connais un homme » etc., dit : « Il semble que l'amour ne soit pas présent d'un côté dans la *species* par laquelle il est, et absent de l'autre en quelque image semblable à lui, mais pour autant qu'il peut être saisi par l'esprit, il est mieux compris par l'un et moins bien par l'autre »[153]. Donc l'amour est saisi par son essence et non par quelque similitude et, en suivant le même raisonnement, aucun autre *habitus* n'est saisi par quelque similitude.

2. Ensuite, Augustin dit au livre X de *La Trinité* : « qu'y a-t-il en effet de plus présent à la connaissance que ce qui est présent à l'esprit ? »[154]. Mais les *habitus* de l'âme sont présents à l'esprit par son essence. Donc l'esprit les connaît par son essence.

3. Ensuite, « la cause de la perfection d'une chose possède cette perfection à un degré plus élevé ». Mais les *habitus* de l'esprit sont la cause de ce que les autres choses, qui relèvent de ces *habitus,* sont connues. Donc ces *habitus* sont plus grandement et mieux connus de l'esprit, et cela par essence.

4. Ensuite, tout ce que l'esprit connaît par similitude a été auparavant dans le sens et ensuite seulement dans l'esprit. Mais jamais aucun *habitus* de l'esprit n'a été dans le sens. Donc jamais l'esprit ne les connaît par quelque similitude.

5. Ensuite, plus une chose est proche de l'esprit plus elle est connue de lui. Mais l'*habitus* est plus proche de la puissance intellectuelle que l'acte, et l'acte que l'objet. Donc l'esprit connaît plus l'*habitus* qu'il ne connaît l'acte ou l'objet ; et ainsi il connaît l'*habitus* par son essence et non par les actes ou par les objets.

6. Praeterea, Augustinus dicit XII Super Genesim ad litteram quod eodem genere visionis cognoscitur mens et ars ; sed mens cognoscitur per essentiam suam a mente ; ergo et ars per essentiam suam cognoscitur, et similiter alii habitus mentis.

7. Praeterea, sicut se habet bonum ad affectum, sic verum habet se ad intellectum ; sed bonum non est in affectu per aliquam sui similitudinem ; ergo nec verum cognoscitur ab intellectu per aliquam similitudinem ; ergo quicquid intellectus cognoscit, cognoscit per essentiam et non per similitudinem.

8. Praeterea, Augustinus dicit in libro De Trinitate XIII « Non sic videtur fides in corde in quo est ab eo cuius est », sicut scilicet anima alterius hominis ex motibus corporis videtur, « sed eam tenet certissima scientia clamatque conscientia », ergo secundum hoc scientia mentis tenet fidem secundum quod conscientia clamat ; sed conscientia clamat fidem secundum quod praesentialiter inest ei ; ergo et secundum hoc scitur fides a mente quod per essentiam suam praesentialiter menti inest.

9. Praeterea, forma est maxime proportionalis ei cuius est forma ; sed habitus in mente existentes sunt quaedam formae mentis, ergo sunt menti maxime proportionales ; ergo mens nostra eos immediate cognoscit per essentiam.

10. Praeterea, intellectus cognoscit speciem intelligibilem quae in ipso est ; non autem cognoscit eam per aliam speciem sed per essentiam suam quia sic esset abire in infinitum : hoc autem non est nisi quia species ipsae intellectum informant ; cum igitur similiter intellectus per habitus informetur, videtur quod eos per essentiam mens cognoscat.

11. Praeterea, habitus a mente non cognoscuntur nisi visione intellectuali ; sed visio intellectualis est eorum quae per suam essentiam videntur ; igitur habitus videntur a mente per suam essentiam.

SED CONTRA est quod Augustinus dicit X Confessionum « Ecce in memoriae meae campis et antris et cavernis innumerabilibus atque innumerabiliter plenis innumerabilium generibus rerum, sive per imagines, sicut omnium corporum, sive per praesentiam, sicut artium, sive per nescio quas notiones, sicut affectionum animi quas et cum animus non patitur, memoria tenet » : ex quo videtur quod affectiones animi

6. Ensuite, Augustin dit au livre XII de *La Genèse au sens littéral*[155] que l'esprit et l'art sont connus par un même genre de vision. Mais l'esprit se connaît lui-même par son essence. Donc l'art est connu par son essence, de même que les autres *habitus.*

7. Ensuite, comme le bien se rapporte à l'affect, le vrai se rapporte à l'intellect. Mais le bien ne se trouve pas dans l'affect par quelque similitude. Donc l'intellect ne connaît pas le vrai par quelque similitude. Et tout ce que l'intellect connaît, il le connaît par essence et non par quelque similitude.

8. Ensuite, Augustin dit au livre XIII de *La Trinité :* « ce n'est pas ainsi qu'est vue la foi dans le cœur où elle est, par celui en qui elle est »[156], à la manière dont on voit l'âme d'un autre homme aux mouvements de son corps, « mais on la possède de science certaine, la conscience le crie ». Donc suivant ce qui vient d'être dit, la science de l'esprit comprend la foi elle-même, c'est pourquoi la conscience le crie. Mais la conscience crie sa foi en tant qu'elle lui appartient présentement. Donc l'esprit connaît sa propre foi parce qu'elle lui est présente par son essence.

9. Ensuite, la forme est totalement en proportion avec ce dont elle est la forme. Mais les *habitus* qui se trouvent dans l'esprit sont certaines formes de l'esprit. Donc ils sont totalement en proportion avec l'esprit et notre esprit les connaît immédiatement par essence.

10. Ensuite, l'esprit connaît la *species* intelligible qui se trouve en lui et il ne la connaît pas par une autre *species* mais par son essence ; si ce n'était pas le cas on devrait aller ainsi jusqu'à l'infini. Or il serait impossible que l'esprit connaisse la *species* par essence si les *species* intelligibles n'informaient pas l'intellect. Et comme l'intellect est informé de façon similaire par l'*habitus,* il semble bien que l'esprit les connaît par essence.

11. Ensuite, les *habitus* ne sont pas connus par l'esprit si ce n'est dans une vision intellectuelle. Mais la vision intellectuelle leur appartient parce qu'ils sont vus par son essence. Donc c'est par essence que les *habitus* sont vus de l'esprit.

EN SENS CONTRAIRE :

1. Augustin dit au livre X des *Confessions* : « Voilà ma mémoire et ses larges espaces, ses antres, ses cavernes qui sont là, soit par image, ainsi tous les corps ; soit par présence réelle, ainsi les sciences ; soit par je ne sais quelles notions ou notations, ainsi les impressions de l'esprit ; et même si l'esprit n'éprouve plus ces impressions, la mémoire les retient bien que ce soit dans l'esprit que se trouve tout ce qui est dans la mémoire »[157]. Il semble donc que les affections de l'âme ne soient pas

cognoscantur non per sui essentiam sed per aliquas sui notiones, et eadem ratione habitus virtutum qui circa huiusmodi affectiones consistunt.

2. Praeterea, Augustinus dicit XI De civitate Dei « Habemus alium sensum interioris hominis sensu isto, scilicet corporali, praestantiorem quo iusta et iniusta sentimus, iusta per intelligibilem speciem, iniusta per eius privationem » ; iusta autem et iniusta appellat habitus virtutum et vitiorum ; ergo habitus animae per speciem et non per suam essentiam cognoscuntur.

3. Praeterea, nihil cognoscitur ab intellectu per essentiam nisi quod praesentialiter est in intellectu ; habitus autem virtutum non sunt praesentialiter in intellectu sed in affectu ; ergo non cognoscuntur per sui essentiam ab intellectu.

4. Praeterea, visio intellectualis est praestantior quam corporalis, ergo est cum maiori discretione ; sed in visione corporali species qua aliquid videtur semper est aliud a re quae per ipsam videtur ; ergo et habitus qui per intellectualem visionem videntur non videntur a mente per essentiam sed per aliquas species alias.

5. Praeterea, nihil appetitur nisi quod cognoscitur, ut Augustinus probat in libro De Trinitate ; sed habitus animae appetuntur ab aliquibus qui ipsos non habent ; ergo habitus illi cognoscuntur ab eis : non autem per sui essentiam cum eos non habeant, ergo per sui speciem.

6. Praeterea, Hugo de Sancto Victore distinguit in homine triplicem oculum, scilicet oculum rationis, oculum intelligentiae et oculum carnis : oculus intelligentiae est quo Deus inspicitur, et hunc dicit erutum post peccatum ; oculus carnis est quo ista corporalia videntur, et hic post peccatum integer mansit ; oculus rationis est quo intelligibilia creata cognoscuntur, et hic post peccatum factus est lippus quia in parte, non totaliter, intelligibilia cognoscimus ; sed omne quod videtur tantum in parte non cognoscitur per essentiam ; ergo cum habitus mentis sint intelligibiles, videtur quod mens non videat eos per essentiam.

7. Praeterea, multo praesentior est Deus per essentiam suam menti quam habitus cum ipse sit cuilibet rei intimus ; sed praesentia Dei in mente non facit quod mens nostra Deum per essentiam videat ; ergo nec habitus per essentiam videntur a mente quamvis sint in ea praesentes.

connus par leur essence mais par quelques notions ; et pour cette même raison les *habitus* des vertus qui relèvent d'affections de cette sorte ne sont pas connus par leur essence.

2. Ensuite, Augustin dit dans *La Cité de Dieu,* au livre XI : « Un autre sens en effet, le sens de l'homme intérieur, bien supérieur à l'autre, nous permet de sentir et le juste et l'injuste : le juste par sa beauté intelligible, l'injuste par la privation de cette beauté ». Le juste et l'injuste désignent les *habitus* des vertus et des vices. Donc les *habitus* de l'âme sont connus par la *species* et non par essence.

3. Ensuite, l'intellect ne connaît aucune chose par essence si elle n'est pas présente actuellement à l'intellect. Or les *habitus* des vertus ne sont pas présents actuellement à l'intellect mais à l'affect. Donc ils ne sont pas connus de l'intellect par son essence.

4. Ensuite, la vision intellectuelle a plus d'excellence que la vision corporelle. Donc elle saisit avec plus de distinction. Mais dans la vision corporelle, la *species* par laquelle quelque chose est vu est toujours autre que la chose qui est vue par elle-même. Donc de même, les *habitus* qui sont vus par une vision intellectuelle ne sont pas vus de l'esprit par essence mais par quelques autres *species.*

5. Ensuite, on ne désire rien qui ne soit connu comme le prouve Augustin dans *La Trinité* [158] mais les *habitus* de l'âme sont désirés par ceux qui ne les possèdent pas. Donc ils connaissent ces *habitus* et cependant pas par essence puisqu'ils ne les possèdent pas. Et ainsi ils les connaissent par leur *species.*

6. Ensuite, Hugues de Saint-Victor distingue en l'homme trois sortes d'yeux, l'œil de la raison, de l'intelligence, de la chair [159]. L'œil de l'intelligence est celui par lequel Dieu est vu et il dit qu'après le pêché cet œil nous a été arraché. L'œil de la chair est celui par lequel nous voyons les choses temporelles, et cet œil est resté intègre après le pêché. L'œil de la raison est ce par quoi les intelligibles créés sont connus et à la suite du pêché il est devenu aveugle en partie, car nous connaissons les intelligibles en partie seulement et non totalement. Mais ce qui est vu seulement en partie n'est pas connu par essence. Donc comme les *habitus* de l'esprit sont intelligibles, il semble que l'esprit ne les connaisse pas par essence.

7. Ensuite, Dieu est beaucoup plus présent à l'esprit par son essence que l'*habitus* puisqu'il est intérieur à n'importe quelle chose. Mais la présence de Dieu en notre esprit ne rend pas celui-ci capable de voir Dieu par essence. Donc les *habitus* non plus ne sont pas vus par essence, bien qu'ils soient présents à l'esprit.

8. Praeterea, intellectus qui est potentia intelligens, ad hoc quod actu intelligat, requiritur quod per aliquid reducatur in actum, et id est quo intellectus intelligit actu; sed habitus essentia, in quantum praesens menti est, non reducit intellectum de potentia in actum quia sic oporteret quod quamdiu habitus sunt praesentes in anima, actu intelligerentur; ergo habituum essentia non est id quo habitus intelliguntur.

RESPONSIO. Dicendum quod sicut animae ita et habitus est duplex cognitio: una qua quis cognoscit an habitus sibi insit, alia qua cognoscitur quid sit habitus. Hae tamen duae cognitiones circa habitus aliter ordinantur quam circa animam. Cognitio enim qua quis novit se habere aliquem habitum praesupponit notitiam qua cognoscat quid est habitus ille: non enim possum scire me habere castitatem nisi sciam quid est castitas; sed ex parte animae non est sic: multi enim sciunt se animam habere qui nesciunt quid est anima. Cuius diversitatis haec est ratio, quia tam habitus quam animam non percipimus in nobis esse nisi percipiendo actus quorum anima et habitus sunt principia: habitus autem per essentiam suam est principium talis actus, unde si cognoscitur habitus prout est principium talis actus, cognoscitur de eo quid est, ut si sciam quod castitas est per quam quis se cohibet ab illicitis delectationibus in venereis existentibus, scio de castitate quid est; sed anima non est principium actuum per essentiam suam sed per suas vires, unde perceptis actibus animae percipitur inesse principium talium actuum, utpote motus et sensus, non tamen ex hoc natura animae scitur.

Loquendo igitur de habitibus prout de eis scimus quid sunt, duo in eorum cognitione oportet attendere, scilicet apprehensionem et iudicium. Secundum apprehensionem quidem eorum notitia oportet quod obiectis et actibus capiatur, nec ipsi possunt per essentiam suam apprehendi. Cuius ratio est quia cuiuslibet potentiae animae virtus est determinata ad obiectum suum; unde et eius actio primo et principaliter in obiectum tendit. In ea vero quibus in obiectum dirigitur non potest nisi per quandam reditionem, sicut videmus quod visus

8. Ensuite, pour que l'intellect, qui est la puissance d'intelliger, intellige en acte, il faut qu'il soit actualisé par quelque chose : et c'est ce par quoi l'intellect intellige en acte. Mais l'essence de l'*habitus* , en tant que présent à l'esprit, n'actualise pas l'intellect sinon il faudrait qu'aussi longtemps que les *habitus* sont présents à l'âme ils soient intelligés en acte. Donc l'essence des *habitus* n'est pas ce par quoi ils sont intelligés.

RÉPONSE :

Au sujet des *habitus,* comme au sujet de l'âme, il y a deux types de connaissance : 1° Celle par laquelle on sait si on possède ou non tel *habitus.* 2° Celle par laquelle on connaît ce qu'est un *habitus.* Cependant ces deux types de connaissance s'ordonnent par rapport aux *habitus* autrement que par rapport à l'âme. En effet, la connaissance par laquelle quelqu'un sait qu'il possède tel *habitus* présuppose la connaissance par laquelle il connaît ce qu'est cet *habitus* : en effet je ne puis savoir si je possède la chasteté sans savoir ce qu'est la chasteté, mais il n'en n'est pas ainsi pour ce qui concerne l'âme. Nombreux sont en effet ceux qui savent qu'ils ont une âme et ignorent cependant ce qu'elle est. La raison d'une telle différence réside en ce que nous ne percevons ni que l'âme nous appartienne, ni que les *habitus* se trouvent en nous si nous ne percevons pas de quels actes l'âme autant que les *habitus* sont les principes. Et l'*habitus* est par essence principe de tel acte ; donc si l'*habitus* est connu comme principe de tel acte, on sait ce qu'il est ; ainsi par exemple, si je sais que la chasteté est ce par quoi on se maintient à distance des plaisirs interdits en ce qui concerne la sexualité, je sais ce qu'est la chasteté. Mais l'âme n'est pas principe d'actes par son essence, mais par ses puissances ; par conséquent lorsqu'on perçoit les actes de l'âme, on perçoit que le principe de tels actes lui appartient, comme c'est le cas pour le mouvement et pour les actes des sens ; cependant ce n'est pas par là que la nature de l'âme est connue.

Dans la mesure où nous savons ce que sont les *habitus,* il y a donc deux façons de parvenir à leur connaissance, à savoir par appréhension et par jugement. 1° Par appréhension, il faut que leur connaissance soit alors reçue des objets et des actes ; et donc ils ne peuvent être appréhendés par son essence. La raison en est que la vertu d'une quelconque puissance de l'âme est déterminée à son objet ; et par conséquent son action tend de même premièrement et principalement vers l'objet. Et que par ces puissances l'action tende vers l'objet, cela n'est pas possible sans quelque retour sur soi ; comme nous voyons que la vision est

primo dirigitur in colorem, sed in actum visionis suae non dirigitur nisi per quandam reditionem dum videndo colorem videt se videre. Sed ista reditio incomplete quidem est in sensu, complete autem in intellectu qui reditione completa redit ad sciendum essentiam suam. Intellectus autem noster in statu viae hoc modo comparatur ad phantasmata sicut visus ad colores, ut dicitur in III De anima non quidem ut cognoscat ipsa phantasmata ut visus cognoscit colores, sed ut cognoscat ea quorum sunt phantasmata ; unde actio intellectus nostri primo tendit in ea quae per phantasmata apprehenduntur et deinde redit ad actum suum cognoscendum, et ulterius in species et habitus et potentias et essentiam ipsius mentis : non enim comparantur ad intellectum ut obiecta prima, sed ut ea quibus in obiectum feratur.

Iudicium autem de unoquoque habetur secundum id quod est mensura illius. Cuiuslibet autem habitus mensura quaedam est id ad quod habitus ordinatur ; quod quidem ad nostram cognitionem se habet tripliciter : quandoque enim est a sensu acceptum, vel visu vel auditu, sicut cum videmus utilitatem grammaticae vel medicinae, aut eam ab aliis audimus, et ex hac utilitate scimus quid est grammatica vel medicina ; quandoque vero est naturali cognitioni inditum, quod maxime patet in habitibus virtutum quarum fines naturalis ratio dictat ; quandoque vero est divinitus infusum, sicut patet in fide et spe et aliis huiusmodi habitibus infusis. Et quia etiam naturalis cognitio in nobis ex illustratione divina oritur in utroque veritas increata consulitur ; unde iudicium in quo completur cognitio de natura habitus vel est secundum id quod sensu accepimus vel secundum quod increatam consulimus veritatem.

In cognitione vero qua cognoscimus an habitus nobis insint, duo sunt consideranda, scilicet habitualis cognitio et actualis. Actualiter quidem percipimus habitus nos habere ex actibus habituum quos in nobis sentimus, unde etiam Philosophus dicit in II Ethicorum quod « signum oportet accipere habituum fientem in opere delectationem ». Sed quantum ad habitualem cognitionem, habitus mentis per se ipsos cognosci dicuntur : illud enim facit habitualiter cognosci aliquid ex quo aliquis efficitur potens progredi in actum cognitionis eius rei quae

premièrement dirigée vers la couleur, mais qu'elle n'est pas dirigée vers l'acte de voir sans quelque retour, lorsqu'en voyant la couleur elle se voit voir. Mais ce retour est incomplet dans le sens et il est complet dans l'intellect, car c'est par un retour complet que l'intellect revient à la connaissance de son essence. Or notre intellect se rapporte ici-bas aux phantasmes comme la vue aux couleurs, ainsi qu'il est dit au livre III du traité *De l'âme*[160]: non pas que l'intellect connaisse les phantasmes comme la vue connaît les couleurs; mais il connaît ces choses dont ils sont les phantasmes. Par conséquent, l'action de notre intellect tend premièrement vers les choses qui sont appréhendées par phantasme et ensuite revient sur son acte de connaissance; puis aux *species,* aux *habitus* et aux puissances et enfin à l'essence de l'esprit même. Les phantasmes ne sont pas rapportés à l'intellect comme premiers objets, mais comme ce par quoi il est porté vers son objet.

2° Le jugement porté sur chacun des *habitus* se tire de ce qui le mesure. Or la mesure d'un *habitus* quelconque est ce à quoi cet *habitus* est ordonné ce qui s'entend de trois manières. Parfois le jugement est tiré des sens, de la vue ou de l'ouïe, comme par exemple lorsque nous voyons l'utilité de la grammaire ou de la médecine, ou bien lorsque nous entendons vanter leur mérite par autrui; et en voyant manifestement son utilité, nous connaissons ce qu'est la grammaire ou la médecine. Parfois le jugement est tiré de la connaissance naturelle; ce qui est surtout évident pour les *habitus* de vertu dont la raison naturelle prescrit les fins. Mais parfois il est divinement infus, comme cela est évident dans la foi et dans l'espérance, et dans tous les *habitus* infus de cette sorte. Et même parce qu'en nous la connaissance naturelle naît d'une divine illumination, dans l'un et dans l'autre cas, on consulte la vérité increéée. Par conséquent le jugement qui achève la connaissance de la nature de l'*habitus* relève ou bien de ce que nous recevons des sens ou bien de ce que nous consultons la vérité increéée.

Mais dans la connaissance par laquelle nous connaissons si tels *habitus* sont en nous, il faut considérer deux choses: la connaissance habituelle et la connaissance actuelle. Nous percevons d'une part actuellement les *habitus* que nous avons à partir des actes de ces *habitus* dont nous avons le sentiment, par conséquent le Philosophe dit dans l'*Éthique à Nicomaque,* au livre II, que «nous devons prendre pour signe distinctif de nos *habitus* l'amour qui s'ajoute à l'acte»[161]. Mais d'autre part, en ce qui concerne la connaissance habituelle, on dit que les *habitus* de l'esprit sont connus par eux-mêmes. En effet ce qui fait que quelque chose est connu habituellement est le fonds à partir duquel on devient capable de progresser vers la connaissance en acte de

habitualiter cognosci dicitur; ex hoc autem ipso quod habitus per essentiam suam sunt in mente, mens potest progredi ad actualiter percipiendum habitus in se esse in quantum per habitus quos habet potest prodire in actus in quibus habitus actualiter percipiuntur. Sed quantum ad hoc differentia est inter habitus cognitivae partis et affectivae: habitus enim cognitivae partis est principium et ipsius actus quo percipitur habitus, et etiam cognitionis qua percipitur quia ipsa actualis cognitio ex habitu cognitivo procedit; sed habitus affectivae partis est quidem principium illius actus ex quo potest habitus percipi, non tamen cognitionis qua percipitur. Et sic patet quod habitus cognitivae, ex hoc quod per essentiam suam in mente existit, est proximum principium suae cognitionis; habitus autem affectivae partis est principium quasi remotum in quantum non est causa cognitionis sed eius unde cognitio accipitur. Et ideo Augustinus dixit X Confessionum quod artes cognoscuntur per sui praesentiam, sed affectiones animae per quasdam notiones.

1. Ad primum igitur dicendum quod verbum illud glosae est referendum ad obiectum cognitionis et non ad medium cognoscendi, quia scilicet cum dilectionem cognoscimus, ipsam dilectionis essentiam consideramus, non aliquam eius similitudinem, ut in imaginaria visione accidit.

2. Ad secundum dicendum quod pro tanto dicitur quod mens nihil melius novit eo quod in ipsa est, quia eorum quae sunt extra ipsam non est necesse quod in se habeat aliquid unde in eorum notitiam devenire possit; sed in eorum quae in ipsa sunt actualem cognitionem devenire potest ex his quae penes se habet, quamvis etiam per aliqua alia cognoscantur.

3. Ad tertium dicendum quod habitus non est causa cognoscendi alia sicut quo cognito alia cognoscantur, prout principia sunt causa cognoscendi conclusiones, sed quia ex habitu perficitur anima ad aliquid cognoscendum; et sic non est causa cognitorum quasi univoca prout unum cognitum est

l'objet, qu'on dit ainsi être connu habituellement. Or, du fait que les *habitus* se trouvent dans l'esprit par son essence, il peut être amené à les percevoir en acte dans la mesure où, sur le fonds des *habitus* qu'il possède, il peut progresser vers leurs actes en lesquels ils sont actuellement perçus. Mais relativement à cela, il faut faire la différence entre l'*habitus* de la partie cognitive et l'*habitus* de la partie affective ; en effet l'*habitus* de la partie cognitive est principe et de cet acte par lequel il est reçu comme *habitus,* et de la connaissance par laquelle il est perçu, parce qu'ici la connaissance actuelle procède d'un *habitus* cognitif : mais l'*habitus* de la partie affective est quant à lui principe de cet acte à partir duquel l'*habitus* peut être perçu, mais il n'est cependant pas le principe de la connaissance par laquelle il est perçu. Et ainsi, il est évident que l'*habitus* de la partie cognitive, parce qu'il se trouve dans l'esprit par son essence, est le principe le plus proche de la connaissance que l'esprit a de lui-même ; mais l'*habitus* de la partie affective est en quelque sorte un principe éloigné de cette connaissance de soi, dans la mesure où il n'est pas la cause de sa connaissance, mais ce à partir de quoi une connaissance peut avoir lieu. Et c'est pour cette raison qu'Augustin dit au livre X des *Confessions* que les sciences sont connues par la présence de l'âme à elle-même, alors que les affections de l'âme sont connues par certaines notions [162].

RÉPONSE AUX ARGUMENTS :

1. Les mots de cette glose doivent être rapportés à l'objet de connaissance et non pas au moyen de connaissance, ainsi par exemple lorsque nous connaissons l'amour nous contemplons l'essence même de l'amour et non quelque similitude de celui-ci, comme cela arrive par contre dans la vision imaginaire.

2. Ensuite, on dit que l'esprit ne connaît rien mieux que ce qui lui appartient parce que pour les choses qui lui sont extérieures, il n'est pas nécessaire qu'il y ait en lui des éléments à partir desquels il puisse parvenir à les connaître. Mais c'est sur le fonds des choses qui lui appartiennent qu'il peut parvenir à la connaissance des choses qui sont actuellement en lui bien qu'elles soient connues aussi par certaines autres.

3. L'*habitus* n'est pas cause de la connaissance des autres choses au sens où, par cette connaissance, les autres choses seraient connues à la façon dont les principes sont la cause de la connaissance des conclusions. Mais c'est plutôt en ce sens : parce que par l'*habitus* l'âme parvient à la connaissance actuelle de quelque chose. Et ainsi l'*habitus* n'est pas cause des choses connues à la manière d'une cause univoque,

causa cognitionis alterius cogniti, sed quasi causa aequivoca quae eandem nominationem non recipit, sicut albedo facit album, quamvis ipsa non sit alba sed est quo aliquid est album. Similiter etiam habitus in quantum huiusmodi non est causa cognitionis ut quod est cognitum sed ut quo aliquid est cognitum; et ideo non oportet quod sit magis cognitum quam ea quae per habitum cognoscuntur.

4. Ad quartum dicendum quod habitus non cognoscitur ab anima per aliquam eius speciem a sensu abstractam, sed per species eorum quae per habitum cognoscuntur; in hoc ipso quod alia cognoscuntur, et habitus cognoscitur ut principium cognitionis eorum.

5. Ad quintum dicendum quod, quamvis habitus sit propinquior potentiae quam actus, tamen actus est propinquior obiecto quod habet rationem cogniti; potentia vero habet rationem principii cognoscendi. Et ideo actus per prius cognoscitur quam habitus, sed habitus est magis cognitionis principium.

6. Ad sextum dicendum quod ars est habitus intellectivae partis, et quantum ad habitualem notitiam percipitur eodem modo ab habente sicut et mens, scilicet per sui praesentiam.

7. Ad septimum dicendum quod motus vel operatio cognitivae partis perficitur in ipsa mente; et ideo oportet, ad hoc quod aliquid cognoscatur, esse aliquam similitudinem eius in mente, maxime si per essentiam suam non coniungatur menti ut cognitionis obiectum. Sed motus vel operatio affectivae partis incipit ab anima et terminatur ad res; et ideo non requiritur in affectu aliqua similitudo rei qua informetur sicut in intellectu.

8. Ad octavum dicendum quod fides est habitus intellectivae partis; unde ex hoc ipso quod menti inest, inclinat mentem ad actum intellectus in quo ipsa fides videtur; secus autem est de aliis habitibus qui sunt in parte affectiva.

9. Ad nonum dicendum quod habitus mentis sunt ei maxime proportionales, sicut forma proportionatur ad subiectum et perfectio ad perfectibile, non autem sicut obiectum ad potentiam.

10. Ad decimum dicendum quod intellectus cognoscit speciem intelligibilem non per essentiam suam neque per aliquam speciem speciei, sed cognoscendo obiectum cuius est species per quandam reflexionem, ut dictum est.

11. Ad undecimum patet responsio ex his quae in praecedenti quaestione sunt dicta.

comme ce qui est connu premièrement est cause de la connaissance de ce qui est ensuite connu. Mais c'est à la manière d'une cause équivoque, et qui de ce fait ne reçoit pas la même dénomination, comme la blancheur rend blanc, bien qu'elle ne soit pas blanche, mais est plutôt ce par quoi quelque chose est blanc. De même l'*habitus* n'est pas cause de la connaissance comme ce qui est connu, mais comme ce par quoi quelque chose est connu, et pour cette raison il n'est pas nécessaire qu'il soit plus connu que les choses qui sont connues par lui.

4. L'*habitus* n'est pas connu de l'âme par quelque *species* abstraite des sens, mais par les *species* des choses qui sont connues par *habitus ;* et c'est parce que d'autres choses sont connues, que l'*habitus* est connu comme le principe de leur connaissance.

5. Bien que l'*habitus* soit plus proche de la puissance que l'acte, l'acte est cependant plus proche de l'objet ; l'acte possède donc la raison du connu, alors que la puissance possède la raison du principe de connaissance ; et pour cette raison l'acte est connu antérieurement à l'*habitus,* mais l'*habitus* est plus le principe de la connaissance que l'acte.

6. L'art est un *habitus* de la partie intellective de l'âme, et dans la connaissance habituelle, il est perçu par celui qui le possède, comme l'esprit est perçu, c'est-à-dire par son essence.

7. Le mouvement ou plutôt l'opération de la partie cognitive s'achève dans l'esprit lui-même ; et ainsi il faut pour que quelque chose soit connu, qu'il y ait dans l'âme quelque similitude de cette chose ; surtout si elle n'est pas par son essence, comme objet de connaissance, en convenance avec l'esprit. Mais le mouvement ou plutôt l'opération de la partie affective part de l'âme et s'achève à la chose, et pour cette raison une similitude en acte de la chose n'est pas requise par laquelle l'âme soit informée comme c'est le cas pour l'intellect.

8. La foi est un *habitus* de la partie intellective ; ainsi parce qu'elle appartient à l'esprit elle l'incline à cet acte de l'intellect dans lequel il contemple sa propre foi, il n'en va pas de même au sujet des *habitus* qui sont dans la partie affective de l'âme.

9. Les *habitus* de l'esprit sont ceux qui sont le plus en proportion avec lui, comme la forme est proportionnée au sujet, et la perfection au perfectible ; et non pas comme l'objet par rapport à la puissance.

10. L'intellect connaît la *species* intelligible, non par son essence, ni non plus par quelque autre *species,* mais en connaissant par une certaine réflexion l'objet dont elle est la *species,* comme il a été dit.

11. La réponse à cette objection est évidente à partir de ce qui a été dit dans la question précédente.

1. Ad primum vero in contrarium dicendum quod in auctoritate illa Augustinus distinguit triplicem modum cognoscendi : quorum unus est eorum quae sunt extra animam, de quibus cognitionem habere non possumus ex his quae in nobis sunt, sed oportet ad ea cognoscenda ut eorum imagines vel similitudines in nobis fiant. Alius modus est eorum quae sunt in parte intellectiva, quae quidem per sui praesentiam dicit cognosci quia ex eis est ut in actum intelligendi exeamus, in quo actu ea quae sunt intelligendi principia cognoscuntur ; et ideo dicit quod artes per sui praesentiam cognoscuntur. Tertius modus est eorum quae pertinent ad partem affectivam quorum ratio cognoscendi non est in intellectu sed in affectu ; et ideo non per sui praesentiam quae est in affectu, sed per eius notionem vel rationem quae est in intellectu cognoscuntur sicut per immediatum principium ; quamvis etiam habitus affectivae partis per sui praesentiam sint quoddam remotum principium cognitionis in quantum eliciunt actus in quibus eos intellectus cognoscit, ut sic etiam possit dici quod quodam modo per sui praesentiam cognoscuntur.

2. Ad secundum dicendum quod species illa per quam iustitia cognoscitur, nihil est aliud quam ratio ipsa iustitiae per cuius privationem iniustitia cognoscitur ; haec autem species vel ratio non est aliquid a iustitia abstractum sed id quod est completivum esse ipsius ut specifica differentia.

3. Ad tertium dicendum quod intelligere proprie loquendo non est intellectus sed animae per intellectum, sicut nec calefacere est caloris sed ignis per calorem. Nec istae duae partes, intellectus et affectus, sunt cogitandae in anima ut situaliter distinctae, sicut visus et auditus qui sunt actus organorum ; et ideo illud quod est in affectu est etiam praesens animae intelligenti. Unde anima per intellectum non solum redit ad cognoscendum actum intellectus sed etiam actum affectus, sicut etiam per affectum redit ad appetendum et diligendum non solum actum affectus sed etiam actum intellectus.

4. Ad quartum dicendum quod discretio quae pertinet ad perfectionem cognitionis, non est discretio qua distinguitur quod intelligitur et quo intelligitur, quia sic divina cognitio qua

RÉPONSE AUX ARGUMENTS DE SENS CONTRAIRE :

1. Dans le texte qui fait autorité, Augustin distingue trois manières de connaître. 1° Celle qui porte sur les choses qui sont hors de l'âme et dont nous ne pouvons avoir de connaissance à partir des premiers principes qui sont en nous ; il faut, afin de les connaître, que nous ayons en nous des images ou des similitudes de ces choses. 2° Celle qui porte sur les choses qui appartiennent à la partie intellective et qui est différente ; on dit qu'elles sont, quant à elles, connues par la seule présence à soi de l'esprit, parce que c'est à partir d'elles que nous parvenons à l'acte d'intellection, et dans cet acte, les choses qui sont principe d'intellection sont connues ; et pour cette raison, Augustin dit que les arts sont connus par la présence de l'âme à elle-même. 3° Celle qui porte sur les choses qui relèvent de la partie affective de l'âme et dont le principe de connaissance ne se trouve pas dans l'intellect, mais dans l'affect ; et pour cette raison, elles sont connues non par la présence à soi de l'affect mais par la notion, ou la définition, qui se trouve dans l'intellect ; bien que les *habitus* de la partie affective soient aussi, par la présence à soi, quelque principe éloigné de la connaissance, dans la mesure où ils produisent les actes par lesquels l'intellect les connaît ; et ainsi, on pourrait même dire d'une certaine façon qu'ils sont connus par la présence à soi-même.

2. La *species* par laquelle la justice est connue n'est rien d'autre que la définition même de la justice et on connaît l'injustice par sa privation. Cette *species* ou définition n'est pas quelque chose qui soit abstrait à partir de l'expérience de la justice mais est l'être accompli de la justice comme différence spécifique.

3. Intelliger au sens propre ne relève pas de l'intellect mais de l'âme par l'intermédiaire de l'intellect, comme réchauffer n'appartient pas à la chaleur mais au feu par le biais de sa chaleur. Ni l'une ni l'autre de ces deux parties, à savoir l'intellect et l'affect, ne doivent être pensés comme des lieux distincts dans l'âme à la façon de la vue et de l'ouïe, qui sont les actes d'organes distincts, et c'est pourquoi ce qui se trouve dans l'affect est aussi présent à l'âme quand elle intellige. Par conséquent l'âme par l'intermédiaire de l'intellect parvient à connaître non seulement l'acte de l'intellect mais aussi l'acte de l'affect ; comme aussi par l'affect il arrive à désirer et à aimer non seulement l'acte de l'affect mais aussi l'acte de l'intellect.

4. La différence qui caractérise la connaissance parfaite ne sert pas à distinguer ce qui est intelligé et ce par quoi il est intelligé ; parce qu'ainsi la connaissance divine par laquelle Dieu se connaît serait très

se cognoscit esset imperfectissima, sed est discretio qua id quod cognoscitur distinguitur ab omnibus aliis.

5. Ad quintum dicendum quod a non habentibus habitus mentis cognoscuntur, non quidem illa cognitione qua percipiuntur sibi inesse, sed qua cognoscuntur quid sunt, vel qua percipiuntur aliis inesse ; quod non est per praesentiam sed alio modo, ut dictum est.

6. Ad sextum dicendum quod oculus rationis pro tanto dicitur lippus esse respectu intelligibilium creatorum, quia nihil intelligit actu nisi accipiendo a sensibilibus quibus intelligibilia sunt excellentiora, et ideo deficiens invenitur ad intelligibilia cognoscenda. Tamen ea quae sunt in ratione, nihil prohibet quin immediate inclinent per essentiam suam ad actus in quibus intelliguntur, ut dictum est.

7. Ad septimum dicendum quod, quamvis Deus sit magis praesens nostrae menti quam habitus, tamen ex obiectis quae naturaliter cognoscimus non ita perfecte essentiam divinam videre possumus sicut essentiam habituum, quia habitus sunt proportionati ipsis sbiectis et actibus et sunt proxima eorum principia, quod de Deo dici non potest.

8. Ad octavum dicendum quod, quamvis praesentia habitus in mente non faciat eam actualiter cognoscentem ipsum habitum, facit tamen eam actu perfectam per habitum quo actus eliciatur, unde habitus cognoscatur.

imparfaite, mais ce discernement est ce par quoi ce qui est connu est distingué de toutes les autres choses.

5. Ceux qui ne possèdent pas certains *habitus* de l'esprit, les connaissent néanmoins, non pas par la connaissance par laquelle ils sont perçus comme leur étant présent mais par la connaissance selon laquelle on sait qu'ils existent ; ou si l'on veut par laquelle ils sont perçus comme existant en d'autres personnes ; cela n'est pas connaître par présence à soi, mais d'une autre manière comme il a été dit.

6. On dit que l'œil de la raison est aveugle par rapport aux intelligibles créés dans la mesure où personne n'intellige en acte s'il ne reçoit pas quelque chose des sensibles, par rapport auxquels les intelligibles sont beaucoup plus excellents. Et, pour cette raison, on voit que l'œil de la raison est en défaut pour la connaissance des intelligibles. Cependant pour les choses qui se trouvent dans la raison, rien n'empêche qu'elles inclinent immédiatement par l'essence même de l'âme aux actes dans lesquels elles sont comprises, comme il a été dit.

7. Bien que Dieu soit plus présent à notre esprit que l'*habitus,* cependant à partir des choses que nous connaissons naturellement, nous ne pouvons voir aussi parfaitement l'essence divine que nous voyons l'essence des *habitus* ; car les *habitus* sont proportionnés aux objets et aux actes, et sont les principes les plus proches d'eux ; ce que l'on ne peut absolument pas dire de Dieu.

8. Bien que la présence de l'*habitus* en l'esprit ne le lui fasse pas connaître actuellement, cette présence fait cependant qu'il s'actualise parfaitement à partir de l'*habitus* par lequel l'acte est obtenu, et c'est par là que l'*habitus* est connu.

ARTICULUS DECIMUS

Decimo quaeritur utrum aliquis possit scire se habere caritatem. Et videtur quod sic : quod enim per essentiam videtur certissime percipitur ; sed caritas per essentiam videtur ab habente eam, ut Augustinus dicit ; ergo caritas percipitur a caritatem habente.

2. Praeterea, caritas in actibus suis praecipue delectationem causat ; sed habitus virtutum moralium percipiuntur per delectationes quas in actibus virtutum causant, ut patet per Philosophum in II Ethicorum ; ergo et caritas percipitur ab habente ipsam.

3. Praeterea, Augustinus dicit VIII De Trinitate « Magis quis novit dilectionem qua diligit quam fratrem quem diligit » ; sed fratrem quem quis diligit certissime novit esse ; ergo et dilectionem qua diligit certissime novit quis sibi inesse.

4. Praeterea, vehementior est inclinatio caritatis quam cuiuslibet alterius virtutis ; sed alias virtutes aliquis scit sibi inesse certitudinaliter ex hoc quod inclinatur in actus ipsarum : habenti enim habitum iustitiae difficile est agere iniusta, facere vero iusta facile, ut dicitur in V Ethicorum, et hanc facilitatem quilibet in se ipso percipere potest ; ergo et caritatem se habere quilibet percipere potest.

5. Praeterea, Philosophus dicit in II Posteriorum quod impossibile est nos habere nobilissimos habitus et nos lateant ; sed caritas est nobilissimus habitus ; ergo inconveniens est dicere quod habens caritatem nesciat se habere eam.

6. Praeterea, gratia est lux spiritualis ; sed ab his qui luce perfunduntur, certissime hoc ipsum percipitur ; ergo ab habentibus gratiam certissime scitur quod gratiam habent, et similiter est de caritate sine qua gratia non habetur.

ARTICLE 10

Quelqu'un peut-il savoir qu'il possède la charité[163] ?

En dixième lieu, on cherche à savoir si quelqu'un peut savoirqu'il possède la charité et il semble qu'il en soit ainsi.

1. Ce qui est vu par essence est perçu avec la plus haute certitude. Mais la charité est vue par essence par celui qui la possède ainsi que le dit Augustin[164]. Donc la charité est perçue par celui qui le possède.

2. Ensuite, la charité est avant tout, dans ses actes, cause d'amour. Or les *habitus* des vertus morales sont perçus par les sentiments d'amour qu'ils causent dans leurs actes ; comme c'est évident à partir de ce que dit le Philosophe dans l'*Éthique à Nicomaque,* livre II[165]. Donc la charité est perçue par celui qui la possède.

3. Ensuite, Augustin dit dans le livre VIII de *La Trinité*: « il connaît mieux l'amour dont il aime que son frère qu'il aime »[166]. Mais quelqu'un connaît très certainement que le frère qu'il aime existe. Donc il sait aussi, de manière très certaine que l'amour dont il l'aime existe en lui-même.

4. Ensuite, l'inclination à la charité est plus violente que l'inclination à toute autre vertu. Or on connaît les autres vertus qu'on possède de façon certaine car on est incliné vers leurs actes ; ainsi, en ayant l'*habitus* de justice il est difficile d'agir injustement, mais agir justement est ici aisé comme il est dit dans l'*Éthique à Nicomaque,* au livre V. Et cette facilité, n'importe qui peut la percevoir en soi. Donc n'importe qui peut dès lors percevoir qu'il possède la charité.

5. Ensuite, Le Philosophe dit dans les *Seconds analytiques,* au livre II, qu'« il nous est impossible de posséder les *habitus* les plus nobles et qu'ils nous soient dissimulés »[167]. Mais la charité est l'*habitus* le plus noble. Donc il ne faut pas dire qu'en possédant la charité, on ignore qu'on la possède.

6. Ensuite, la grâce est une lumière spirituelle. Mais ceux que la lumière épanche le perçoive certainement. Donc ceux qui ont la grâce savent certainement qu'ils l'ont et il en est de même concernant la charité sans laquelle on ne peut avoir la grâce.

7. Praeterea, secundum Augustinum in libro De Trinitate, nullus potest ignotum diligere ; sed aliquis diligit in se caritatem ; ergo aliquis cognoscit caritatem esse in se.

8. Praeterea, « unctio docet de omnibus » necessariis ad salutem ; sed habere caritatem est necessarium ad salutem ; ergo habens caritatem scit se habere.

9. Praeterea, Philosophus dicit in II Ethicorum quod « virtus est certior omni arte » ; sed aliquis habens artem scit se eam habere, ergo et quando habet virtutem, et sic quando habet caritatem quae est maxima virtutum.

SED CONTRA est quod dicitur Eccl. IX[1] « Nemo scit utrum dignus odio vel amore sit » ; sed ille qui habet caritatem est dignus amore divino, Prov. VIII[17] « Ego diligentes me diligo » ; ergo nemo scit se caritatem habere.

2. Praeterea, nullus scire potest certitudinaliter quando Deus veniat ad habitandum in eo, Iob IX[11] « Si venerit ad me, non videbo eum » ; sed per caritatem Deus inhabitat hominem, I Ioh. IV[16] « Qui manet in caritate, in Deo manet et Deus in eo » ; ergo nullus potest certitudinaliter scire se caritatem habere.

RESPONSIO. Dicendum quod aliquis habens caritatem potest ex aliquibus probabilibus signis conicere se caritatem habere, utpote cum se ad spiritualia opera paratum videt et mala efficaciter detestari et per alia huiusmodi quae caritas in homine facit ; sed certitudinaliter nullus potest scire se caritatem habere nisi ei divinitus reveletur. Cuius ratio est quia, sicut ex praedicta quaestione apparet, cognitio qua quis cognoscit se aliquem habitum habere, praesupponit cognitionem qua cognoscit de habitu illo quid est ; quid est autem aliquis habitus sciri non potest nisi de eo sumatur iudicium per id ad quod habitus ille ordinatur quod est habitus illius mensura, hoc autem ad quod caritas ordinatur est incomprehensibile quia eius immediatum obiectum et finis est Deus, summa bonitas cui caritas coniungit ; unde non potest aliquis scire ex actu dilectionis quem in se ipso percipit, <an> ad hoc pertingat ut Deo hoc modo uniat sicut ad caritatis rationem requiritur.

7. Ensuite, selon Augustin dans le livre de *La Trinité,* personne ne peut aimer l'inconnu[168]. Mais on aime la charité en soi. Donc on sait que la charité existe en soi.

8. Ensuite, « l'onction enseigne toutes les choses qui sont nécessaires au salut »[169]. Mais la charité est nécessaire au salut. Donc celui qui possède la charité sait bien qu'il l'a.

9. Ensuite, le Philosophe dit dans l'*Éthique à Nicomaque,* au livre II, que la vertu est plus certaine que tout art[170]. Mais quelqu'un qui possède un art sait bien qu'il le possède. Il en va donc de même quand on possède une vertu, et quand on possède la charité qui est la plus grande des vertus.

EN SENS CONTRAIRE :

1. L'*Ecclésiaste,* IX[1] dit : « Personne ne sait s'il est digne d'amour ou de haine ». Mais celui qui possède la charité est digne de l'amour divin ; *Prov.* VIII[17] : « Moi, j'aime ceux qui m'aiment ». Donc, personne ne sait s'il possède la charité.

2. Ensuite, personne ne peut savoir avec certitude quand Dieu viendra l'habiter ; *Job,* IX[11] : « S'il venait à moi, je ne le verrai pas ». Mais Dieu habite l'homme par la charité. I *Jean,* IV[16] : « Qui demeure en la charité demeure en Dieu et Dieu demeure en lui ». Donc, personne ne peut savoir avec certitude qu'il possède la charité.

RÉPONSE :

Quelqu'un qui possède la charité peut à partir de quelques signes probables conjecturer qu'il possède la charité ; vu qu'il se voit disposé à des œuvres spirituelles et à avoir en aversion les mauvaises choses ; et il peut bien le conjecturer à partir de toutes les autres choses que la charité produit en l'homme ; mais aucun homme ne peut savoir avec certitude qu'il possède la charité, à moins que cela lui soit révélé par Dieu[171]. Comme dans la question précédente, la raison en est qu'il apparaît que la connaissance par laquelle quelqu'un connaît qu'il possède quelque *habitus* présuppose la connaissance de ce qu'est cet *habitus*. Or ce qu'est cet *habitus,* on ne peut pas le savoir si n'est pas appréhendé, à son sujet, le jugement par lequel on sait à quoi cet *habitus* est ordonné, qui est la mesure de cet *habitus.* Mais ce à quoi est ordonnée la charité est incompréhensible parce que son objet immédiat et sa fin est Dieu, ce Souverain Bien auquel la charité nous relie, donc personne ne peut savoir à partir de l'acte d'amour qu'il perçoit en lui-même s'il parvient à vivre en Dieu de cette manière, comme il est requis dans la définition même de la charité.

1. Ad primum igitur dicendum quod caritas per essentiam videtur in quantum ipsa per essentiam suam est principium actus dilectionis in quo utrumque cognoscitur, et sic est etiam per essentiam suam et suae cognitionis principium, licet remotum ; non tamen oportet quod certitudinaliter percipiatur quia actus ille dilectionis quem in nobis percipimus secundum id quod de eo est perceptibile, non est sufficiens signum caritatis propter similitudinem dilectionis naturalis ad gratuitam.

2. Ad secundum dicendum quod delectatio illa quae in actu relinquitur ex caritate, potest etiam ex aliquo habitu acquisito causari, et ideo non est sufficiens signum ad caritatem demonstrandam quia ex communibus signis non percipitur aliquid per certitudinem.

3. Ad tertium dicendum quod, quamvis mens certissime cognoscat dilectionem qua diligit fratrem, in quantum est dilectio, tamen non certissime novit eam <esse> caritatem.

4. Ad quartum dicendum quod, quamvis inclinatio qua caritas inclinat ad agendum sit quoddam principium apprehendendi caritatem, non tamen sufficit ad perfectam perceptionem caritatis : nullus enim potest percipere se aliquem habitum habere nisi sciat perfecte illud ad quod habitus ordinatur, per quod de habitu iudicatur ; et hoc in caritate sciri non potest.

5. Ad quintum dicendum quod Philosophus loquitur de habitibus intellectivae partis qui, si sint perfecti, non possunt latere habentes eo quod de perfectione eorum est certitudo ; unde quilibet sciens scit se scire « cum scire sit causam rei cognoscere, et quoniam illius est causa, et quoniam impossibile est aliter se habere » ; et similiter aliquis habens habitum intellectus principiorum, scit se habitum illum habere. Sed caritatis perfectio non consistit in certitudine cognitionis, sed in vehementia affectionis, et ideo non est simile.

6. Ad sextum dicendum quod in his quae metaphorice dicuntur, non oportet accipere similitudinem quantum ad omnia ; unde nec gratia luci comparatur quantum ad hoc quod ita se spirituali visui ingerat manifeste sicut lux corporea visui corporali, sed quantum ad hoc quod gratia est principium spiritualis vitae, sicut lux caelestium corporum est quodam modo initium corporalis vitae in his inferioribus, ut dicit Dionysius, et etiam quantum ad aliquas alias similitudines.

7. Ad septimum dicendum quod se habere caritatem potest accipi dupliciter : uno modo in vi orationis, alio modo in vi

RÉPONSE AUX ARGUMENTS :

1. La charité est vue par essence dans la mesure où elle est par essence principe de l'acte d'amour en lequel l'un et l'autre sont connus ; et elle est même par essence principe de sa connaissance quoique éloigné ; il n'est cependant pas nécessaire qu'elle soit perçue de façon certaine parce que cet acte d'amour que nous percevons en nous, dans la mesure où il est perceptible, n'est pas un signe suffisant de charité à cause de la similitude de l'amour naturel avec l'amour gratuit.

2. L'amour qui, dans l'acte, résulte de la charité peut aussi être causé par quelque *habitus* acquis ; et, pour cette raison, il n'est pas un signe suffisant de ce qu'on possède la charité ; car à partir de signes communs, on ne perçoit pas avec certitude.

3. Bien que l'esprit soit avisé de façon certaine de l'amour par lequel il aime son frère, dans la mesure où il y a bien amour, cependant il ne connaît pas avec certitude si c'est là la charité.

4. Bien que l'inclination par laquelle la charité dispose à l'acte soit un principe qui permet d'appréhender la charité, elle ne suffit pas à la perception parfaite de la charité ; nul ne peut en effet percevoir qu'il possède quelque *habitus* s'il ne sait parfaitement à quoi cet *habitus* est ordonné, ce qui permet de porter un jugement sur l'*habitus ;* mais ceci ne peut être connu en ce qui concerne la charité.

5. Le Philosophe parle ici des *habitus* de la partie intellective qui, comme ils sont parfaits, ne peuvent être dissimulés à ceux qui les possèdent parce que la certitude qui leur appartient résulte de leur perfection ; par conséquent quiconque sait, sait qu'il sait ; « puisque savoir est connaître la cause d'une connaissance et pourquoi c'en est la cause, et qu'il est impossible que cela ait lieu autrement » ; de même, quelqu'un qui possède l'*habitus* de l'intellection des principes sait qu'il possède cet *habitus* [172]. Mais la perfection de la charité ne consiste pas en la certitude de la connaissance mais dans l'intensité de l'affection ; et pour cette raison ce n'est pas la même chose.

6. Dans les choses qui sont dites métaphoriquement, il ne faut pas admettre une similitude relativement à tous les éléments; la grâce n'est pas comparée à la lumière dans la mesure où elle s'assimilerait à la vision spirituelle comme la lumière corporelle s'applique à la vision corporelle, mais dans la mesure où la grâce est principe de la vie spirituelle, comme la lumière des corps célestes est en quelque façon le commencement de la vie des choses inférieures, ainsi que le dit Denys à ce propos et même pour quelques autres similitudes encore [173].

7. *Posséder la charité* peut s'entendre de deux façons : au sens d'une proposition et au sens d'un nom. Au sens d'une proposition

nominis ; in vi quidem orationis, sicut cum dicitur verum esse aliquem caritatem habere ; in vi autem nominis, cum de hoc dicto caritatem habere vel quod per hoc dictum significatur, aliquid dicimus. Cum autem ad affectum non pertineat componere et dividere sed solummodo in ipsas res ferri cuius condiciones sunt bonum et malum, cum dicitur ego diligo vel volo me habere caritatem, hoc quod dico me habere caritatem sumitur in vi cuiusdam nominis ac si diceretur volo hoc quod est me habere caritatem ; et hoc nihil prohibet esse mihi cognitum : scio enim quid est me habere caritatem etiam si eam non habeo. Unde et non habens caritatem appetit se caritatem habere ; non tamen sequitur quod aliquis sciat se caritatem habere secundum quod hoc in vi orationis sumitur, id est quod habeat caritatem.

8. Ad octavum dicendum quod, quamvis habere caritatem sit necessarium ad salutem, non tamen scire se habere caritatem ; immo magis expedit nescire communiter quia per hoc magis sollicitudo et humilitas conservatur. Quod autem dicitur 'unctio docet de omnibus necessariis ad salutem', intelligitur de omnibus quorum cognitio necessaria est ad salutem.

9. Ad nonum dicendum quod virtus dicitur esse certior omni arte certitudine inclinationis ad unum, non autem certitudine cognitionis : virtus enim, ut dicit Tullius, inclinat ad unum per modum cuiusdam naturae, natura autem certius et directius pertingit ad unum finem quam ars ; et per hunc etiam modum dicitur quod 'virtus est certior arte', non quod certius aliquis percipiat se habere virtutem quam artem.

comme quand on dit: «il est vrai que quelqu'un possède la charité». Au sens du nom, comme lorsque nous disons quelque chose de l'expression «avoir la charité» ou ce qui est signifié par cette expression. Mais comme il n'appartient pas à l'affect de composer ou de diviser, mais seulement d'être porté vers ces choses dont les conditions sont le bien ou le mal, puisque l'on dit «j'aime ou je veux posséder la charité», dire que je possède la charité est pris au sens d'un nom, comme si l'on disait «Je veux ceci, à savoir, que j'aie la charité», et rien n'interdit que cela me soit connu. Je sais en effet ce qu'est, pour moi, avoir la charité même si je ne la possède pas. Et en ne possédant pas la charité, on désire la posséder, or il ne découle pas de là cependant qu'on sache qu'on possède la charité d'après ce qui est saisi au sens de la proposition; c'est-à-dire qu'on possède la charité.

8. Bien que posséder la charité soit nécessaire au salut, il n'est cependant pas nécessaire de le savoir; bien au contraire, il est généralement plus utile de ne pas le savoir parce qu'on conserve par là plus de sollicitude et d'humilité. Et ce qui est dit, «l'onction enseigne toutes les choses nécessaires au salut», se comprend au sujet de toutes les choses dont la connaissance est nécessaire au salut.

9. La vertu est dite plus certaine que tout art par la certitude de l'inclination vers une seule fin, mais il n'en est pas de même pour la certitude de la connaissance; la vertu en effet, comme le dit Cicéron[174], incline vers une seule fin de manière en quelque sorte naturelle; mais la nature atteint plus certainement et plus directement à une seule fin que l'art; et de cette manière on dit que «la vertu est plus certaine que l'art», non pas qu'on perçoive plus certainement la vertu que l'art.

ARTICULUS UNDECIMUS

Undecimo quaeritur utrum mens in statu viae possit videre Deum per essentiam. Et videtur quod sic quia Num. XII[8] dicit Dominus de Moyse « Ore ad os loquor ei et palam et non per aenigmata videt Deum » ; sed hoc est videre Deum per essentiam, videre scilicet absque aenigmate ; ergo cum Moyses adhuc viator esset, videtur quod aliquis in statu viae possit Deum per essentiam videre.

2. Praeterea, Exodi XXXIII[20] super illud « Non videbit me homo et vivet » dicit glosa Gregorii quod « quibusdam in hac carne viventibus sed inexstimabili virtute crescentibus contemplationis acumine potest aeterni Dei claritas videri » ; claritas autem Dei est eius essentia, ut in eadem glosa dicitur ; ergo aliquis in hac mortali vivens carne potest Deum per essentiam videre.

3. Praeterea, Christus habuit intellectum eiusdem naturae sicut nos habemus ; sed status viae non impediebat intellectum eius quin Deum per essentiam videret ; ergo et nos in statu viae Deum per essentiam videre possumus.

4. Praeterea, Deus in statu viae intellectuali visione cognoscitur, unde Rom. I[20] dicitur « Invisibilia Dei per ea quae facta <sunt> intellecta, conspiciuntur » ; sed intellectualis visio est per quam res in se ipsis videntur, ut Augustinus dicit XII Super Genesim ad litteram ; ergo mens nostra in statu viae Deum per essentiam videre potest.

5. Praeterea, Philosophus dicit in III De anima quod « anima nostra quodam modo est omnia quia sensus est omnia sensibilia et intellectus omnia intelligibilia » ; sed maxime intelligibile est divina essentia ; ergo intellectus noster etiam secundum statum viae, secundum quem Philosophus loquitur,

ARTICLE 11

L'esprit, en tant qu'il est ici-bas, peut-il voir Dieu par essence[175] ?

En onzième lieu, on se demande si l'esprit, en tant qu'il est en progression ici-bas, peut voir Dieu par essence. Et il semble que oui.

1. Parce qu'en *Nombres,* XII[8], le Seigneur dit au sujet de Moïse: « Je lui parle face à face dans l'évidence et il ne voit pas Dieu par énigme ». Mais c'est là voir Dieu par essence, à savoir sans énigme. Donc puisque Moïse était encore ici-bas, il semble que quelqu'un puisse voir Dieu par essence en cette vie.

2. Ensuite, au sujet de l'*Exode,* XXXIII[20] : « L'homme ne peut me voir et vivre », la glose de Grégoire dit : « Par ceux qui vivent en cette chair, mais croissent en vertu inestimable, la clarté de Dieu éternel peut être saisie dans la pointe de la contemplation ». Mais la clarté de Dieu est son essence, comme il est dit dans cette même glose[176]. Donc quelqu'un vivant dans cette chair mortelle peut voir Dieu par essence.

3. Ensuite, le Christ possédait un intellect de même nature que le nôtre. Et être ici-bas n'était pas un obstacle à ce qu'il pût voir Dieu par essence. Donc il n'est pas non plus pour le nôtre un obstacle.

4. Ensuite, Dieu est connu ici-bas par la vision intellectuelle. D'où, en *Rom.* I[20] : « Ce qu'il y a d'invisible depuis la création du monde se laisse voir à travers ses œuvres ». Mais cette vision intellectuelle est ce par quoi les choses sont vues en elles-mêmes comme dit Augustin au livre XIII de *La Genèse au sens littéral*[177]. Donc notre esprit peut voir Dieu en cette vie par son essence.

5. Ensuite, le Philosophe dit au livre III du traité *De l'âme* que « notre âme est en quelque façon toutes les choses parce que le sens est en quelque façon tous les sensibles et l'intellect tous les intelligibles »[178]. Mais l'essence divine est tout à fait intelligible. Donc notre intellect peut, en tant qu'il est ici-bas, état d'après lequel parle le Philosophe,

Deum per essentiam videre potest, sicut et sensus noster potest omnia sensibilia sentire.

6. Praeterea, sicut in Deo est immensa bonitas, ita et immensa veritas; sed divina bonitas, quamvis sit immensa, potest a nobis in statu viae immediate diligi; ergo veritas essentiae eius potest immediate videri in statu viae.

7. Praeterea, intellectus noster ad hoc factus est ut Deum videat; si ergo in statu viae videre non potest, hoc non est nisi propter aliquod velamen, quod quidem est duplex, culpae et creaturae: culpae quidem velamen in statu innocentiae non erat et nunc etiam a sanctis removetur, II Cor. III[18] «Nos autem revelata facie gloriam Domini speculantes» etc.; creaturae vero velamen divinae essentiae visionem ut videtur, impedire non potest quia Deus est interior menti nostrae quam aliqua creatura; ergo in statu viae mens nostra Deum per essentiam videt.

8. Praeterea, omne quod est in altero, est in eo per modum recipientis; sed Deus per essentiam suam est in mente nostra; cum igitur modus mentis nostrae sit intelligibilitas ipsa, videtur quod essentia divina sit in mente nostra ut intelligibilis, et ita mens nostra Deum per essentiam intelligit in statu viae.

9. Praeterea, Cassiodorus dicit «Claritatem illam inaccessibilem sanitas mentis humanae intelligit»; sed mens nostra sanatur per gratiam; ergo ab habente gratiam in statu viae videri potest essentia divina quae est inaccessibilis claritas.

10. Praeterea, sicut ens quod de omnibus praedicatur est primum in communitate, ita ens a quo omnia causantur est primum in causalitate, scilicet Deus; sed ens quod est primum in communitate, est prima conceptio nostri intellectus etiam in statu viae; ergo et ens quod est primum in causalitate statim per essentiam suam in statu viae cognoscere possumus.

11. Praeterea, ad visionem requiritur videns et visum et intentio; sed haec tria in mente nostra inveniuntur respectu divinae essentiae: ipsa enim mens nostra est naturaliter divinae essentiae visiva utpote ad hoc facta, essentia etiam divina adest praesentialiter menti nostrae, intentio etiam non deficit quia quandocumque mens nostra ad creaturam convertitur convertitur etiam ad Deum cum in creatura sit Dei similitudo; ergo mens nostra in statu viae Deum per essentiam videre potest.

voir Dieu par essence de même que nos sens sont capables de sentir tous les sensibles.

6. Ensuite, comme il y a en Dieu une immense bonté, il y a une immense vérité. Et la bonté divine, quoiqu'elle soit immense, peut être immédiatement aimée ici-bas. Donc la vérité de son essence peut être immédiatement vue ici-bas.

7. Ensuite, notre intellect a été fait en sorte qu'il voie Dieu. Donc si on ne peut le voir ici-bas, cela n'arrive qu'à cause d'un voilement qui s'entend en deux sens; voilement qui résulte du pêché, et voilement corrélatif de l'être créatural. Le voilement du pêché n'existait pas quant à lui à l'état d'innocence et il est maintenant ôté aux saints: II *Cor.*, III[18]: «Et nous tous qui, le visage dévoilé, réfléchissons comme en miroir la Gloire du Seigneur, nous sommes transformés en cette image». Mais le voilement de la créature ne peut faire obstacle à la vision de l'essence divine parce que Dieu est plus intérieur à notre esprit qu'à toute autre créature. Donc, ici-bas, notre esprit voit Dieu par essence.

8. Ensuite, tout ce qui est en un autre est en lui par mode de participation. Mais Dieu est dans notre esprit par essence. Puisque la modalité de notre esprit est l'intelligibilité elle-même, on voit que l'essence de Dieu est dans notre esprit en tant qu'intelligible. Et ainsi notre esprit intellige Dieu par essence ici-bas.

9. Ensuite Cassiodore dit: «un esprit humain sain voit cette clarté inaccessible»[179]. Mais notre esprit est restauré par la grâce. Donc l'essence de Dieu, qui est la clarté inaccessible, peut être vue de ceux qui ont la grâce.

10. Ensuite, comme l'étant qui est prédiqué de toutes les autres choses qui sont est l'étant premier commun, ainsi l'étant par lequel toutes les choses sont causées est la cause première, à savoir Dieu. Mais l'étant premier commun est la première conception de notre intellect ici-bas. Donc de même, l'étant qui est la cause première peut aussitôt être connu de nous ici-bas.

11. Ensuite, le voyant, le vu et l'intention sont requis pour qu'ait lieu la vision. Mais ces trois termes se trouvent en notre esprit par rapport à l'essence divine: en effet, notre esprit voit naturellement l'essence divine puisqu'il est naturellement fait pour cela; l'essence divine est principalement présente à notre esprit et l'intention n'est pas non plus manquante, parce que toutes les fois que notre esprit est tourné vers quelque créature, il est tourné aussi vers Dieu, puisque la créature est image de Dieu. Donc, notre esprit peut voir Dieu par essence en cette vie.

12. Praeterea, Augustinus dicit in XII libro Confessionum « Si ambo videmus verum esse quod dicis, et ambo videmus verum esse quod dico, ubi, quaeso, id videmus ? Nec ego utique in te, nec tu in me, sed ambo in ipsa quae supra mentes nostras est incommutabili veritate » ; sed incommutabilis veritas est divina essentia in qua non potest aliquid videri nisi ipsa videatur ; ergo in statu viae essentiam divinam videmus et in ea omne verum inspicimus.

13. Praeterea, veritas in quantum huiusmodi est cognoscibilis, ergo summa veritas summe cognoscibilis ; haec autem est divina essentia ; ergo etiam in statu viae divinam essentiam cognoscere possumus quasi summe cognoscibilem.

14. Praeterea, Gen. XXXII30 dicitur « Vidi Dominum facie ad faciem » : 'facies Dei est forma in qua Filius non rapinam arbitratus est esse se aequalem Deo', sicut ex quadam glosa habetur ; sed forma illa est divina essentia ergo Iacob in statu viae Deum per essentiam vidit.

SED CONTRA, I Tim. ultimo « Lucem habitat inaccessibilem quem nullus hominum vidit sed nec videre potest ».

2. Praeterea, Exodi XXXIII20 « Non videbit me homo et vivet », glosa Gregorii « in hac carne viventibus videri potuit Deus per circumscriptas imagines et videri non potuit per incircumscriptum lumen aeternitatis » ; hoc autem lumen est divina essentia ; ergo nullus in hac carne vivens potest Deum per essentiam videre.

3. Praeterea, Bernardus dicit quod, licet in statu viae Deus possit totus diligi, non tamen potest totus intelligi ; sed si per essentiam videretur, totus intelligeretur ; ergo per essentiam suam in statu viae non videtur.

4. Praeterea, intellectus noster intelligit cum continuo et tempore, ut Philosophus dicit in III De anima ; sed divina essentia excedit omne continuum et tempus ; ergo intellectus noster in statu viae Deum per essentiam videre non potest.

5. Praeterea, plus distat essentia Dei a dono eius quam actus primus ab actu secundo ; sed quandoque ex hoc quod aliquis videt Deum per donum intellectus aut sapientiae in contemplatione, anima separatur a corpore quantum ad

12. Ensuite Augustin dit dans *Les Confessions,* livre XII: «Lorsque nous voyons tous deux que tes paroles sont vraies, lorsque nous voyons tous deux que mes paroles sont vraies, où le voyons nous, je t'en prie? Évidemment, ce n'est pas en toi que je le vois, et ce n'est pas en moi que tu le vois. Nous le voyons l'un et l'autre dans l'immuable vérité, qui est au dessus de nos intelligences»[180]. Mais la vérité immuable est dans la divine essence, en laquelle aucune chose ne peut être vue sans qu'elle même soit vue. Donc, nous voyons l'essence divine en cette vie et en elle nous voyons toute vérité.

13. Ensuite, la vérité est comme telle connaissable. Donc, la vérité suprême est suprêmement connaissable. Et c'est l'essence divine. Donc, même dans les conditions de cette vie nous pouvons connaître l'essence divine comme ce qui est le plus connaissable.

14. Ensuite, en *Genèse,* XXXII[30], il est dit: «J'ai vu le Seigneur face à face et la glose commente: La face de Dieu est cette forme, en laquelle le Fils, dans la lutte avec Dieu, ne s'est pas regardé comme l'égal de Dieu»[181]. Mais cette forme est la divine essence. Donc Jacob a vu Dieu par essence en cette vie.

EN SENS CONTRAIRE:

1. Dans la Première Êpitre à Timothée, on lit: «Seul, il habite la lumière inaccessible que nul d'entre les hommes n'a vu ni ne peut voir».

2. Ensuite, en Exode, XXXIII[20]: «L'homme ne peut me voir et vivre». Et la glose de Grégoire commente: «En vivant en cette chair, Dieu peut être vu en des images circonscrites, et ne peut être vu par la lumière incirconscrite de l'éternité»[182]. Cette lumière est l'essence divine. Donc, personne ne peut, vivant en cette vie, voir Dieu par essence.

3. Ensuite, Bernard dit que même si Dieu peut être aimé totalement en cette vie, il ne peut être totalement intelligé. Mais s'il était vu par essence, il serait totalement intelligé. Donc il n'est pas vu par son essence ici-bas.

4. Ensuite, notre intellect intellige selon le continu spatial et selon le temps, comme dit le Philosophe au livre III du traité *De l'âme*[183]. Mais l'essence divine excède toute continuité et tout temps. Donc, notre intellect ne peut voir Dieu par son essence en cette vie.

5. Ensuite, l'essence divine est plus éloignée de sa donation que l'acte premier de l'acte second. Mais parfois, par quelque don de l'intellect ou de la sagesse, quelqu'un voit Dieu dans la contemplation; l'âme est alors séparée du corps relativement aux opérations des sens

operationes sensus quae sunt actus secundi; ergo si videat Deum per essentiam, oportet quod separetur a corpore etiam prout est actus primus eius; sed hoc non est quandiu homo in statu viae existit; ergo nullus in statu viae potest Deum per essentiam videre.

RESPONSIO. Dicendum quod aliqua actio potest alicui convenire dupliciter: uno modo sic quod illius operationis principium sit in operante, sicut in omnibus actionibus naturalibus videmus; alio modo sic quod principium operationis illius vel motus sit a principio extrinseco, sicut est in motibus violentis, et sicut est in operibus miraculosis quae non fiunt nisi virtute divina, ut illuminatio caeci, resuscitatio mortui et huiusmodi.

Menti igitur nostrae in statu viae convenire non potest visio Dei per essentiam secundum primum modum: mens enim nostra naturali cognitione phantasmata respicit quasi obiecta a quibus species intelligibiles accipit, ut dicitur in III De anima; unde omne quod intelligit secundum statum viae, intelligit per huiusmodi species a phantasmatibus abstractas; nulla autem huiusmodi species sufficiens est ad repraesentandam divinam essentiam vel etiam cuiuscumque alterius essentiae separatae cum quiditates rerum sensibilium, quarum similitudines sunt intelligibiles species a phantasmatibus abstractae, sint alterius rationis ab essentiis substantiarum immaterialium etiam creatarum, et multo amplius ab essentia divina. Unde mens nostra naturali cognitione, quam in statu viae experimur, nec Deum nec angelos per essentiam videre potest; angeli tamen per essentiam videri possunt per aliquas species intelligibiles ab eorum essentia differentes, non autem essentia divina quae omne genus excedit et est extra omne genus: ut sic nulla creata species inveniri possit sufficiens ad eam repraesentandam. Unde oportet, si Deus per essentiam videri debeat, quod per nullam speciem creatam videatur, sed ipsa eius essentia fiat intelligibilis forma intellectus eum videntis; quod fieri non potest nisi ad hoc intellectus creatus per lumen gloriae disponatur. Et sic in videndo Deum per essentiam, per dispositionem infusi luminis pertingit mens ad terminum viae qui est gloria; et sic non est in via.

Sicut autem divinae omnipotentiae subiecta sunt corpora, ita et mentes: unde sicut potest aliqua corpora perducere ad effectus quorum dispositio in praedictis corporibus non

qui sont des actes seconds. Donc, si elle voyait Dieu par essence, il serait nécessaire que l'âme soit séparée du corps lui-même dans la mesure où elle est l'acte premier du corps. Or ceci n'a jamais lieu tant que l'homme est ici-bas. Donc personne ne peut voir Dieu par essence en cette vie.

RÉPONSE :

Une action quelconque peut appartenir à quelqu'un de deux façons : 1° telle que le principe de l'action se trouve dans celui qui opère, comme c'est le cas dans toutes les actions naturelles. 2° telle que le principe de l'opération ou du mouvement appartienne à un principe extérieur, comme c'est le cas des mouvements violents et comme c'est aussi le cas des opérations miraculeuses qui ne sont pas faites sans la puissance divine ; ainsi, la guérison des aveugles, la résurrection des morts et les choses de cette sorte.

En cette vie, la vision de Dieu par essence ne convient pas à notre esprit selon la première manière. En effet, notre esprit dans la connaissance naturelle, considère les phantasmes et les objets à partir desquels il accueille les *species* intelligibles, comme il est dit au livre III du traité *De l'âme*[184]. Par conséquent tout ce que l'esprit intellige en cette vie, il l'intellige par les *species* abstraites des phantasmes. Or aucune *species* ainsi constituée ne suffit à représenter l'essence divine, ni même l'essence de quelque autre *species* séparée puisque la quiddité des choses sensibles, dont les similitudes sont les *species* intelligibles abstraites des phantasmes, sont d'une autre nature que les essences des substances immatérielles créées et plus encore que l'essence divine. Par conséquent, notre esprit ne peut voir ni Dieu ni les anges par la connaissance naturelle dont nous faisons l'expérience en cette vie. Mais les anges cependant peuvent être vus par essence par quelques *species* intelligibles différentes de leur essence ; mais non l'essence divine qui excède tout genre et est en dehors de tout genre ; et ainsi aucune *species* créée ne suffit à la représenter. Par conséquent, il est nécessaire, si Dieu doit être vu par essence, qu'il ne le soit par aucune *species* créée mais que son essence même devienne forme intelligible de l'intellect qui le voit, ce qui n'est pas possible si l'intellect créé n'est pas disposé à cela par la lumière de la gloire. Et ainsi en voyant Dieu par essence, par disposition de la lumière infuse, l'esprit parvient au terme du cheminement, c'est-à-dire à la gloire et ainsi il n'est plus en cette vie.

Mais comme les corps sont les sujets de l'omnipotence divine, les âmes aussi le sont. En conséquence, de même qu'elle peut amener quelques corps à produire des effets dont la disposition ne se trouve pas

invenitur, sicut Petrum fecit super aquas ambulare sine hoc quod ei dotem agilitatis tribueret, ita potest mentem ad hoc perducere ut divinae essentiae uniatur in statu viae modo illo quo unitur sibi in patria, sine hoc quod a lumine gloriae perfundatur. Cum autem hoc contingit, oportet quod mens ab illo modo cognitionis desistat quo a phantasmatibus abstrahit; sicut etiam corpus corruptibile, cum ei miraculose datur agilitatis actus, non est simul in actu gravitatis. Et ideo illi quibus hoc modo Deum videre per essentiam datur, omnino ab actibus sensuum abstrahuntur ut tota anima colligatur ad divinam essentiam intuendam, unde et rapi dicuntur, quasi vi superioris naturae abstracti ab eo quod secundum naturam eis competebat.

Sic igitur secundum communem cursum nullus in statu viae Deum per essentiam videt; et si aliquibus hoc miraculose concedatur ut Deum per essentiam videant nondum anima a carne mortali totaliter separata, non tamen sunt totaliter in statu viae, ex quo actibus sensuum carent quibus in statu mortalis viae utimur.

1. Ad primum igitur dicendum quod, secundum Augustinum XII Super Genesim ad litteram et Ad Paulinam de videndo Deum, ex verbis illis Moyses ostenditur Deum per essentiam vidisse in quodam raptu, sicut et de Paulo dicitur II Cor. XII[2], ut in hoc iudaeorum Legifer et Doctor gentium aequarentur.

2. Ad secundum dicendum quod Gregorius loquitur de illis qui acumine contemplationis ad hoc crescunt ut divinam essentiam in raptu videant; unde subiungit « qui sapientiam quae Deus <est> videt, huic vitae funditus moritur ».

3. Ad tertium dicendum quod in Christo hoc fuit singulare ut esset simul viator et comprehensor, quod ei competebat ex hoc quod erat Deus et homo; unde in eius potestate erant omnia quae ad humanam naturam spectabant, ut unaquaeque vis animae et corporis afficeretur secundum quod ipse disponebat. Unde nec dolor corporis contemplationem mentis impediebat nec fruitio mentis dolorem corporis minuebat, et sic intellectus eius luce gloriae illustratus Deum per essentiam videbat ut tamen ad inferiores partes gloria non derivaretur, et sic simul erat viator et comprehensor; quod de aliis dici non potest in

en de tels corps, comme il fit marcher Pierre sur les eaux sans lui avoir attribué une quelconque agilité, de même il peut amener l'esprit à s'unir avec l'essence divine en cette vie, de la manière dont il lui est uni dans la patrie, sans qu'il soit baigné de la lumière de la gloire. Mais quand cela se produit, il faut que l'esprit s'abstienne du mode de connaissance par abstraction à partir des phantasmes ; comme le corps corruptible, quand lui est donné miraculeusement cette agilité, n'est pas actuellement lourd. Et pour cette raison, ceux à qui cette manière de voir Dieu par essence a été donnée sont tout à fait séparés des actes sensibles afin que l'âme soit tout entière reliée à la vision de l'essence divine ; par conséquent on dit qu'ils sont ravis, comme s'ils étaient séparés par la force d'une nature supérieure, parce qu'elle s'accorde alors à eux [185].

Ainsi, selon l'ordre commun de la nature, personne ne peut voir Dieu par essence en cette vie, et si voir Dieu par essence est miraculeusement concédé à quelques-uns, l'âme n'étant pas encore totalement séparée de la chair mortelle, ils ne sont cependant pas non plus totalement en cette vie, puisqu'ils sont libérés des actes des sens desquels on se sert ici-bas.

RÉPONSE AUX ARGUMENTS :

1. Selon Augustin, au livre XII de *La Genèse au sens littéral* [186] et aussi au sujet de la lettre de Paul où ce dernier fait le récit de sa vision de Dieu, il est montré que Moïse a vu Dieu par essence en étant ravi, comme Paul en II *Cor.*, XII2, et il est dit que celui qui a établi la Loi des Juifs et le Docteur des Gentils sont égaux en cela.

2. Grégoire parle de ceux qui s'élèvent dans l'acuité de la contemplation jusqu'à voir Dieu en ravissement. Et il ajoute : « Qui possède la sagesse qui est Dieu, voit et est complètement mort pour cette vie » [187].

3. Dans le Christ, cela eut lieu de façon absolument unique puisqu'il était à la fois ici-bas et qu'il embrassait tout en une seule vue ; ce qui lui convenait du fait qu'il était Dieu et qu'il était homme ; par conséquent toutes les choses qui concernaient l'homme étaient en son pouvoir, de sorte que chaque puissance de l'âme et du corps soit disposé afin qu'il en use comme bon lui semblerait ; et par conséquent la douleur corporelle ne faisait pas obstacle à la contemplation de l'esprit, ni la jouissance de l'esprit ne diminuait la douleur corporelle, et ainsi son intellect illuminé par la gloire voyait Dieu par essence de sorte que la gloire n'était pas détournée vers les choses inférieures ; et il était bien ainsi celui qui était ici-bas et qui embrassait pourtant tout en une seule

quibus ex superioribus viribus de necessitate redundat aliquid in inferiores et a passionibus vehementibus inferiorum virium superiores trahuntur.

4. Ad quartum dicendum quod intellectuali visione in statu viae Deus cognoscitur non ut sciatur de Deo quid est sed solum quid non est; et quantum ad hoc eius essentiam cognoscimus, eam super omnia collocatam intelligentes, quamvis talis cognitio per aliquas similitudines fiat. Verbum enim Augustini referendum est ad id quod cognoscitur, non ad id quo cognoscitur, ut ex superioribus quaestionibus patet.

5. Ad quintum dicendum quod intellectus noster etiam in statu viae divinam essentiam aliquo modo cognoscere potest, non ut sciat de ea quid est sed solum quid non est.

6. Ad sextum dicendum quod nos possumus Deum diligere immediate nullo alio praedilecto, quamvis quandoque ex aliorum visibilium amore in invisibilia rapiamur; non autem possumus in statu viae Deum immediate cognoscere nullo alio praecognito. Cuius ratio est quia, cum affectus ad intellectum sequatur, ubi terminatur operatio intellectus incipit operatio affectus; intellectus autem ex effectibus in causas procedens tandem pervenit in ipsius Dei cognitionem aliqualem cognoscendo de eo quid non est; et sic affectus fertur in id quod ei per intellectum offertur sine hoc quod necesse habeat redire per omnia media per quae intellectus transivit.

7. Ad septimum dicendum quod intellectus noster, quamvis sit factus ad videndum Deum, non tamen ut naturali sua virtute Deum videre possit sed per lumen gloriae sibi infusum; et ideo omni velamine remoto nondum oportet quod intellectus Deum per essentiam videat si lumine gloriae non illustretur: ipsa enim carentia gloriae erit ei divinae visionis impedimentum.

8. Ad octavum dicendum quod mens nostra cum intelligibilitate quam habet ut proprium quoddam, etiam cum aliis communiter habet esse; unde quamvis in ea sit Deus, non oportet quod semper sit in ea ut forma intelligibilis sed ut dans esse sicut est in aliis creaturis. Quamvis autem creaturis omnibus communiter det esse, tamen cuilibet creaturae dat proprium modum essendi; et sic etiam quantum ad hoc quod in

vue ; ce qui ne peut être dit des autres hommes pour lesquels quelque chose déborde inéluctablement des puissances supérieures en direction des puissances inférieures et les puissances supérieures sont ainsi entraînées par les violentes passions des puissances inférieures.

4. Dieu peut être connu en cette vie par une vision intellectuelle, non pas comme on connaît l'essence d'une chose mais plutôt comme on connaît ce qu'elle n'est pas, et relativement à cela nous connaissons son essence comme disposée en totalité pour les substances intelligentes bien qu'une telle connaissance s'exerce par quelques similitudes. Et les formules d'Augustin doivent être rapportées à ce qui est connu et non à ce par quoi on connaît comme il est évident par ce qui a été dit plus haut.

5. Notre intellect peut connaître en quelque façon l'essence de Dieu, même en cette vie, non pas cependant de sorte qu'il connaisse ce qu'elle est mais bien ce qu'elle n'est pas.

6. Nous pouvons aimer Dieu immédiatement, sans aucune autre prédilection, bien que parfois nous soyons ravis d'amour pour quelques réalités visibles qui mènent aux réalités invisibles ; mais nous ne pouvons pas, en cette vie, connaître Dieu immédiatement sans aucune connaissance préalable. Parce que l'affect suit l'intellect, l'opération de l'affect commence là où l'opération de l'intellect a trouvé son terme. Or l'intellect procède des effets aux causes et parvient ainsi à une certaine connaissance de Dieu même, en connaissant de lui ce qu'il n'est pas ; et ainsi l'affect est porté vers ce qui lui est fourni par l'intellect sans avoir à repasser par tous les moyens termes par lesquels passe l'intellect.

7. Bien que notre intellect soit fait pour voir Dieu, il ne peut cependant le voir comme par l'effet d'une vertu naturelle qui lui appartiendrait, mais seulement par la lumière infuse de la gloire en lui. Et pour cette raison, tout voile étant ôté, il n'est pas encore nécessaire que l'intellect voie Dieu par essence, s'il n'est pas illuminé par la lumière de la gloire, ce défaut de gloire sera l'obstacle à la vision de Dieu.

8. Notre esprit possède, avec la capacité d'intelliger qu'il a comme un certain propre, l'être, qu'il a en commun avec les autres créatures ; par conséquent, bien qu'il y ait Dieu en lui, il n'est pas nécessaire qu'il soit toujours en lui comme forme intelligible, mais comme donnant l'être, ainsi qu'il est dans les autres créatures. Mais bien qu'il donne communément l'être à toutes les créatures, il donne cependant à chaque créature un mode d'être qui lui est propre, et il en est ainsi même pour

omnibus est per essentiam, praesentiam, potentiam, invenitur esse diversimode in diversis et in unoquoque secundum proprium eius modum.

9. Ad nonum dicendum quod duplex est sanitas mentis: una qua sanatur a culpa per gratiam fidei, et haec sanitas facit videri illam inaccessibilem claritatem per speculum et in aenigmate; alia est ab omni culpa et poena et miseria, quae erit per gloriam, et haec sanitas faciet videri Deum facie ad faciem; quae duae visiones distinguuntur I Cor. XIII[12] «Videmus nunc per speculum» etc. usque «faciem».

10. Ad decimum dicendum quod ens quod est primum per communitatem, cum sit idem per essentiam cuilibet rei, nullius proportionem excedit, et ideo in cognitione cuiuslibet rei ipsum cognoscitur; sed ens quod primum est causalitate excedit improportionaliter omnes alias res, unde per nullius alterius cognitionem sufficienter cognosci potest; et ideo in statu viae, in quo per species a rebus abstractas intelligimus, cognoscimus ens commune sufficienter, non autem ens increatum.

11. Ad undecimum dicendum quod, quamvis divina essentia sit praesens intellectui nostro, non tamen est ei coniuncta ut forma intelligibilis quam intelligere possit quamdiu lumine gloriae non perficitur; ipsa etiam mens non habet facultatem videndi Deum per essentiam antequam praedicto lumine illustretur, et sic deficit et videntis facultas et visi praesentia. Intentio etiam non semper adest; quamvis enim in creatura inveniatur aliqualis Creatoris similitudo, non tamen quandocumque ad creaturam convertimur convertimur ad eam prout est similitudo Creatoris; unde non oportet quod semper intentio nostra feratur in Deum.

12. Ad duodecimum dicendum quod, sicut dicit glosa super illud Psal. «Diminutae sunt veritates» etc., ab una increata veritate «multae veritates in humanis mentibus imprimuntur, sicut ab una facie multae similitudines resultant in speculis diversis» vel uno fracto. Secundum hoc ergo nos in veritate increata aliquid videre dicimur secundum quod per eius similitudinem in nostra mente resultantem de aliquo iudicamus, ut cum per principia per se nota iudicamus de conclusionibus; unde non oportet quod ipsa increata veritas a nobis per essentiam videatur.

ce qui appartient à tous par essence, par présence et par puissance, qui trouve l'être de façons diverses dans les divers êtres et d'une seule façon selon son mode propre.

9. La santé de l'esprit s'entend en deux sens : 1° comme guérison de la faute par la grâce de la foi, et cette santé lui fait voir la clarté inaccessible comme en miroir et en énigme 2° comme éloignement de toute faute, peine et misère, qui résulte de la Gloire, et cette santé fait voir Dieu face à face ; et ces deux visions diffèrent, comme il est dit en I *Cor.*, XIII[12] : « nous voyons à présent en miroir et en énigme, et plus tard face à face ».

10. L'étant premier commun en tant qu'il est identique, par essence, à chaque chose ne peut être en disproportion avec aucune chose ; et c'est pourquoi dans la connaissance de chaque chose, c'est lui qui est connu, mais l'étant qui est premier en causalité excède, sans aucune mesure commune, toutes les autres choses ; et par conséquent, il ne peut être suffisamment connu par aucune autre connaissance, et pour cette raison, ici-bas, parce que nous intelligeons par les *species* abstraites des choses, nous connaissons suffisamment l'étant commun mais non pas l'étant increé.

11. Bien que l'essence divine soit présente à notre intellect, elle ne lui est cependant pas unie comme peut l'être une forme intelligible, de sorte qu'il pourrait l'intelliger alors qu'il n'est pas rendu parfait par la lumière de la gloire. Mais l'esprit n'a pas la faculté de voir Dieu par essence avant d'avoir été illuminé par la lumière dont on a parlé. Il lui manque ainsi et la faculté de voir et la présence visible. L'intention non plus n'est pas toujours présente ; bien que dans la créature on trouve quelque similitude avec le créateur, cependant ce n'est pas toutes les fois que nous nous tournons vers une créature que nous nous tournons vers elle en tant qu'image du Créateur. Donc il n'est pas nécessaire que notre intention soit toujours portée vers Dieu.

12. Comme dit la glose sur le psaume : « Les vérités sont fragmentées par les fils des hommes » etc. [188], à partir d'une vérité increée, « de multiples vérités sont imprimées dans les esprits humains, comme à partir d'un visage de multiples visages sont faits, en miroirs ou fragments divers » ou dans un seul miroir brisé. Ainsi, on dit que nous voyons quelque chose dans la vérité increée quand nous la jugeons d'après la similitude qui se répercute en notre esprit, comme nous jugeons des conclusions à partir de principes connus par soi. Par conséquent, il n'est pas nécessaire que nous voyions cette vérité increée par essence.

13. Ad tertium decimum dicendum quod summa veritas, quantum est in se, est maxime cognoscibilis; sed ex parte nostra contingit quod nobis est minus cognoscibilis, sicut patet per Philosophum in II Metaphysicae.

14. Ad quartum decimum dicendum quod auctoritas illa dupliciter exponitur in glosa: uno modo ut intelligatur de visione imaginaria, unde dicit Interlinearis « Vidi Dominum facie ad faciem, non quod Deus videri possit, sed formam vidit in qua Deus locutus est ei ». Alio modo exponit glosa Gregorii de visione intellectuali qua sancti in contemplatione divinam veritatem intuentur, non quidem sciendo de ea quid est sed magis quid non est; unde dicit ibidem Gregorius « Veritatem sentiendo videt quia quanta est ipsa veritas non videt, cui tanto se longe extimat quanto appropinquat; quia nisi illam utcumque conspiceret, non eam conspicere se non posse sentiret » ; et post pauca subiungit « Haec ipsa per contemplationem facta non solida et permanens visio, sed quasi quaedam visionis imitatio, Dei facies dicitur: quia enim per faciem quemlibet agnoscimus, cognitionem Dei faciem vocamus ».

13. La vérité suprême est en soi suprêmement connaissable ; mais, pour nous, il se trouve qu'elle est très peu connaissable, comme il est évident par ce que dit le Philosophe en *Métaphysique,* II[189].

14. Cette autorité est exposée en deux sens dans la glose. Premièrement, on la comprend au sujet de la vision imaginaire ; et la glose interlinéaire commente : « J'ai vu le Seigneur face à face ; non que Dieu puisse être vu, mais il vit la forme en laquelle Dieu lui a parlé »[190]. Deuxièmement, on la comprend selon la manière dont la glose de Grégoire l'expose au sujet de la vision intellectuelle[191] ; non pas en sachant d'elle ce qu'elle est mais plutôt ce qu'elle n'est pas ; et Grégoire dit au même endroit : « Il vit la vérité dans le sentiment car il ne vit pas combien grande est cette vérité, dont il estime tantôt qu'elle est loin et tantôt qu'elle s'approche, parce que s'il ne l'avait pas vu en quelque manière, il n'aurait pas senti qu'il ne peut la voir », et un peu plus loin, il ajoute « la vision elle même qui s'exerce dans la contemplation n'est pas une vision solide et permanente mais quelque imitation de la vision qu'on dit être le visage de Dieu, parce qu'en effet nous reconnaissons par quelque visage, nous nommons la connaissance de Dieu, visage ».

ARTICULUS DUODECIMUS

Duodecimo quaeritur utrum Deum esse sit per se notum menti humanae sicut prima principia demonstrationis, quae non potest cogitare non esse. Et videtur quod sic : illa enim sunt nobis per se nota quorum cognitio naturaliter nobis est indita ; sed « cognitio existendi Deum naturaliter omnibus est inserta », ut Damascenus dicit ; ergo Deum esse est per se notum.

2. Praeterea, « Deus est id quo maius cogitari non potest », ut Anselmus dicit ; sed illud non potest cogitari non esse est maius quod potest cogitari non esse ; ergo Deus potest cogitari non esse.

3. Praeterea, Deus est ipsa veritas ; sed potest cogitare veritatem non esse quia, si ponitur non esse, sequitur eam esse : si enim veritas non est, verum est veritatem non esse ; non potest cogitari Deum non esse.

4. Praeterea, Deus est ipsum esse suum ; non potest cogitari quin idem de se praedicetur, ut quod homo non sit homo ; ergo non potest cogitari Deum non esse.

5. Praeterea, omnia desiderant summum bonum, ut Boetius dicit ; summum autem bonum solus Deus est ; ergo omnia desiderant Deum : sed non potest desiderari quod non cognoscitur ; ergo communis omnium conceptio Deum esse, ergo non potest cogitari non esse.

6. Praeterea, veritas prima praecellit omnem veritatem creatam ; sed aliqua veritas creata est adeo evidens quod non potest cogitari non sicut veritas huius propositionis quod affirmatio et negatio non sunt simul vera ; ergo multo minus potest cogitari veritatem increatam non esse quae Deus est.

ARTICLE 12

L'existence de Dieu est-elle connue de l'esprit humain par soi [192] ?

En douzième lieu, on se demande si l'esprit humain connaît l'existence de Dieu par soi, comme il connaît les premiers principes de la démonstration dont on ne peut pas penser qu'ils ne soient pas ; et il semble que oui.

1. Les choses dont la connaissance est naturellement induite en nous sont connues par soi. Or « la connaissance de l'existence de Dieu est mise naturellement en nous » comme le dit Damascène [193]. Donc, l'existence de Dieu est connue par soi.

2. Ensuite, « Dieu est quelque chose auprès de quoi rien de plus grand ne peut être pensé », comme dit Anselme [194]. Or ce qui ne peut pas être pensé n'être pas est beaucoup plus grand que ce qui peut être pensé n'être pas. Donc Dieu ne peut être pensé n'être pas.

3. Ensuite, Dieu est la vérité même. Mais personne ne peut penser que la vérité n'est pas ; parce que si on dit qu'elle n'est pas, il s'ensuit qu'elle est ; en effet si la vérité n'est pas, il est vrai que la vérité n'est pas. Donc personne ne peut penser que Dieu n'est pas.

4. Ensuite, Dieu est son être même. Mais il est impossible de penser que le même ne soit pas attribué à soi-même, par exemple que l'homme ne soit pas l'homme. Donc Dieu ne peut être pensé n'être pas.

5. Ensuite, tous les êtres désirent le Souverain Bien, comme le dit Boèce [195], or le Souverain Bien est seulement Dieu, donc toutes les choses désirent Dieu. Mais rien ne peut être désiré qui soit inconnu. Donc la conception commune est que Dieu est, donc il ne peut être pensé n'être pas.

6. Ensuite, la vérité première est supérieure à toute vérité créée. Mais quelque vérité créée est évidente à plus forte raison parce qu'elle ne peut être pensée n'être pas, par exemple cette proposition absolument vraie que l'affirmation et la négation ne peuvent être vraies en même temps, donc il est encore moins possible de penser que la vérité incréée, qui est Dieu, n'est pas.

7. Praeterea, verius esse habet Deus quam anima humana ; sed anima non potest se cogitare esse ; ergo multo minus potest cogitare Deum non esse.

8. Praeterea, omne quod est, prius fuit verum esse futurum ; sed veritas est ; ergo prius fuit verum eam futuram ; non autem nisi veritate ; ergo non potest cogitari quun semper veritas fuerit : Deus autem est veritas ; ergo non potest cogitari Deum non esse vel non semper fuisse.

9. Sed dicebat quod in processu huius argumenti est fallacia secundum quid et simpliciter quia veritatem futuram esse antequam esset non dicit aliquid verum simpliciter sed tantum secundum quid ; et sic non potest concludi simpliciter veritatem esse. – Sed contra, omne verum secundum quid reducitur ad aliquod verum simpliciter sicut omne imperfectum ad aliquod perfectum ; si ergo veritatem futuram esse erat verum secundum quid, oportebat aliquid esse verum simpliciter, et sic simpliciter erat verum dicere veritatem esse.

10. Praeterea, nomen Dei proprium est ‘Qui est’, ut patet Exodi III[14] ; sed non potest cogitari ens non esse ; ergo nec cogitari potest Deum non esse.

SED CONTRA est quod dicitur in Psal. « Dixit insipiens in corde suo : non est Deus ».

2. Sed dicebat quod Deum esse in habitu mentis est per se notum ; sed actu potest cogitari non esse. – Sed contra, de his quae naturali habitu cognoscuntur non potest contrarium extimari secundum interiorem rationem, sicut sunt prima principia demonstrationis ; si ergo contrarium huius quod est Deum <esse, potest> extimari in actu, Deum esse non erit per se notum in habitu.

3. Praeterea, illa quae sunt per se nota cognoscuntur sine aliqua deductione a causatis in causas : statim enim cognitis terminis cognoscuntur, ut dicitur in I Posteriorum ; sed Deum esse non cognoscimus nisi inspiciendo effectum eius, Rom. I[20] « Invisibilia Dei per ea quae facta sunt » etc. ; ergo Deum esse non est per se notum.

4. Praeterea, non potest de aliquo sciri ipsum esse nisi quid ipsum sit cognoscatur ; sed de Deo in praesenti statu scire non

7. Ensuite, Dieu possède l'être plus véritablement que l'âme humaine. Or l'âme ne peut penser qu'elle n'est pas. Donc on ne peut guère penser que Dieu n'est pas.

8. Ensuite, tout ce qui est, il fut d'abord vrai qu'il serait. Mais la vérité est, donc antérieurement il fut vrai qu'elle serait à venir. Et ceci n'a pas lieu si ce n'est par la vertu même de la vérité donc on ne peut penser que la vérité n'a pas toujours été. Or Dieu est la vérité. Donc, on ne peut penser que Dieu n'existe pas ou n'a pas toujours existé.

9. Il a été objecté que, dans cette argumentation, il y a un paralogisme selon le relatif et l'absolu, car que la vérité ait été à venir avant qu'elle ne soit ne désigne pas une certaine vérité absolue mais seulement relative. Et ainsi on ne peut conclure que la vérité soit absolument. – Mais on répondra que tout vrai relatif se ramène à un vrai absolu, comme tout être imparfait à quelque être parfait. Si donc il était vrai relativement qu'une vérité serait à venir, il fallait que quelque chose soit vrai absolument; et ainsi il était absolument vrai de dire que la vérité est.

10. Ensuite, le nom propre de Dieu est «Celui qui est», comme il est évident en *Exode,* III, 14. Mais l'être ne peut être pensé n'être pas. Donc on ne peut pas penser que Dieu n'est pas.

EN SENS CONTRAIRE:

1. Le Psaume dit: «L'insensé a dit dans son cœur: "Dieu n'est pas"».

2. On objecte que l'existence de Dieu est connue par soi en *habitus* et qu'il peut cependant être pensé en acte n'être pas. – On répond qu'on ne peut formuler un jugement contraire selon la raison intérieure au sujet des choses qui sont connues par un *habitus* naturel; comme il en est des principes de la démonstration. Donc si le contraire de cette affirmation, selon laquelle Dieu est, peut être formulé en acte, alors l'existence de Dieu ne sera pas connue par soi en *habitus.*

3. De même, les choses qui sont connues par soi sont connues sans aucune déduction des effets aux causes, mais elles sont connues dès que les termes sont connus, comme il est dit dans les *Seconds analytiques,* I[196]. Mais que Dieu soit, nous ne le savons pas si ce n'est en considérant ses effets; *Rom.,* I[20]: «Ce qu'il y a d'invisible depuis la création du monde se laisse voir au travers de ses œuvres». Donc l'existence de Dieu n'est pas connue par soi.

4. Ensuite, on ne peut savoir de quelque chose qu'il existe sans que soit connu ce qu'il est. Or concernant Dieu, dans l'état actuel, nous ne

possumus quid est ; ergo eum esse non est nobis notum, nedum sit per se notum.

5. Praeterea, Deum esse est articulus fidei ; sed articulus est quod fides suggerit et ratio contradicit ; ea autem quibus ratio contradicit non sunt per se nota ; ergo Deum esse non est per se notum.

6. Praeterea, nihil est homini certius sua fide, ut Augustinus dicit ; sed de his quae sunt fidei dubitatio potest nobis oriri ; ergo et de quibuslibet aliis, et sic cogitari potest Deum non esse.

7. Praeterea, cognitio Dei ad sapientiam pertinet ; sed non omnes habent sapientiam ; ergo non omnibus notum est Deum esse, ergo non est per se notum.

8. Praeterea, Augustinus dicit in libro De Trinitate quod « summum bonum nonnisi purgatissimis mentibus cernitur » ; sed non omnes habent purgatissimas mentes ; ergo non omnes cognoscunt summum bonum, scilicet Deum esse.

9. Praeterea, inter quaecumque distinguit ratio unum eorum potest sine altero cogitari, sicut etiam cogitare possumus Deum sine hoc quod cogitemus eum esse bonum, ut patet per Boetium in libro De hebdomadibus, sed in Deo differt essentia et esse ratione ; ergo potest cogitari eius essentia sine hoc quod cogitetur esse, et sic ut prius.

10. Praeterea, Deo idem est esse Deum quod esse iustum ; sed quidam opinantur Deum non esse iustum, qui dicunt Deo placere mala ; ergo aliqui possunt opinari Deum non esse, et sic Deum esse non est per se notum.

RESPONSIO. Dicendum quod circa hanc quaestionem invenitur triplex opinio : quidam enim ut Rabbi Moyses narrat, dixerunt quod Deum esse non est per se notum nec etiam per demonstrationem scitum sed est tantum a fide susceptum, et ad hoc dicendum induxit eos debilitas rationum quas multi inducunt ad probandum Deum esse ; alii vero dixerunt, ut Avicenna, quod Deum esse non est per se notum, est tamen per demonstrationem scitum ; alii vero, ut Anselmus, opinantur quod Deum esse sit per se notum in tantum quod nullus possit cogitare interius Deum non esse, quamvis hoc possit exterius proferre et verba quibus profert interius cogitare. Prima quidem opinio manifeste falsa apparet : invenitur enim hoc quod est

pouvons savoir ce qu'il est. Donc son être ne nous est pas connu et est encore moins connu par soi.

5. Ensuite, que Dieu soit, c'est un article de foi. Mais cet article est ce que la foi suggère et ce que la raison contredit. Mais ce à quoi la raison contredit n'est pas connu par soi. Donc, que Dieu existe n'est pas connu par soi.

6. Ensuite, rien n'est à l'homme plus certain que sa foi ; comme dit Augustin[197]. Mais concernant les choses qui relèvent de la foi, des doutes peuvent naître, de même qu'au sujet d'autres choses, donc on peut penser que Dieu n'est pas.

7. Ensuite, la connaissance de Dieu appartient à la sagesse. Mais tout le monde ne possède pas la sagesse. Donc l'existence de Dieu n'est pas connue de tous par soi, donc elle n'est pas connue par soi.

8. Ensuite, Augustin dit dans le livre de *La Trinité* : « Le bien suprême ne peut se montrer qu'à des esprits purifiés »[198]. Mais tous n'ont pas des esprits purifiés. Donc, tous ne connaissent pas le souverain bien, à savoir que Dieu existe.

9. Ensuite, de toutes les choses entre lesquelles la raison distingue, l'une d'elles peut être pensée sans l'autre, comme nous pouvons penser Dieu, sans penser pour cela qu'il est bon, comme dit Boèce dans le livre *Des Hebdomades*[199]. Mais en Dieu, l'être diffère de l'essence en raison, donc son essence peut être pensée sans que soit pensé son être, et donc il en est de même qu'auparavant.

10. Ensuite, c'est la même chose en Dieu qu'être Dieu et être juste. Mais certains pensent que Dieu n'est pas juste et ils disent qu'à Dieu plaît de mauvaises choses[200]. Donc quelques-uns peuvent penser que Dieu n'existe pas, et ainsi que Dieu existe n'est pas connu par soi.

RÉPONSE :

Relativement à cette question on trouve trois opinions. Certains en effet ont dit, comme Rabbi Moïses le rapporte, que l'existence de Dieu n'est pas connue par soi, qu'elle n'est pas non plus connue par une démonstration, mais seulement par la foi[201]. Afin de le montrer, il met en avant la faiblesse des raisonnements que beaucoup avancent pour prouver que Dieu existe. D'autres ont dit, comme Avicenne, que l'existence de Dieu n'est pas connue par soi mais est connue par démonstration[202]. Mais d'autres, comme Anselme pensent que l'existence de Dieu est connue par soi, dans la mesure où personne ne peut penser que Dieu n'est pas ; bien qu'on puisse le proférer extérieurement et penser intérieurement les paroles par lesquelles on le profère[203]. La première opinion paraît manifestement fausse. On trouve en effet que l'existence

Deum esse demonstrationibus irrefragabilibus etiam a philosophis probatum, quamvis etiam a nonnullis ad hoc ostendendum aliquae rationes frivolae inducantur; duarum vero opinionum sequentium utraque secundum aliquid vera est.

Est enim dupliciter aliquid per se notum, scilicet secundum se et quoad nos. Deum igitur esse secundum se est per se notum, non autem quoad nos; et ideo nobis necessarium est ad hoc cognoscendum demonstrationes habere ex effectibus sumptas. Et hoc quidem sic apparet. Ad hoc enim quod aliquid sit per se notum secundum se, nihil aliud requiritur nisi ut praedicatum sit de ratione subiecti: tunc enim subiectum cogitari non potest sine hoc quod praedicatum ei inesse appareat; ad hoc autem quod sit per se notum nobis, oportet quod nobis sit cognita ratio subiecti in qua includitur praedicatum. Et inde est quod quaedam per se nota sunt omnibus, quando scilicet propositiones huiusmodi habent talia subiecta quorum ratio omnibus nota est, ut omne totum maius est sua parte: quilibet enim scit quid est totum et quid est pars; quaedam vero sunt per se nota sapientibus tantum qui rationes terminorum cognoscunt, vulgo eas ignorante. Et secundum hoc Boetius in libro De hebdomadibus dicit quod «duplex est modus communium conceptionum: una est communis omnibus, ut si ab aequalibus aequalia demas», etc. «alia quae est doctiorum tantum, ut puta incorporalia in loco non esse, quae non vulgus sed docti comprobant», quia scilicet vulgi consideratio imaginationem transcendere non potest ut ad rationem rei incorporalis pertingat. Hoc autem quod est esse, in nullius creaturae ratione includitur: cuiuslibet enim creaturae esse est aliud ab eius quiditate; unde non potest dici de aliqua creatura quod eam esse sit per se notum etiam secundum se. Sed in Deo esse ipsius includitur in suae quiditatis ratione quia in eo est idem quod est et esse, ut Boetius dicit, et idem an est et quid est, ut dicit Avicenna; et ideo secundum se est per se notum. Sed quia quiditas Dei non est nobis nota, ideo quoad nos Deum esse non est nobis notum sed indiget demonstratione; sed in patria ubi essentiam eius videbimus, multo erit nobis amplius per se notum Deum esse quam nunc sit per se notum quod affirmatio et negatio non sunt simul vera.

de Dieu est prouvée par des philosophes par des arguments irréfutables ; bien que pour le montrer certains aient introduit quelques raisons frivoles. Mais les deux opinions suivantes ont l'une et l'autre quelque chose de vrai.

Quelque chose est connu par soi en deux sens, en soi et pour nous. Donc que Dieu existe est en soi connu par soi, non pour nous, et c'est pourquoi, il nous est nécessaire pour le savoir d'avoir des démonstrations à partir des effets. Et cela paraît bien ainsi. Pour que quelque chose soit en effet connu par soi, rien d'autre n'est requis sinon que le prédicat appartienne à la raison du sujet ; alors le sujet ne peut pas être pensé sans que le prédicat lui appartienne manifestement. Or pour que cela soit connu par soi, il est nécessaire que la raison du sujet, en laquelle le prédiqué est inclus, soit connue par nous ; et ensuite il faut que ce qui est connu par soi le soit pour tous, quand des propositions de cette sorte ont des sujets dont la raison est connue de tous, comme, par exemple, que le tout est plus grand que la partie, laquelle est connue par soi par quiconque en effet sait ce qu'est un tout et ce qu'est une partie. Mais certaines propositions sont connues par soi seulement pour les sages qui connaissent les définitions des termes, alors que le vulgaire les ignore. Et ainsi Boèce, dans les *Hebdomades*[204], dit que « il y a deux manière de concevoir les raisons communes. L'une est commune à tous, par exemple cette proposition : si on retranche des grandeurs égales à deux grandeurs égales elles restent égales etc. L'autre est réservée aux docteurs seulement, comme par exemple cette proposition : les choses incorporelles ne sont pas dans un lieu ; ce que le vulgaire n'approuve pas mais que les doctes approuvent ». Parce que la considération de la foule ne peut dépasser l'imagination, afin de parvenir à la raison incorporelle de la chose. Or l'être n'est inclus parfaitement en la raison d'aucune créature ; en effet l'être de quelque créature que ce soit diffère de sa quiddité ; par conséquent on ne peut dire au sujet de quelque créature que ce soit, que son existence est connue par soi et même d'après soi. Mais en Dieu, l'être même est inclus dans la raison de sa quiddité parce que, en Dieu, c'est la même chose que l'être et qu'il est, ainsi que le disent Boèce et Denys[205], et c'est la même chose de savoir s'il est et ce qu'il est, comme dit Avicenne[206], et pour cette raison, il est connu d'après soi et par soi. Mais parce que la quiddité de Dieu ne nous est pas connue, pour cette raison, l'existence de Dieu n'est pas connue par soi pour nous et a besoin d'être démontrée. Mais dans la patrie, où nous verrons son essence, il sera pour nous connu par soi que Dieu est, plus amplement encore qu'à présent il est connu par soi que l'affirmation et la négation ne sont pas vraies en même temps[207].

Quia igitur utraque pars quaestionis quantum ad aliquid vera est, ad utrasque rationes respondere oportet.

1. Ad primum igitur dicendum quod cognitio existendi Deum dicitur omnibus naturaliter insita quia omnibus naturaliter est insitum aliquid unde potest pervenire ad cognoscendum Deum esse.

2. Ad secundum dicendum quod ratio illa procederet si esset ex parte ipsius quod non est per se notum ; nunc autem quod potest cogitari non esse est ex parte nostra qui sumus deficientes ad cognoscendum ea quae sunt in se notissima. Unde hoc quod Deus potest cogitari non esse, non impedit quin etiam sit id quo malus cogitari non potest.

3. Ad tertium dicendum quod veritas supra ens fundatur ; unde sicut ens esse in communi est per se notum, ita et veritatem esse. Non est autem per se notum nobis esse aliquod primum ens quod sit causa omnis entis quousque hoc vel fides accipiat vel demonstratio probet ; unde nec est per se notum omnem veritatem ab aliqua prima veritate esse. Unde non sequitur quod Deum esse sit per se notum.

4. Ad quartum dicendum quod ratio illa procederet si hoc esset nobis per se notum quod ipsa deitas sit esse Dei ; quod quidem nunc nobis per se notum non est cum Deum per essentiam non videamus, sed indigemus ad hoc tenendum vel demonstratione vel fide.

5. Ad quintum dicendum quod summum bonum desideratur dupliciter : uno modo in sui essentia, et sic non omnia desiderant summum bonum ; alio modo in sui similitudine, et sic omnia summum bonum desiderant quia nihil est desiderabile nisi in quantum in eo aliqua similitudo summi boni invenitur. Unde ex hoc non potest haberi quod Deum esse, qui est summum bonum per essentiam, sit per se notum.

6. Ad sextum dicendum quod, quamvis veritas increata excedat omnem veritatem creatam, nihil tamen prohibet veritatem creatam esse nobis magis notam quam increatam : ea enim quae sunt minus nota in se sunt magis nota quoad nos secundum Philosophum.

7. Ad septimum dicendum quod cogitari aliquid non esse potest intelligi dupliciter : uno modo ut haec duo simul in apprehensione cadant, et sic nihil prohibet quod aliquis cogitet se non esse sicut cogitat se quandoque non fuisse ; sic autem non potest simul in apprehensione cadere aliquid esse totum et

Puisque dans l'une et l'autre opinion il y a une part de vérité, il faut répondre à l'une et à l'autre.

RÉPONSE AUX ARGUMENTS :

1. La connaissance de l'existence de Dieu est dite appartenir naturellement à tous, parce qu'en nous tous est naturellement mis quelque chose à partir de quoi on peut connaître que Dieu est.

2. Cet argument serait concluant si Dieu n'était pas connu par soi à cause de quelque chose en rapport avec lui-même. Cependant la possibilité de penser qu'il n'existe pas est à présent due à quelque chose qui vient de nous qui sommes en défaut quant à la connaissance des choses les plus connues. Par conséquent qu'on puisse penser que Dieu n'est pas n'empêche pas qu'il soit ce dont on ne peut rien concevoir de plus grand.

3. La vérité est fondée sur l'étant ; par conséquent, de même qu' il est connu par soi que l'étant est en commun, ainsi il est connu par soi que la vérité est ; mais il n'est pas connu par soi pour nous qu'il y ait un étant premier qui soit cause de tous les autres étants, ni jusqu'à quel point cela relève de la foi ou bien encore de la démonstration ; il n'est donc pas connu par soi que toute vérité découle d'une vérité première. Par conséquent il ne suit pas de là que l'existence de Dieu soit connue par soi.

4. Cette objection serait concluante s'il était connu par soi pour nous que la Déité est l'être de Dieu ; ce qui à présent ne l'est pas puisque nous ne voyons pas Dieu par essence, mais avons besoin pour le soutenir de la démonstration ou de la foi.

5. Le Souverain Bien est doublement désiré : d'une part en son essence et ainsi tous ne désirent pas le Souverain Bien, d'autre part en similitude, et ainsi tous désirent le Souverain Bien car rien n'est désirable s'il ne se trouve en lui quelque similitude du Souverain Bien ; par conséquent il n'est pas vrai que l'existence de Dieu qui est le Souverain Bien par essence soit connue par soi.

6. Quoique la vérité increée excède toute vérité créée, cependant rien n'interdit que la vérité créée nous soit plus connue que la vérité increée ; car les choses qui sont le moins connues en soi sont plus connues pour nous, selon le Philosophe[208].

7. Penser que quelque chose n'est pas peut s'entendre de deux façons. 1° De sorte que ces deux éléments tombent en même temps sous l'appréhension ; et ainsi rien n'empêche que quelqu'un pense qu'il n'est pas, comme il pense qu'autrefois il n'était pas. Mais en ce sens être un tout et être moins que sa propre partie ne peuvent advenir ensemble

minus parte quia unum eorum excludit alterum. Alio modo ita quod huic apprehensioni assensus adhibeatur, et sic nullus potest cogitare se non esse cum assensu : in hoc enim ipso quod cogitat aliquid percipit se esse.

8. Ad octavum dicendum quod id quod nunc est verum fuisse prius esse futurum non oportet nisi supposito quod aliquid tunc fuerit quando hoc dicitur fuisse futurum ; si vero ponamus per impossibile aliquando nihil fuisse, tunc tali positione facta nihil erit verum nisi materialiter tantum : materia enim veritatis non solum est esse sed etiam non esse quia de ente et de non ente contingit verum dicere ; et sic non sequitur quod tunc veritas fuerit nisi materialiter et sic secundum quid.

9. Ad nonum dicendum quod id quod est verum secundum quid reduci ad veritatem vel verum simpliciter, necessarium est supposito veritatem esse, non autem aliter.

10. Ad decimum dicendum quod, quamvis nomen Dei sit 'Qui est', non tamen hoc est per se notum nobis, unde ratio non sequitur.

1. Ad primum autem in contrarium dicendum quod Anselmus in Proslogion ita exponit quod insipiens intelligatur dixisse in corde 'non est Deus', in quantum haec verba cogitavit, non quod hoc interiori ratione cogitare potuerit.

2. Ad secundum dicendum quod eodem modo quantum ad habitum et actum Deum esse est per se notum et non per se notum.

3. Ad tertium dicendum quod hoc est ex defectu cognitionis nostrae quod Deum esse cognoscere non possumus nisi ex effectibus ; unde per hoc non excluditur quin secundum se sit per se notum.

4. Ad quartum dicendum quod ad hoc quod cognoscatur aliquid esse non oportet quod sciatur de eo quid sit per diffinitionem, sed quid significetur per nomen.

5. Ad quintum dicendum quod Deum esse non est articulus fidei sed praecedens articulum ; nisi cum hoc quod est Deum esse aliquid aliud cointelligatur, utpote quod habet unitatem essentiae cum trinitate personarum, et alia huiusmodi.

6. Ad sextum dicendum quod illa quae sunt fidei, certissime cognoscuntur secundum quod certitudo importat firmitatem adhaesionis : nulli enim credens firmius inhaeret quam his quae per fidem tenet ; non autem cognoscuntur certissime secundum quod certitudo importat quietationem intellectus in re cognita :

sous l'appréhension, parce que l'un des termes exclut l'autre. 2° De sorte que l'assentiment soit donné à cette appréhension ; et ainsi personne ne peut penser qu'il n'est pas en y donnant son assentiment ; parce qu'en effet s'il pense quelque chose il se perçoit être.

8. Lorsqu'on dit que ce qui est à présent, il a été vrai que cela serait à venir, cela n'est pas nécessaire sauf si l'on suppose que quelque chose fût quand on disait que cela serait à venir. Mais si nous posons, par impossible, qu'alors rien n'était, par une telle hypothèse, rien n'est vrai sinon seulement matériellement : car la matière de la vérité n'est pas seulement l'être mais aussi le non-être parce qu'il est donné de dire le vrai au sujet de l'existant et aussi du non-existant. Et ainsi il ne suit pas que la vérité ait été alors sinon matériellement et relativement.

9. Il est nécessaire de réduire ce qui est vrai relativement à la vérité ou au vrai absolu, si l'on suppose que la vérité existe, mais non autrement.

10. Bien que le nom de Dieu soit « Celui qui est », cela ne nous est cependant pas connu par soi, donc l'argument n'est pas concluant.

RÉPONSE AUX ARGUMENTS DE SENS CONTRAIRES :

1. Anselme expose dans le *Proslogion*[209] comment l'insensé a pu dire dans son cœur ' Dieu n'est pas ', dans la mesure où il concevait ces paroles et non parce qu'il pouvait les concevoir dans une raison intérieure.

2. Quelque chose est connu par soi ou non connu par soi de la même manière relativement à l'acte et à l'*habitus*.

3. Que nous ne puissions connaître l'existence de Dieu, si ce n'est à partir des effets, est un défaut de notre connaissance, donc il n'est pas exclu qu'elle ne soit pas, en soi, connue par soi.

4. Pour connaître que quelque chose est, il n'est pas nécessaire qu'on sache ce qu'il est par sa définition, il suffit que l'on sache ce qui est signifié par son nom.

5. L'existence de Dieu n'est pas un article de foi, mais précède l'article de foi ; car il faut que quelque chose d'autre soit co-intelligé à l'affirmation de l'existence de Dieu ; par exemple qu'il y a une unité d'essence avec trinité des personnes, et beaucoup d'autres choses encore de cette sorte.

6. Ce qui relève de la foi est connu très certainement, dans la mesure où la certitude renvoie à la fermeté de l'adhésion : aucun croyant n'adhère plus fermement qu'aux choses qu'il soutient par la foi. Mais cela n'est pas connu très certainement, dans la mesure où la certitude renvoie à la quiétude de l'intellect dans la choses connue ; le

quod enim credens assentiat his quae credit, non provenit ex hoc quod eius intellectus sit terminatus ad illa credibilia virtute aliquorum principiorum, sed ex voluntate quae inclinat intellectum ad hoc quod illis creditis assentiat; et inde est quod de his quae sunt fidei potest motus dubitationis insurgere in credente.

7. Ad septimum dicendum quod sapientia non consistit in hoc solum quod cognoscatur Deum esse, sed in hoc quod accedimus ad cognoscendum de eo quid est, quod quidem in statu viae cognoscere non possumus nisi quantum de eo cognoscimus quid non est: qui enim scit aliquid prout est ab omnibus aliis distinctum, appropinquat cognitioni qua cognoscitur quid est; et de hac etiam cognitione intelligitur auctoritas Augustini consequenter inducta.

8. Unde patet responsio ad octavum.

9. Ad nonum dicendum quod ea quae sunt ratione distincta, non semper possunt cogitari ab invicem separata esse, quamvis separatim cogitari possint: quamvis enim cogitari possit Deus sine hoc quod eius bonitas cogitetur tamen non potest cogitari quod sit Deus et non sit bonus; unde licet in Deo quod est et esse ratione distinguantur, tamen non sequitur propter hoc quod possit cogitari non esse.

10. Ad decimum dicendum quod Deus non solum cognoscitur in effectu iustitiae, sed in aliis etiam suis effectibus; unde dato quod ab aliquo non cognoscatur ut iustus, non sequitur quod nullo modo cognoscatur. Nec potest esse quod nullus eius effectus cognoscatur cum eius effectus sit ens commune quod incognitum esse non potest.

croyant accorde en effet son assentiment aux choses auxquelles il croit, et il ne découle pas de là que son intellect trouve son terme en ces choses crédibles par la vertu de quelques principes ; mais c'est plutôt par la vertu de la volonté qui incline l'intellect à donner son assentiment aux choses auxquelles on croit. Et ici il est possible qu'un mouvement de doute s'élève dans les choses qui relèvent de la foi.

7. La sagesse ne consiste pas seulement à savoir que Dieu est, mais aussi à accéder à la connaissance de ce qu'il est ; ce qui pour notre part n'est pas possible ici-bas si ce n'est pour autant que nous savons de lui ce qu'il n'est pas. Et celui qui connaît en effet quelque chose, en tant que distinct de toutes les autres choses, approche en cela de la connaissance par laquelle on connaît ce que ce quelque chose est ; et on doit comprendre aussi en la rapportant à cette connaissance, l'autorité d'Augustin généralement citée[210].

8. D'après ceci la réponse est évidente.

9. Les choses qui sont distinguées par la raison, ne peuvent pas toujours être pensées comme séparées l'une de l'autre, bien qu'elles puissent être pensées séparément. Bien que Dieu puisse être pensé sans qu'on pense à sa bonté, cependant on ne peut penser que dieu est et qu'il n'est pas bon ; par conséquent même s'il est permis qu'en Dieu on distingue par la raison l'être et qu'il est, cependant il ne suit pas de là qu'on puisse penser qu'il n'est pas.

10. Dieu n'est pas seulement connu dans l'effet de justice, mais aussi en ses autres effets ; et que quelqu'un ne le connaisse pas comme juste n'implique pas qu'il ne le connaisse pas d'une autre façon. Il est en effet impossible qu'aucun de ses effets ne soient connus, puisque son effet est l'être commun qui ne peut être inconnu.

ARTICULUS TERTIUS DECIMUS

Tertio decimo quaeritur utrum per naturalem rationem possit cognosci trinitas personarum. Et videtur quod sic per id quod dicitur Rom. I[20] «Invisibilia Dei per ea quae facta sunt» etc.; glosa autem invisibilia refert ad personam Patris, sempiternam virtutem ad personam Filii, divinitatem ad personam Spiritus Sancti; ergo per naturalem rationem ex creaturis possumus in Trinitatis cognitionem devenire.

2. Praeterea, naturali cognitione cognoscitur quod in Deo est perfectissima potentia et quod in eo est totius potentiae origo; ergo oportet ei primam potentiam attribuere; prima autem potentia est potentia generativa; ergo secundum rationem naturalem scire possumus quod in Deo sit generativa potentia: sed posita generativa potentia in divinis de necessitate sequitur distinctio personarum; ergo naturali ratione distinctionem personarum cognoscere possumus. – Quod autem potentia generativa sit prima potentia, sic probabat: secundum ordinem operationum est ordo potentiarum; sed inter omnes operationes prima est intelligere quia agens per intellectum probatur esse primum, et in eo intelligere secundum modum intelligendi est prius quam velle et agere; ergo potentia intellectiva est prima potentiarum; sed potentia intellectiva est potentia generativa quia omnis intelligens gignit notitiam suam in se ipso; ergo potentia generativa est prima potentiarum.

3. Praeterea, omne aequivocum reducitur ad univocum sicut omnis multitudo ad unitatem; sed processio creaturarum a Deo est processio aequivoca cum creaturae non communicent cum Deo in nomine et ratione; ergo oportet ponere per naturalem rationem praeexistere in Deo processionem univocam

ARTICLE 13

La Trinité des personnes peut-elle être connue par la raison naturelle[211] ?

En treizième lieu, on se demande si la Trinité des personnes peut être connue par la raison naturelle. Et il semble que oui.

1. Car il est dit en *Romains,* I, 20 : « L'invisibilité de Dieu par lesquelles toutes les choses ont été faites » etc., et la glose ajoute : « L'invisibilité est rapportée à la personne du Père ; l'éternité à la personne du Fils ; la divinité à la personne de l'Esprit Saint »[212]. Donc, nous pouvons parvenir à la connaissance de la Trinité par la raison naturelle.

2. Ensuite, on sait par la connaissance naturelle que se trouve en Dieu la puissance la plus parfaite, et l'origine de toute puissance. Donc il est nécessaire de lui attribuer la puissance première. Mais la puissance première est la puissance générative. Donc selon la raison naturelle, nous pouvons savoir qu'en Dieu se trouve la puissance générative. Mais celle-ci étant posée dans la Divinité, la distinction des personnes suit nécessairement. Nous pouvons donc connaître la distinction des personnes par la connaissance naturelle. Et que la puissance générative soit la première puissance, cela est prouvé ainsi. L'ordre des puissances suit ainsi l'ordre des opérations. Mais entre toutes les opérations, la première consiste à intelliger, parce qu'il est prouvé que l'agent intellectuel est premier, car en lui intelliger sur le mode de l'intellection, est antérieur au vouloir et à l'agir. Donc la puissance intellective est la première de toutes les puissances. Mais la puissance intellective est aussi puissance générative, parce que tout être qui intellige engendre en soi-même sa connaissance. Donc, la puissance générative est la première parmi les puissances.

3. Ensuite, l'équivoque se réduit à l'univoque, comme la multitude à l'unité. Mais la procession des créatures à partir de Dieu est une procession équivoque, car les créatures sont sans commune mesure avec Dieu, en nom comme en raison. Donc il est nécessaire de poser par la raison naturelle que la procession univoque préexiste en Dieu,

secundum quam Deus a Deo procedat, qua posita sequitur personarum distinctio in divinis.

4. Praeterea, quaedam glosa super Apocalypsim dicit quod nulla secta fuit quae circa personam Patris erraverit ; sed maximus esset error circa personam Patris quod poneretur Filium non habere ; ergo etiam secta philosophorum, qui naturali ratione Deum cognoverunt, posuit Patrem et Filium in divinis.

5. Praeterea, sicut dicit Boetius in sua Arithmetica, omnem inaequalitatem praecedit aequalitas ; sed inter creaturam et Creatorem est inaequalitas ; ergo ante hanc inaequalitatem oportet aliquam aequalitatem ponere in Deo ; sed non potest ibi esse aequalitas nisi sit ibi distinctio quia nihil est sibi ipsi aequale sicut nec simile, ut Hilarius dicit ; ergo oportet ponere distinctionem personarum in divinis secundum naturalem rationem.

6. Praeterea, naturalis ratio ad hoc pervenit quod in Deo sit summa iocunditas ; sed « nullius boni sine socio est iocunda possessio », ut Boetius dicit ; ergo naturali ratione sciri potest quod in Deo sunt personae distinctae ex quorum consortio est in eis iocunda possessio bonitatis.

7. Praeterea, naturalis ratio in Creatorem pervenit ex similitudine creaturae ; sed in creatura invenitur similitudo Creatoris non solum quantum ad essentialia attributa sed etiam quantum ad propria personarum ; ergo naturali ratione possumus in personarum propria devenire.

8. Praeterea, philosophi non habuerunt cognitionem de Deo nisi per naturalem rationem ; sed aliqui philosophi pervenerunt ad cognitionem Trinitatis, unde dicitur in I Caeli et mundi « Et per hunc quidem numerum, scilicet ternarium, adhibuimus nos ipsos magnificare creatorem » ; ergo etc.

9. Praeterea, Augustinus narrat in X De civitate Dei quod Porphyrius philosophus posuit Deum Patrem et Filium ab eo genitum ; in libro etiam Confessionum dicit quod in quibusdam libris Platonis invenit hoc, quod scriptum est in principio Evangelii Iohannis, « In principio erat Verbum » etc. usque « Verbum caro factum est » exclusive, in quibus verbis manifeste ostenditur distinctio personarum ; ergo naturali ratione potest quis pervenire in cognitionem Trinitatis.

10. Praeterea, naturali ratione etiam philosophi concessissent quod Deus potest aliquid dicere ; sed ad dicere in divinis

par laquelle Dieu procède de Dieu : cela étant posé, la procession des personnes dans les choses divines suit logiquement.

4. Ensuite, une glose sur l'*Apocalypse* [213] dit qu'aucune école de pensée ne s'est trompée sur la personne du Père, mais l'erreur la plus grande concernant la personne du Père serait de poser qu'il n'a pas de Fils. Et donc même la secte des philosophes qui connurent Dieu par une connaissance naturelle posa le Père et le Fils dans la Divinité.

5. Ensuite, Boèce, dans ses *Arithmétiques* [214], dit que l'égalité précède toute inégalité. Mais entre le créateur et la créature il y a inégalité. Donc avant cette inégalité il faut poser l'égalité en Dieu. Mais il n'y a pas d'égalité s'il n'y a pas ici de distinction : parce que rien n'est égal à soi-même, comme rien n'est semblable à soi-même, comme dit Hilaire [215]. Donc, il faut poser la distinction des personnes dans la divinité selon la raison naturelle.

6. Ensuite, la raison naturelle parvient à cette vérité que la joie suprême se trouve en Dieu. « Mais la joie suprême n'appartient à aucun bien sans partage commun » comme le dit Boèce [216]. Donc, on peut connaître par la raison naturelle qu'il y a des personnes distinctes, et qu'en raison de leur communauté, il y a entre elles une possession joyeuse du bien.

7. Ensuite, la raison naturelle parvient au Créateur à partir de la similitude de la créature. Mais dans la créature on trouve une similitude du Créateur non seulement par rapport aux attributs essentiels, mais aussi par rapport aux propres des personnes. Donc, on peut parvenir aux propres des personnes par la raison naturelle.

8. Ensuite, les philosophes n'eurent pas de connaissance de Dieu sinon par la raison naturelle. Mais quelques philosophes sont parvenus à la connaissance de la Trinité ; d'où il est dit dans *Du ciel :* « Par ce nombre, à savoir trois, nous nous appliquons à magnifier le Créateur » [217]. Donc etc.

9. Ensuite, Augustin dit dans *La Cité de Dieu,* L. X, que le philosophe Porphyre posait Dieu le Père et son Fils engendré par Lui [218] ; et dans le livre des *Confessions* qu'on trouve dans certains ouvrages de Platon ce qui est dit dans le *Prologue de l'Evangile de Saint Jean* : « Au commencement était le Verbe » jusqu'à « Et le Verbe s'est fait chair » [219], et par ces seules paroles, la distinction des personnes est clairement manifestée. Donc on peut parvenir à la connaissance de la Trinité par la raison naturelle.

10. Ensuite, les philosophes tombèrent d'accord par la raison naturelle que Dieu peut dire quelque chose. Mais dans la Divinité, de l'acte de dire quelque chose, découle l'émission du Verbe et la

sequitu Verbi emissio et personarum distinctio ; ergo trinitas personarum ratione naturali cognosci potest.

SED CONTRA est quod dicitur Hebr. XI[1] « Fides est substantia sperandarum rerum, argumentum non apparentum » ; ea vero quae naturali ratione cognoscuntur sunt apparentia ergo cum trinitas personarurn ad articulos fidei pertineat, videtur quod naturali ratione cognosci non possit.

2. Praeterea, Gregorius dicit « Fides non habet meritum cui humana ratio praebet experimentum » ; sed in fide Trinitatis praecipue meritum nostrae fidei consistit ; ergo hoc non potest cognosci naturali ratione.

RESPONSIO. Dicendum quod trinitas personarum dupliciter cognoscitur : uno modo quantum ad propria quibus personae distinguuntur, et his cognitis vere Trinitas cognoscitur in divinis. Alio modo per essentialia quae personis approprianter, sicut potentia Patri, sapientia Filio, bonitas Spiritui Sancto ; sed per talia Trinitas perfecte cognosci non potest quia etiam Trinitate remota per intellectum ista remanent in divinis, sed Trinitate supposita huiusmodi attributa propter aliquam similitudinem ad propria personarum appropriantur personis.

Haec autem personis appropriata naturali ratione cognosci possunt, propria vero personarum nequaquam. Cuius ratio est quia ab agente non potest aliqua actio progredi ad quam se eius instrumenta extendere non possunt, sicut ars fabrilis non potest aedificare quia ad hunc effectum non se extendunt fabrilia instrumenta. Prima autem principia demonstrationis, ut Commentator dicit in III De anima, sunt in nobis quasi instrumenta intellectus gentis cuius lumine in nobis viget ratio naturalis ; unde ad nullius cognitionem nostra naturalis ratio potest pertingere ad quod se prima principia non extendant. Primorum autem principiorum cognitio a sensibilibus ortum sumit, patet per Philosophum in II Posteriorum ; ex sensibilibus autem non potest perveniri ad cognoscendum propria personarum sicut ex effectibus devenitur in causas, quia omne id quod rationem causalitatis in divinis habet ad essentiam

distinction des personnes. Donc la Trinité des personnes peut être connue par la raison naturelle.

EN SENS CONTRAIRE :

1. Il est dit en *Hébreux,* XI[1] : « Or la foi est la garantie des biens que l'on espère, la preuve des réalités qu'on ne voit pas ». Mais les choses qui sont connues par la raison naturelle sont apparentes. Donc comme la Trinité des personnes appartient aux articles de foi, il semble qu'elle ne puisse être connue par la raison naturelle.

2. De même Grégoire dit : « La foi n'a pas de mérite si ce qu'elle croit, la raison humaine le prouve par expérience »[220]. Et le mérite de notre foi consiste principalement en la foi en la Trinité. Donc, elle ne peut être connue par la raison naturelle.

RÉPONSE :

La Trinité des personnes peut être connue de deux façons, d'une première façon par rapport aux propres par lesquels les personnes sont distinguées, et si ceux-ci sont connus, alors la Trinité des personnes est vraiment connue dans la Divinité ; d'une autre façon par les attributs essentiels qui sont appropriés aux personnes, comme la puissance au Père, la sagesse au Fils, la bonté à l'Esprit Saint. Mais la Trinité ne peut être connue parfaitement par de tels attributs, parce que, si l'on supprime par l'intellect la Trinité, ces attributs subsistent dans la Divinité ; mais la Trinité étant admise, ces attributs sont alors appropriés aux personnes par le biais de quelque similitude.

Ces attributs appropriés aux personnes peuvent ainsi être connus par la raison naturelle mais les propres des personnes eux-mêmes ne le peuvent pas du tout. Parce qu'aucune action provenant de l'agent ne peut aller jusqu'où ses instruments ne peuvent s'étendre, comme la technique du forgeron ne peut bâtir parce que les instruments de forge ne s'étendent pas à cet effet. Comme le dit le Commentateur, au livre III du traité *De l'âme*[221], les premiers principes de la démonstration sont en nous comme les instruments de l'intellect agent, dont la lumière fortifie la raison naturelle. Par conséquent notre raison naturelle ne peut atteindre la connaissance de ce à quoi ses premiers principes ne s'étendent pas. Or la connaissance des premiers principes a pour origine les sensibles, comme il est évident au regard de ce que dit le Philosophe dans les *Seconds Analytiques,* II[222]. Or il n'est pas possible de parvenir à connaître les propres des personnes à partir des sensibles, comme des effets on remonte aux causes, parce que tout ce qui dans la Divinité possède un pouvoir causant appartient à l'essence,

pertinet, cum Deus per essentiam suam sit causa rerum; propria autem personarum sunt relationes quibus personae non ad creaturas sed ad invicem referuntur: unde naturali ratione in propria personarum devenire non possumus.

1. Ad primum ergo dicendum quod expositio illa glosae sumitur secundum appropriata personis, non secundum propria personarum.

2. Ad secundum dicendum quod potentiam intellectivam esse primam potentiarum satis naturali ratione constare potest, non autem hanc intellectivam potentiam esse potentiam generativam: cum enim in Deo sit idem intelligens, intelligere et intellectum, naturalis ratio non cogit ponere quod Deus intelligendo aliquid gignat a se distinctum.

3. Ad tertium dicendum quod omnis multitudo praesupponit aliquam unitatem et aequivocatio omnis univocationem; non tamen omnis aequivoca generatio praesupponit generationem univocam, sed magis est e converso sequendo rationem naturalem: causae enim aequivocae sunt per se causae speciei unde in totam speciem causalitatem habent, causae vero univocae non sunt causae speciei per se sed in hoc vel in illo; unde nulla causa univoca habet causalitatem respectu totius speciei, alias aliquid esset causa sui ipsius, quod esse non potest, et ideo ratio non sequitur.

4. Ad quartum dicendum quod glosa illa intelligitur de sectis haereticorum qui ex Ecclesia prodierunt; unde in eis non includuntur sectae gentilium.

5. Ad quintum dicendum quod etiam non supposita personarum distinctione possumus ponere aequalitatem in divinis secundum quod eius bonitatem sapientiae suae aequalem dicimus.—Vel dicendum quod in aequalitate duo considerantur, scilicet aequalitatis causa et aequalitatis supposita. Causa aequalitatis est unitas, aliarum vero proportionum aliquis numerus; unde hoc modo ex parte ista aequalitas inaequalitatem praecedit, sicut unitas numerum. Sed supposita aequalitatis sunt multa, et haec non praesupponuntur ad supposita inaequalitatis; alias oporteret ante omnem unitatem dualitatem praecedere quia in dualitate primo invenitur aequalitas, inter unitatem vero et dualitatem est inaequalitas.

6. Ad sextum dicendum quod verbum Boetii est intelligendum de illis quae non habent in se perfectam bonitatem, sed unum indiget adminiculo alterius, unde iocunditas non

puisque Dieu par son essence est cause des choses. Les propres des personnes sont les relations, par lesquelles les personnes se rapportent non pas aux créatures mais l'une à l'autre. Donc par la raison naturelle nous ne pouvons parvenir à la connaissance des propres des personnes[223].

RÉPONSE AUX OBJECTIONS :

1. L'exposition de cette glose est prise par rapport aux attributs appropriés aux personnes et non selon ses propres.

2. La puissance intellective est la première des puissances et la raison naturelle peut suffire à la contempler ; mais cette puissance intellective n'est pas générative. Puisqu'en effet en Dieu c'est la même chose qu'être intelligent, intelliger et être intelligé, la raison naturelle ne parvient pas à conclure que Dieu en intelligeant engendre quelque chose distinct par soi.

3. Toute multitude suppose quelque unité, et toute équivoque l'univoque, cependant toute génération équivoque ne présuppose pas de génération univoque, ou plutôt en sens inverse, en suivant par là la raison naturelle ; les causes équivoques sont en effet par soi causes de la *species,* donc elles sont causes de toute la *species,* alors que les causes univoques ne sont pas causes de la *species* par soi, mais en ceci ou en cela, par conséquent aucune cause univoque n'est cause de toute la *species ;* autrement quelque chose serait cause de soi-même, ce qui ne peut être ; et pour cette raison l'objection n'est pas concluante.

4. Cette glose concerne les sectes hérétiques qui sont sorties de l'Église et par conséquent les sectes des Gentils ne sont pas concernées.

5. Même si nous ne supposons pas la distinction des personnes, nous pouvons affirmer l'égalité dans la divinité en tant que nous disons que sa bonté égale sa sagesse. Ou plutôt il faut répondre que dans l'égalité deux choses sont considérées, à savoir la cause de l'égalité et les sujets de l'égalité. La cause de l'égalité est l'unité tandis que la cause des autres proportions est un certain nombre. Par conséquent l'égalité précède ainsi l'inégalité, comme l'unité le nombre. Mais les sujets de l'égalité sont nombreux et ces sujets ne sont pas présupposés par les sujets de l'inégalité ; autrement, il serait nécessaire que toute unité précède la dualité ; parce que l'égalité se rencontre premièrement dans la dualité, mais qu'entre l'unité et la dualité il y a inégalité.

6. Les formules de Boèce doivent être comprises en tant qu'elles concernent ceux qui n'ont pas en eux la bonté parfaite, et l'un manque alors du secours de l'autre, et la joie n'est pas complète sans partage

perficitur sine socio ; sed ipse Deus in se habet plenitudinem bonitatis, unde ad eius iocunditatem plenam non oportet ponere consortium.

7. Ad septimum dicendum quod, quamvis in creaturis inveniantur aliqua similia personarum quantum ad propria, non tamen ex illis similitudinibus potest concludi ita esse in divinis quia ea quae in creaturis inveniuntur distincta in Creatore inveniuntur sine distinctione.

8. Ad octavum dicendum quod Aristotiles non intellexit ponere numerum ternarium in Deo, sed ostendere perfectionem ternarii numeri ex hoc quod antiqui in sacrificiis et orationibus numerum ternarium observabant.

9. Ad nonum dicendum quod verba illorum philosophorum intelliguntur quantum ad appropriata personarum et non quantum ad propria.

10. Ad decimum dicendum quod philosophus ratione naturali numquam concederet Deum dicere secundum quod dicere importat distinctionem personarum, sed solum secundum quod essentialiter dicitur.

commun. Mais Dieu possède en lui la plénitude de la bonté, par conséquent il n'est pas nécessaire à la plénitude de sa joie de supposer quelque partage commun.

7. Bien qu'on trouve dans les créatures quelques similitudes avec les personnes par rapport aux propres, cependant on ne peut conclure à partir de ces similitudes qu'il en est de même dans la divinité ; parce que les choses qui se rencontrent dans les créatures avec distinction sont trouvées sans distinction en Dieu.

8. Aristote n'entendait pas poser le nombre trois en Dieu, mais voulait montrer la perfection du nombre trois parce que les Anciens observaient la triade dans les sacrifices et les discours.

9. Ces mots du Philosophe relèvent des attributs appropriés aux personnes et non des propres.

10. Les philosophes n'ont jamais considéré par la raison naturelle que Dieu parle au sens où dire implique une distinction de personnes ; mais seulement pour autant que cela s'applique essentiellement à Dieu.

NOTES

ARTICLE 1

1. Lieu parallèle : *Summa theologiae (S. th.),* I, qu. 79, art. 1 ; qu. 93, art. 7, art. 3. La réponse de la qu. 79 de la *Somme* est plus simple que celle de notre texte. Elle insiste sur l'idée qu'en Dieu seul, penser et être sont une seule et même chose, et donc qu'en lui seul, l'intelligence est son essence. En effet, Dieu seul est acte d'être, de sorte que son opération est son acte d'être. Dans la créature, l'essence n'est pas l'existence, et les opérations n'ont pas pour principes immédiats l'essence de l'âme, mais les puissances.

Pour une saisie plus précise de la question, le lecteur peut consulter le *De anima* d'Albert le Grand, où ce dernier construit l'étymologie *mens / mensurare.* Il convient aussi de connaître les développements augustiniens sur les trinités de l'âme dans le *De Trinitate,* et particulièrement les livres IX-XIV, car Thomas déplace ces textes pour que la noétique aristotélicienne, telle qu'elle est formulée dans le traité *De l'âme,* soit compatible avec eux. Thomas s'affronte à la tradition des commentaires du traité *De l'âme,* et particulièrement au *De anima* d'Avicenne, qu'il convient aussi de consulter, tout particulièrement la cinquième partie.

2. Augustin, *De Trin.,* IX, II, 2. Nous reprenons la traduction, de P. Agaësse, S.J., et J. Moingt, S.J., dans le texte des éditions de la Bibliothèque Augustinienne. Nous citons les textes d'Augustin dans cette même édition.

Augustin considère que c'est par l'âme, qu'il identifie à l'esprit, que l'homme accomplit en lui l'image de Dieu. Ainsi, en toute âme, la présence de soi à soi est inaliénablement connaissance de soi et amour de soi, puisque toute connaissance suppose l'amour de ce qu'on connaît et recherche. La connaissance sensible n'a besoin des sens qu'à titre d'occasion du ressouvenir, selon la formule platonicienne de la connaissance qu'il adopte au fondement de sa noétique, et le corps est donc écarté de toute participation à l'image trinitaire.

3. Aristote, *De l'âme,* I, 5, 411b 20. Voir aussi II, 2 et 3, 414 a 30 – 414 b 5.

4. Augustin, *De Trin.,* IX, XI.

5. Augustin, *De civitate Dei,* XI, 26. « Image de la Trinité dans les trois certitudes immédiates de l'esprit. En effet nous sommes, et nous savons que nous sommes, et cet être et cette connaissance, nous les aimons. Et dans ces trois choses que je viens de dire, aucune fausse vraisemblance ne nous abuse ». Dans le livre XI consacré aux anges, Augustin restitue la hiérarchie des êtres et la division entre les bons et les mauvais anges qui sont la cause du mal. Dieu est cause du monde par sa bonté et Augustin s'oppose aux Manichéens ainsi qu'à Origène. La création est l'œuvre de la Trinité et l'esprit est, par excellence, à l'image de la Trinité. On trouve

dans ce passage les deux premières images augustiniennes de la Trinité dans l'âme, d'abord celle constituée par les termes *mens, notitia, amor,* puis celle que définissent les mots, *intelligentia, memoria, voluntas.*

6. Augustin, *De Trinitate,* IX, XII, 18 : «Et voilà une image de la Trinité : l'âme, sa connaissance qui est son produit et son verbe engendré d'elle même, et en troisième lieu, l'amour : ces trois réalités ne font qu'un, ne sont qu'une seule substance». L'application à l'âme du schème trinitaire implique que l'esprit, la connaissance et l'amour soient une seule et même essence, ou substance, malgré la diversité des puissances ou des opérations, tout comme la diversité des Personnes fait l'unité de Dieu.

7. Denys l'Aréopagite, *Les Noms divins,* chap. VII (PG 3 : 867) et au § 2, dans la traduction des *Œuvres complètes du Pseudo-Denys l'aréopagite,* par M. de Gandillac, Aubier : «C'est d'elle < de la Sagesse divine > que les puissances angéliques, intelligibles et intelligentes, reçoivent leurs simples et bienheureuses intellections, car elles ne tirent point leurs connaissances d'une analyse d'éléments, de sensations ni de raisons discursives... Purifiées de toute matérialité, c'est de façon intellectuelle, immatérielle, unitive, qu'elles saisissent par intuition les intelligibles divins». Il les nomme essence car leur puissance propre est de recevoir les intelligibles divins. Cf. aussi *De caelesti hierarchia,* II (PG 3 : 138), et VIII (PG 3 : 238). Les anges bénéficient premièrement des illuminations divines car ils sont, de par leur immatérialité, les plus semblables à la Déité. Sur l'importance des schèmes dionysiens dans le *De mente,* voir notre Postface.

8. Augustin, *De Trinitate,* X, XI.

9. Avicenne, *De anima,* V, 6. La position d'Avicenne est spiritualiste, l'âme humaine est un principe immatériel uni à l'organisme corporel et se servant de lui. Le célèbre argument de l'homme volant qu'on trouve, entre autres, au chapitre 7 du même livre V, montre un homme, créé brusquement à l'âge adulte et se trouvant dans un espace absolument vide; cet homme n'aurait aucune impression sensible, et sans avoir conscience de ses membres corporels, possèderait néanmoins la connaissance qu'il existe. L'esprit est la conscience de soi, immédiate et immatérielle, qui est l'essence même de l'âme, et ainsi toute puissance, celle de percevoir par exemple, est une propriété qui se surajoute extérieurement au principe essentiellement spirituel.

10. Alcher de Clairvaux (Pseudo-Augustin), *De spiritu et anima,* XLIV (PL 40 : 812). Le *De spiritu et anima* est une recension de lectures des œuvres d'Augustin, Boèce, Cassiodore, Bède, Alcuin, Hugues de Saint-Victor. Déjà les médiévaux avaient mis en question la paternité d'Augustin pour cet ouvrage, la tradition plus tardive a vu dans son auteur Alcher de Clairvaux, tandis que les exégètes actuels s'éloignent de cette hypothèse. Gaetano Raciti par exemple exclut la paternité d'Alcher et suggère, sans preuves définitives, le personnage de Pierre Comestor, chancelier à Paris († 1179), cf. G. Raciti, *L'autore del De spiritu et anima,* RFNS, 53, 1961, 385-401.

11. Augustin, *De Trinitate,* XII, IV : «... c'est à cette seule zone de l'âme de qui relève la contemplation des réalités éternelles que nous trouvons non seulement une trinité, mais l'image de Dieu; quant à cette zone de l'âme déléguée à l'activité sur le temporel, on peut sans doute y découvrir une trinité, mais cette trinité n'est pas image de Dieu». Voir aussi, au livre XII, les chap. I, IV, XII.

12. *Ibid.,* L. XII, chap. III-IV.

13. *Ibid.*, XII, IV, 7 et XII, VII, 10: «C'est ce que nous avons dit de l'âme humaine: lorsqu'elle se livre toute à la contemplation de la vérité, elle est image de Dieu; mais lorsque quelque chose d'elle se détache du fait qu'une partie de l'attention s'applique à agir sur le temporel, l'âme, en cette part d'elle-même qui voit et consulte la vérité, reste néanmoins image de Dieu; mais en cette part qui s'applique à une action sur les réalités inférieures, elle n'est pas image de Dieu».

14. *Mens / meminisse* est juste d'un point de vue étymologique. Concernant la stratégie des étymologies, voir Postface.

15. Aristote, *Métaphysique*, Λ, I, 1, 1052b 24-34: «De là vient que, dans les autres catégories aussi, on donne le nom de mesure à ce par quoi primitivement chaque chose est connue, et que la mesure des divers genres d'êtres est une unité...»

16. Denys l'Aréopagite, *La Hiérarchie céleste*, XI (PG 3: 284): «Nous affirmons pourtant qu'en usant pour désigner toutes les essences du nom commun de *puissances* nous n'introduisons pour autant aucune confusion dans les propriétés de chaque ordre...». Denys justifie l'appellation de «puissances célestes» à toutes les essences angéliques, en raison de l'ordre de participation à l'illumination divine. Même l'ordre des *puissances*, qui est le dernier de tous les ordres, participe à l'illumination des essences supérieures.

17. Aristote, *De caelo*, I, 11 (218 a 13).

18. Thomas reprend l'essentiel du traité *De l'âme*, II, 2, 3.

19. Augustin, *De Trinitate*, IX, XII.

20. *Ibid.*, X, XI, cité dans le cinquième argument de cet article.

21. *Ibid.*

22. Aristote, *Métaphysique*, H, 2 (1043 a 11). On peut préciser le sens de ce qui est allégué par Thomas dans cette référence, cf. Z, 15: «Et la raison pour laquelle des substances sensibles individuelles il n'y a ni définition ni démonstration, c'est que ces substances ont une matière dont la nature est de pouvoir et être et n'être pas... il est évident que des substances sensibles individuelles il ne saurait y avoir ni définition ni démonstration». Selon Aristote les réalités singulières ne sont connaissables qu'au travers des principes métaphysiques: acte / puissance, forme / matière, donc si l'essence n'est pas connaissable, ses actes sont visibles, et ils indiquent ses puissances. On connaît l'essence par le biais des accidents, ou des flexions de l'être, qui manifestent qu'une substance est susceptible d'agir d'une certaine manière qui lui est propre.

ARTICLE 2

23. Lieux parallèles: *De ver.*, XIX, I; *Super Sent.*, I, dist. 3, qu. 4, art. 1; IV, dist. 44, qu. 3, art. 3, sol. 2, ad. 4; dist. 50, qu. 1, art. 2; *Quodl.*, III, 9, 21; XII, 9, 12; *C. Gent.*, II, 74; *S. th.*, I, qu. 79, art. 6; I-II, qu. 67, art. 2; *In de memor. et remin.*, 2.

Le chapitre de la *Somme contre les Gentils* expose la position avicennienne: les formes intelligibles ne sont pas conservées dans l'intellect possible. Cette position est comparée à celle d'Aristote, et elle est réfutée à partir de sa noétique.

L'article de la *Somme théologique* effectue aussi une mise au point par rapport à Avicenne. Pour Avicenne, chaque âme a un intellect qui lui est propre, c'est l'aptitude à recevoir les formes intelligibles dépouillées de toute matière. Au premier degré, cet intellect est nu et vide. Au second degré, cet intellect est déjà pourvu d'image, il n'est plus totalement en puissance. Au troisième degré, il se tourne vers l'intellect agent séparé pour recevoir les formes intelligibles qui correspondent à ses images sensibles, il est alors en acte. La répétition de cet effort lui donne une certaine facilité pour se tourner vers l'intellect agent. Pour Avicenne, l'intellect possible ne peut retenir l'impression des choses, puisqu'il ne retient que l'activité abstraite de se tourner vers l'intellect agent. Thomas s'oppose à cette noétique et il prend position contre la thèse averroïste de l'existence d'un Intellect Agent séparé que semble, pour lui, favoriser Avicenne, mais dans notre texte, son but est de faire de la mémoire une faculté qui s'identifie à l'intellect possible.

24. Augustin, *De Trinitate*, XII, II, 2: «Les animaux peuvent, eux aussi, à l'aide des sens, percevoir les corps extérieurs, en rappeler le souvenir fixé dans leur mémoire, désirer ceux d'entre eux qui leur sont utiles, fuir ce qui leur nuisent». Nous avons la mémoire sensible en commun avec les bêtes, mais l'esprit qui est en nous à l'image et à la ressemblance de Dieu, n'est pas commun avec les bêtes. Cf. XII, XI, 16: «... alors que son honneur est d'être image de Dieu, son déshonneur est d'être image de la bête: "Constitué dans la noblesse, l'homme n'a pas compris: il s'est assimilé aux animaux sans raison et leur est devenu semblable" (Ps., XLVIII, 13)». Thomas utilise une partie de la thèse d'Augustin, puisqu'il parle ici seulement de la mémoire sensible. Il usera dans le deuxième argument de sens contraire de ce qui constitue le complément indispensable de cette thèse. à savoir l'existence d'une mémoire intellectuelle qui est l'esprit lui-même, pris dans l'illumination des vérités d'ordre intelligible. Cette répartition montre la partialité qui, selon Thomas, affecte l'autorité d'Augustin : penser une mémoire sensible et une mémoire intellectuelle, tout en faisant de cette dernière l'esprit, et l'essence, de l'âme humaine, c'est couper l'homme en deux. La noétique thomasienne s'efforce de trouver une continuité entre ces deux aspects de l'homme et il propose en ce sens de nommer l'esprit non plus « essence », mais « puissance ».

25. Augustin, *Confessions,* X, 25.

26. Aristote, *De memoria et reminiscentia,* I, (415 a 17).

27. Cicéron, *Brutus,* I, 2; *De inventione.*

28. Thomas montre que la mémoire, si on la réduit à la mémoire sensible, ne peut être dans l'esprit qui est purement immatériel.

29. Aristote, *De l'âme,* III, 4 (429 a 27).

30. Augustin, *De Trinitate,* XIV, XI.

31. Virgile, *Enéide,* III, 628-29. Cf. le commentaire d'Augustin, *De Trinitate,* XIV, XI, 14: «Quand Virgile dit qu'Ulysse n'oublia pas qui il était, qu'a-t-il voulu dire, sinon qu'Ulysse se souvînt de lui même? Donc puisqu'il était présent à soi, il n'aurait pu en aucune façon se souvenir de soi, si la mémoire ne pouvait porter sur le présent. Voilà pourquoi, de même qu'à propos d'événements passés on appelle mémoire le pouvoir de se les rappeler et de les évoquer par le souvenir, de même, quand il s'agit de cette présence de l'âme elle-même, on peut sans absurdité appeler mémoire la faculté qui permet à l'âme d'être présente à elle même».

32. Aristote, *De l'âme,* III, 6 (430 a 30 sq. et 430 b 14).

33. Cicéron, *Brutus,* I, 2.

34. Aristote, *De memoria et reminiscentia,* I, (451 a 17)

35. Augustin, *De Trinitate,* XIV, 6 ; 8 ; 10.

36. La mémoire – une mémoire qui n'est pas sensible, mais intellectuelle – peut donc être étendue à toute connaissance, au sens où la mémoire de soi, le *Je pense,* doit toujours pouvoir accompagner toutes mes représentations. Dans ces conditions, connaissant l'objet, j'ai une connaissance implicite ou habituelle de moi-même.

37. Avicenne, *De anima,* V, 6. La position d'Avicenne est comparable à celle de Platon. L'expérience sensible fournit à la connaissance intellectuelle ses principes initiaux, au sens où le contact sensitif avec le monde contribue à exercer le processus intellectuel et développe en fait l'aptitude à se tourner vers l'intellect. Les espèces sensibles ne peuvent être conservées dans l'intellect possible puisque celui-ci est purement immatériel, et que celles-là empruntent à la matière leur spécificité. Elles sont conservées dans l'imagination, qui est une puissance matérielle. Les données sensibles contribuent ainsi au progrès de l'âme, à savoir la capacité, de plus en plus développée, à agir par elle-même, sans l'intervention du corps. Les espèces intelligibles ne sont pas non plus conservées dans l'intellect possible lorsqu'il ne les contemple pas en acte, car il est en puissance à l'égard de l'Intelligence Agente commune à tous les intellects et il reçoit d'elle sa connaissance par illumination.

38. Aristote, *De l'âme,* III, 4 (429 a 27).

39. Par exemple, Thomas lui-même, *S. th.,* I-II, qu. 67, art. 2; qu. 50, art. 4 ; qu. 53, art. 1 ; et Albert le Grand, *Summa theologiae,* tr. 15, qu. 77, m. 2 (BO 33 : 203), in *Opera omnia,* éd. Borgnet, Paris, Vivès, 1890-99. 38 vol. ; II, tr. 16, qu. 99, m. 3 (BO 33 : 241) ; Bonaventure, *Super Sent.,* II, dist. 39, a., qu. 2 (QR II : 904-5) in *Opera omnia,* Quaracchi, Collegii s. Bonaventurae, 1882-1902. 10 vol.

40. Eadmerus Gundulfus (Pseudo-Anselme), *De similitudinibus,* II (PL 159 : 605).

41. Aristote, *De l'âme,* III, 7 (431 a 14).

42. Aristote, *De l'âme,* III, 10 (433 b 18) ; 11 5434 a 16).

ARTICLE 3

43. Lieux parallèles : *Super Sent.,* I, dist. 3, qu. 4, art. 1 ; *C. Gent.,* II, 74 ; *S. th.,* I, qu. 79, art. 7 ; qu. 93, art. 7, ad 3. Le texte de la *Somme théologique,* n'ayant pas pour objet la question de l'esprit dans sa dimension trinitaire, identifie la mémoire avec l'intellect possible en accord avec Aristote, en sorte que la mémoire ne se distingue pas de l'intellect quoiqu'elle ne soit pas une connaissance actuelle. La différence entre mémoire et intellect est reconduite à la distinction de l'intellect possible et de l'intellect agent.

44. Respectivement : Augustin, *De Trinitate,* XIII, I ; XIV, VII ; Aristote, *De anima,* III, 4 : « Mais une fois que l'intellect est devenu chacun des intelligibles, au sens où l'on appelle "savant" celui qui l'est en acte (ce qui arrive lorsque le savant est, de lui même, capable de passer à l'acte), même alors il est encore en puissance d'une certaine façon, non pas cependant de la même manière qu'avant d'avoir

appris ou d'avoir trouvé; et il est aussi capable de se penser lui-même». Dans la mesure où l'intellect est, à titre de faculté de juger, analogue aux sens, l'intellect est en puissance à l'égard de ses objets, et ceci doublement: avant d'apprendre en tant qu'il en est capable, et lorsqu'il devenu savant, car s'il arrive qu'il réfléchisse à autre chose qu'à sa discipline, il est à tout instant en mesure d'y penser en acte par la simple force de la volonté, ou par le retour de l'esprit sur lui-même et sur ses objets privilégiés.

45. Augustin, *De Trinitate,* XIV, XI.

46. *Ibid.,* XIV, VI; XIV, VII.

47. Augustin, *De Trinitate,* XIV, VI, 9: «... nous avons dit aussi vers la fin du Livre X que l'âme se souvient toujours d'elle-même, que toujours elle se comprend et s'aime, bien que, lorsqu'elle se pense, elle ne se distingue pas toujours de ce qui n'est pas elle... la connaissance (*notitia*) de tout ce qui est en l'âme, même quand celle-ci ne pense pas à elle même, relève de la seule mémoire». Thomas renvoie à la distinction d'Augustin entre la connaissance implicite et la connaissance explicite, entre le *nosse* et le *cogitare.* La connaissance habituelle de soi qui s'exprime dans la trinité *mens, notitia, amor,* relève de la connaissance implicite de soi, qui est le fond de l'âme d'où toute pensée en acte découle.

48. *Ibid.,* XIV, VII.

49. *Ibid.,* XIV, IV.

50. *Ibid.,* XIV, VII. En suivant la voie tracée par Aristote, Thomas montre, contrairement à Augustin, que l'esprit est une puissance de l'âme. Il est donc impossible de faire de la mémoire intellectuelle, ou de l'esprit, l'essence de l'âme. Or Thomas s'accorde particulièrement avec la façon originale dont Augustin pense les trinités dans l'âme, il lui suffit, pour conserver ces thèmes, de les transposer dans le couple aristotélicien de la puissance et de l'acte pour rejoindre la distinction *nosse / cogitare* d'Augustin. Il en résulte que la mémoire est un *habitus,* c'est une connaissance habituelle, qui comme telle relève de cette même puissance qu'est l'esprit, comme posséder un *habitus* et l'exercer relèvent d'une même puissance. La trinité *mens, notitia, amor* sera celle des puissances, la trinité *memoria, intelligentia, voluntas,* celle des actes, la mémoire est alors un *habitus* qui relève de l'intellect.

51. *Ibid.,* XIV, VII.

52. *Ibid.,* IX, IV.

53. *Ibid.,* XIV, VII.

54. Augustin, *De Trinitate,* XII, XIV; XII, IV.

ARTICLE 4

55. Lieux parallèles: *S. th.* I, qu. 84, art. 1. Thomas répond plus longuement dans la *Somme* que dans le *De mente,* mais le principe est le même: la chose matérielle est une forme incarnée dans une matière, et l'esprit reçoit les espèces des corps sous un mode immatériel. La noétique thomiste est une théorie de l'abstraction, l'intellect agent prépare l'intellect possible à recevoir les espèces des choses abstraites de la matière.

56. *Glossa ordinaria super II Cor., XII*[2] *(VI: 76r)*; cf. aussi, *Collectanea Lombardi* (PL 192: 81). Les deux commentaires sont pris d'Augustin, *De Genesi ad litteram,* XII, VI.

57. Augustin, *De Genesi ad litteram,* XII, XXIV.

58. Aristote, *De l'âme,* III, 4, 429 b 20; II, 5, 417 b 22.

59. Thomas rassemble les arguments qui permettent de soutenir une doctrine idéaliste de la connaissance; connaître consisterait à saisir l'essence des choses par une illumination. De ce fait, on ne pourrait pas connaître la chose matérielle puisqu'on ne pourrait rien saisir d'autre qu'une forme universelle qui laisse de côté la particularité et concrétude de la chose. Cf. la réponse à l'article 1 de la qu. 84.

60. Aristote, *Éthique à Nicomaque,* I, 3, 1094 b 28.

61. Augustin, *De Genesi ad litteram,* XII, XXIV.

62. Thomas prépare sa conception de la réflexion: l'objet de l'intellect est la quiddité des choses matérielles, cette quiddité fait connaître la chose, mais aussi le connaissant, en tant qu'il connaît. Thomas reprend à Aristote la thèse selon laquelle la perception de l'acte d'intelliger suppose toujours la perception de l'acte d'intelliger quelque chose. Cf. *Éthique à Nicomaque,* IX, 9, 1170 a 25-1170 b 5.

63. Selon Aristote, toute action suppose une forme, et la connaissance étant une action, elle suppose une forme. Nos idées ne proviennent pas de la sensation comme telle, néanmoins l'expérience de cette chose permet de prendre possession de l'idée qui existe dans une matière. La connaissance humaine n'est pas une illumination mais une abstraction.

64. Aristote, *Physique,* L. I, et le commentaire d'Albert, Albert le Grand, *Liber I Physicorum,* tr. III, chap. 9 (BO 3: 65).

65. Thomas distingue notre façon de connaître de celle des anges et de Dieu, et montre que l'illumination n'est pas le mode de connaissance propre à l'homme.

66. *Ibid.*

ARTICLE 5

67. Lieux parallèles: *De ver.,* II, 5-6; *Super Sent.,* I, d. 36, q. 1, a. 1; II, dist. 3, q. 3, a. 3, ad 1; IV, dist. 50, q. 1, a. 3; *C. Gent.,* I, 63 & 65; *S. th.,* I, q. 14, a. 11, ad. 1; q. 86, a. 1; *Quaest. disp. de anima,* 20; *In libr. de anima,* III, lect. 8.

Le principe de la réponse n'a pas varié: Thomas demande si Dieu connaît les choses singulières (par exemple *De ver.* II, 5; *Super Sent.,* I, dist. 36; *S. th.,* I, qu. 14.), si les anges, ou des intellects immatériels, les connaissent (par exemple *Super Sent.,* II, dist. 3; *Quaest. disp. de anima,* 20) et enfin si l'intellect humain connaît les choses singulières (*De ver.,* II, 6; *Super Sent.,* IV, dist. 50; *Contra Gentiles,* 65; *S. th.,* qu. 86). La notion d'une connaissance réflexive du singulier est présente dès le *Commentaire aux Sentences.* Ainsi, Dieu connaît les choses singulières par essence, en tant qu'il les crée et qu'elle participent alors à sa propre essence, les anges connaissent les choses singulières par une simple illumination, alors que nous connaissons par similitude en abstrayant l'espèce intelligible des images.

68. Aristote, *Éhique à Nicomaque,* I, 13, 1102 b 25-1103 a 5. Cf. aussi Thomas, *In Ethica,* L. I, lect. 20, nn. 10-12.

69. Boèce, *De consolatio Philosophiae,* V, prosa 4, 31-34. Boèce montre comment l'intelligence saisit le type de manière absolument simple et qu'elle est ainsi semblable à un observatoire élevé: «33. Caractère généraux de la raison, formes de l'imagination, impressions données par la matière, elle [l'intelligence] connaît tout sans avoir besoin de la raison de l'imagination des sens, grâce au seul mouvement de l'esprit qui voit tout, si je puis m'exprimer ainsi, sous l'aspect du type».

70. Denys l'Aréopagite, *De caelesti hierarchia,* XII (PG 3: 291). Denys place, conformément à la tradition, les séraphins, les chérubins et les trônes, dans la première hiérarchie, parce qu'ils sont les plus aptes à recevoir l'illumination et la forme divine. Les chérubins sont nommés ainsi en raison de l'aptitude qu'ils ont à connaître et à contempler Dieu et leur nom signifie: «effusion de sagesse». L'ordre moyen des intelligences célestes est celui des Seigneuries et des puissances, qui manifestent un mouvement, ou une élévation spirituelle. Ensuite viennent les archanges et les principautés.

71. Boèce, *Commentaria in Porphyrium,* I (PL 64: 85). Boèce montre qu'il y a deux modes d'être de la forme, l'un général et qui est saisi par l'intellect, et l'autre singulier, lorsque la forme se trouve dans une chose matérielle qui est sentie.

72. Voir l'article précédent.

73. Thomas d'Aquin, *De ente et essentia,* chap. 2: «... il faut savoir que ce n'est pas la matière entendue en n'importe quel sens qui est principe d'individuation, mais c'est seulement la matière désignée – et j'appelle matière désignée celle qui est considérée sous des dimensions déterminées». Je donne la traduction de C. Michon, in *Thomas d'Aquin / Dietrich de Freiberg, L'Être et l'essence, le vocabulaire médiéval de l'essence,* A. de Libera et C. Michon, Paris, Seuil, 1996. Thomas a varié de terminologie concernant le principe d'individuation, ainsi que le montre M.-D. Roland-Gosselin, *Le principe de l'individualité* in *Le De ente et essentia de saint Thomas d'Aquin,* Texte, notes et études historiques, Paris, Vrin, 1948.

La matière étant en elle-même et par elle-même homogène et indivise, comment peut-elle individualiser et distinguer les individus ? De plus, l'essence des substances composées ne signifie pas la forme seulement, mais le composé comme tel. Et si la matière appartient à l'essence à part égale avec la forme, il semble que l'essence soit toujours individuée, et que sa singularité échappe à la connaissance Pour résoudre ces difficultés, Thomas d'Aquin utilise, dans le *Commentaire des Sentences,* l'expression: *materia signata.*

La matière désignée est considérée sous des dimensions déterminées et c'est elle qui constitue une essence en une individualité absolument singulière dont il n'y a pas de définition. La matière en général, qui n'est pas «signée», fait partie de l'essence des choses corporelles, mais lorsqu'il s'agit de cet homme-ci, c'est cette chair-ci qui individue l'essence de l'homme en général, ou l'âme humaine. Thomas reprend ce terme au traducteur d'Avicenne, mais pas la solution du philosophe arabe qui propose une forme de la corporéité précédant la forme substantielle. Thomas d'Aquin a une position unitaire, qui n'est pas majoritaire, selon laquelle une forme suffit à un composé pour constituer un être par soi. Il retient, pour le moment, l'interprétation averroïste selon laquelle la nature et le rôle des dimensions qui « signent » la matière ne sont pas assumés par une forme de la corporéité. Il met

dans la matière une « *quantitas dimensiva interminata* » avant l'arrivée de toute forme. Si la substance composée est individualisée par la matière, c'est qu'elle est en soi indistincte et apte à individualiser, à cause des quantités dimensives qui la divisent en parties définies. La substance corporelle est indépendante, en son essence, de toute détermination particulière de l'étendue; celles-ci restent donc accidentelles. Le corps se définit par *l'aptitude* à posséder l'une des trois dimensions et non pas par leur possession actuelle.

Cette reprise des termes de *materia signata* et de *quantitas dimensiva interminata* aboutit donc à une synthèse selon laquelle les dimensions ne sont pas considérées par rapport aux termes ou aux limites de l'individu, c'est-à-dire selon la figure qui possède toujours une mesure et une limite. Ce sont donc les dimensions sans détermination – *« sine ista determinatione, in natura dimensionis tantum» « interminatae »* – qui n'entrent qu'imparfaitement dans le genre de la quantité qui «signent» la matière. Lorsque Thomas écrit le *De veritate,* il a, pour le moment, achevé le *Commentaire des Sentences* et le *De ente et essentia,* et il écrit le *Commentaire du de Trinitate de Boèce*.

On sait que Thomas d'Aquin ne reste pas longtemps fidèle à cette interprétation d'origine averroïste. À partir de la *Somme contre les Gentils,* le terme de *dimensiones interminatae* disparaît, il parle du rapport de la quantité à l'individuation en usant de la notion de «dimensions déterminées». Il considère que les *dimensiones interminatae* sont, dans la matière, des caractères accidentels avant toute application d'une forme substantielle. Or la substance est antérieure à ses accidents, et il faut donc considérer qu'il n'y a qu'une entité informative qui exclut tout intermédiaire entre la forme substantielle et la matière.

Une forme supérieure reprend les fonctions de formes inférieures entre lesquelles il subsiste une simple distinction de raison, les dimensions sont donc des accidents de la corporéité qui sont dûs à l'unique forme substantielle, ainsi par exemple l'âme intellectuelle chez l'homme reprend et relaie les fonctions des formes inférieures, comme l'âme végétative, sensitive etc., et entre ces formes, il n'y a pas de distinctions réelles, mais une simple distinction de raison. Les fonctions d'une forme inférieure sont logiquement antérieures à celles de la forme supérieure, et les accidents d'une forme inférieure sont antérieurs aux fonctions de la forme supérieure dont ils prépare la venue. Ainsi les fonctions de l'âme sensitive, comme la sensation ou l'imagination préparent l'âme intellectuelle à l'activité d'abstraction qui la caractérise. Les dimensions sont donc des accidents de la corporéité mais ils sont dus à la forme substantielle, à l'âme, bien que les dimensions précèdent logiquement les fonctions supérieures, et divisent la matière pour leur faire place.

74. Aristote, *Métaph.* Z, 8, 1034 a; Z, 11, 1035 b 28; Z, 11, 1037 a 5. Connaître, c'est connaître l'espèce et ses propriétés, or la matière désignée qui individue la forme n'est pas saisie dans la définition. Seule la matière, comme principe, entre dans la définition générale des substances corporelles, et ainsi il ne semble pas que l'on puisse connaître le singulier, du moins pas directement, et Thomas en l'occurrence prouve qu'il y a seulement une connaissance indirecte, et par réflexion, du singulier.

75. Le mouvement sensoriel s'achève dans l'esprit et il y a, au niveau des sens, une certaine réflexivité, cf. *De veritate,* I, 9: «Les sens, qui parmi les autres choses sont plus proches de la substance intellectuelle inaugurent aussi un retour sur leur essence». Nous avons ainsi conscience de voir, d'entendre, ou de goûter; cette réflexivité sensorielle s'explique par la proximité de l'intellect. L'œil ne se voit pas lui-même, mais la vue se voit voir; le retour porte sur l'acte, et de là seulement vers

l'essence, mais cette essence, le sens ne peuvent pas la connaître parce que leur retour est inaugural et incomplet. Cf. plus loin, la réponse à l'article 9.

On connaît le singulier par une réflexion sur ses actes de connaissance, on saisit ainsi les conditions de possibilité de toute connaissance ; la *species* qui est abstraite des sens par le biais du phantasme. La réponse n'a pas varié, et on peut lire dans la *Somme théologique,* I, 86, art. 1 : « Mais indirectement, et par une sorte de réflexion, elle peut connaître le singulier... même après avoir abstrait les espèces intelligibles, elle ne peut les connaître en acte sans avoir recours aux images ; et c'est en ces images qu'elle connaît les espèces intelligibles. Ainsi donc elle connaît directement l'universel au moyen de l'espèce intelligible, et indirectement les singuliers d'où proviennent les images. Et de cette manière, elle forme cette proposition : Socrate est un homme ».

76. Chez l'animal, la cogitative est une faculté sensorielle dont l'objet semble être l'utile et le nuisible, elle produit une sorte de jugement inhérent à la perception, mais chez l'homme, la cogitative a d'autres fonctions, elle est condition de l'expérience et atteint le sensible par accident. Cf. *Super Sent.,* III, dist. 23, qu. 2, art. 3 : « Cette faculté, que les Philosophes nomment cogitative, est à la jointure de la partie sensitive et de la partie intellective. En effet, à la fois elle tient de la partie sensitive de considérer les formes particulières, et elle tient de la partie intellective de rassembler les données. C'est pourquoi on la trouve seulement chez les hommes ». Cf. J. Péghaire, *La Cogitative* (1942) : « Ce qu'elle reçoit de son union avec l'intelligence, ce n'est pas de connaître l'individu, mais c'est de connaître l'individu en tant qu'existant concrètement en réalisant une nature universelle ».

77. Aristote, *De l'âme,* III, 11, 434 a 5-15.

ARTICLE 6

78. Lieux parallèles : *De ver.,* XIX, 1 ; *S. th.* I, q. 84, 6 ; *Quaest. disp. de anima,* 15 ; *Comp. theol.,* chap. 81-82. Sur cette question, voyez, par exemple, J. Moreau, *De la connaissance selon S. Thomas d'Aquin,* Paris, Beauchêne, 1976.

79. Boèce, *De duabus naturis,* VI (PL 64 : 1349). trad. H. Merle in *Courts Traités de Théologie,* Cerf, 1991. Boèce traite de l'union des deux natures dans le Christ et son argumentation confond mutuellement le monophysisme d'Eutychès, qui ne reconnaît dans le Verbe incarné que la nature divine et refuse que le Christ soit consubstantiel à l'homme, et l'arianisme nestorien qui distingue radicalement dans le Christ la nature divine éternelle et la nature humaine engendrée, et qui considère l'union des deux non pas comme substantielle et hypostatique, mais comme accidentelle.

80. Aristote, *De generatione,* I, 10, 327 b 19.

81. Aristote, *De l'âme,* III, 4, 429 b 20 ; II, 5, 417 b 22.

82. Augustin, *De Trinitate,* X, 1.

83. Augustin, *De Genesi ad litteram,* XII, 16.

84. Augustin, *De Trinitate,* X, II, 2.

85. Avicenne, *Métaphysique du Shifâ,* III, 8. Selon Avicenne les sens servent à l'âme humaine en vue de la connaissance intellectuelle, au sens où ils disposent l'âme à acquérir la science. De l'Intellect Agent séparé s'écoulent, dans notre

intelligence, les espèces intelligibles grâce auxquelles nous sommes capables d'exercer une activité de connaissance. L'opération de la partie sensitive et l'imagination préparent donc notre intelligence à se tourner vers l'Intellect Agent pour en recevoir l'écoulement des *species* intelligibles. Thomas expose toutes les opinions qui, peu ou prou, font appel à l'illumination, afin de leur substituer une noétique abstractive d'inspiration aristétolicienne tout en utilisant néanmoins la notion augustinienne d'illumination.

86. Augustin, *De Genesi ad litteram,* XII, 16.

87. Aristote, *De l'âme,* III, 5, 430 a 18.

88. Aristote, *Phys.,* VII, 3, 247 b 12-17. « Même l'acquisition initiale du savoir n'est pas génération ; car selon nous, la raison connaît et pense par repos et arrêt... »

89. Aristote, *Les Seconds Analytiques,* I, 18, 81 a 38.

90. *Ibid.*, II, 19, 100a 10.

91. Par exemple, Platon, *Phédon,* 100 d ; Speusippe et Xénocrate qu'Aristote mentionne en *Métaphysique,* Z, 1, 1028 b 21. ; Plotin, *Ennéades,* VI, IX, 10 ; V, V, 1 ; III, VIII, 8 ; Porphyre, *Sententiae,* 44. Dans le *De unitate intellectus,* III, Thomas écrit que Macrobe, dans le *Songe de Scipion,* attribue à Plotin cette opinion. La connaissance est interprétée en termes de participation selon la doctrine platonicienne de la contemplation. Le rôle des sens est réduit parce qu'ils ne sont pas nécessaires par soi mais par accident. Par les sens, l'âme se trouve excitée à se souvenir de ce qu'elle connaît et dont elle possède une science innée.

92. Aristote, *Métaph.,* A, 6, 987 b 4 sq.

93. Avicenne, *Métaph.,* IX, 2, 4-5. cf. note 86 *supra,* et aussi *De potentia,* qu. 3, art.16, où il écrit qu'Avicenne admet que « le premier être, en tant qu'il se connaît lui-même, ne produit qu'un seul effet qui est l'intelligence première. Celle-ci est nécessairement moins simple que le premier être, pour autant que la potentialité y commence d'être mêlée à l'acte. Car, recevant l'être d'un autre, elle n'est pas son être, mais en quelque sorte en puissance à son égard. En tant qu'elle connaît le premier être, il en procède une autre intelligence qui lui est inférieure ; en tant qu'elle connaît sa puissance, il en procède le corps céleste qu'elle meut ; en tant qu'elle connaît son acte, il en procède l'âme du premier ciel. Et c'est de la sorte que par des intermédiaires nombreux les diverses réalités se trouvent multipliées ». Selon Avicenne la matière est éternelle, elle est le principe de potentialités. Les formes y sont déposées par les seules causes séparées après une préparation dispositive effectuée de la part des causes corporelles. La métaphysique apporte à la théorie de la connaissance sa justification : l'abstraction est la réception d'une des formes intelligibles continuellement irradiées par la dernière des Intelligences dans un intellect disposé à les recevoir. L'âme ne fait pour cela que considérer, comparer, classer les images des corps qu'elle perçoit par les sens, et c'est ainsi qu'elle se trouve apte à ce que l'intelligible correspondant émane en elle de l'Intelligence Agente. cf. Gilson, *Pourquoi Saint Thomas a critiqué Stain Augustin,* AHDLMA, I ; *Les sources gréco-arabes de l'augustinisme avicénnisant,* AHDLMA, IV.

94. Par exemple, Platon, *Ménon,* 181 a-d, *Phédon,* 65 a, 91 e-92 e ; *Timée,* 44 b ; Cicéron, *Tusculanes,* I, 24 ; Proclus, *Éléments de théologie,* prop.177 et 194. Sur la question de la connaissance innée, *Somme théologique,* I, qu. 84, art. 3.

95. Parmi les philosophes grecs qui ont soutenu cette opinion, on peut citer par exemple Pythagore (selon Diogène Laërce, *Vie et opinions des philosophes,* VIII, 4-6), Empédocle (*Fragments* 112, 117, 127.) Platon, *Gorgias,* 525 e-526 ; *Phédon,* 92 a, 114 a ; *République,* X, 614 e-625 a, *Timée,* 42 b. On trouve aussi cette opinion chez les gnostiques, ainsi Plotin les cite dans les *Ennéades,* I, I, 12, cf aussi Origène,*Traité des principes,* II, VIII, 4 (PG 11 : 224) ; II, VIII, 3 (PG 11 : 222).

96. Par exemple, Plotin, *Ennéades,* IV, III, 23 ; St. Augustin, *De Genesi ad litteram,* XII, 24 ; Alcher de Clairvaux, *De spiritu et anima,* XI-XII (PL 40 : 786-88) ; Guillaume d'Auvergne, *De anima,* VII, 6, *cf.* Gilson, *op. cit.* AHDLMA, 1.

97. Aristote, *De l'âme,* III, IV 429 a 14-429 b 23.

ARTICLE 7

98. Lieux parallèles : *Super Sent.,* I, dist. 3, q. 4, art. 4 ; *S.theol.,* I, q. 93, art. 8. Le principe de la réponse est le même. Le *De mente* met en place la distinction entre image par analogie et image par conformité. Dans la *Somme,* Thomas invoque le principe selon lequel la diversité des objets entraîne une diversité spécifique dans le verbe et l'amour, et ainsi l'image de Dieu se retrouve en ce que l'homme prend Dieu comme objet de connaissance et d'amour et se porte vers lui.

99. Augustin, *De Trinitate,* XII, 4.

100. Pierre Lombard, *Sentences,* II, dist. 16, c. 3 : « Donc l'homme a été fait à l'image et à la ressemblance de Dieu selon l'esprit qui s'élève au dessus des parties irrationnelles, mais il a été fait à l'image selon la mémoire, l'intelligence et l'amour et à la ressemblance selon l'innocence et la justice qui sont naturellement dans l'esprit raisonnable. Ou bien l'image est contemplée dans la connaissance de la vérité, la similitude dans l'amour de la vertu ; ou bien l'image en toutes les autres choses, et la similitude dans l'essence parce qu'elle est immortelle et indivisible ».

101. Cf. *supra,* q. X, art. I-II.

102. Alcher de Clairvaux (Pseudo-Augustin), *De spiritu et anima,* LIV (PL 40 : 828)

103. Augustin, *De Trinitate,* X, XI : « ... elles sont trois, en tant qu'elles sont en relation mutuelles : et si elles n'étaient égales, non seulement chacune à chacune, mais chacune à toutes, elles ne se contiendraient pas mutuellement. Or non seulement chacune est contenue en chacune, mais toutes sont contenues en chacune ».

104. Aristote, *Topiques,* VI, 2, 140 a 9 : « La métaphore, en effet, ne va pas sans procurer une certaine connaissance de la chose signifiée, en raison de la ressemblance qu'elle établit, car toutes les fois qu'on se sert de la métaphore on le fait toujours en vue de quelque ressemblance ».

105. La métaphore solaire présentifie mieux la bonté suressentielle de la Déité que l'image de l'âme qui reste une réalité intermédiaire ou moyenne. Cf. Denys l'Aréopagite, *Les Noms divins,* chap. IV, §. 4 (PG 3 : 698) : « Ainsi célèbre-t-on le Bien en l'appelant Lumière, puisqu'à travers l'image c'est le modèle qui se révèle. De même en effet que la bonté propre à la Déité totalement transcendante pénètre toute essence, des plus hautes et des plus anciennes jusqu'aux dernières, bien

qu'elle demeure elle-même au delà des essences, puisque ni les plus hautes n'atteignent à sa transcendance ni les plus basses n'échappent à son domaine, en sorte qu'elle illumine tout ce qui peut recevoir sa lumière, qu'elle le façonne et lui donne vie, qu'elle le conserve et le perfectionne, qu'elle est la mesure de tout être, sa durée, son extension, sa cause et sa fin, – il en est ainsi également de l'image où se manifeste la Bonté divine, ce grand soleil qui est toute lumière et dont l'éclat ne cesse jamais, parce qu'il est un faible écho du Bien, et c'est lui qui éclaire tout ce qui peut être éclairé, c'est lui qui possède une lumière débordante et qui déverse sur la totalité du monde visible, à tous les échelons du haut en bas, l'éclat de son propre rayonnement». in *Œuvres complètes du pseudo-Denys l'aréopagite,* trad. M. de Gandillac.

106. Boèce, *De Trinitate,* II, (PL 64 : 1250) «De ces formes qui sont au delà de la matière découlèrent ces formes qui sont dans la matière et meuvent le corps : et en effet, nous usons pour nommer celles qui sont dans les corps du terme de forme alors que ce sont plutôt des images : elles sont rendues semblables aux formes qui ne résident pas dans la matière».

107. Augustin, *De Trinitate,* XV, III.

108. Augustin, *De Trinitate,* XII, IV.

109. Augustin, *De Trinitate,* XI, II, 2 : «Lors donc que nous voyons un corps quelconque, nous devons considérer et distinguer – et cela très facilement – trois éléments. D'abord, la réalité que nous percevons : – ensuite la vision, qui n'existait pas avant que la présence de l'objet ne provoquât la sensation ; – en troisième lieu, ce qui tient le regard attaché sur l'objet perçu, aussi longtemps que nous le percevons, autrement dit, l'attention. Ces trois éléments sont non seulement extérieurement distincts, mais de nature différentes».

110. La distinction entre image par analogie et image par conformité est dynamique. Il y a image par analogie quand il y a similitude quant à la structure entre des ordres qui diffèrent cependant quant à leur nature. L'image par conformité est la ressemblance conçue comme assimilation à Dieu.

111. Augustin, *De Trinitate,* XI, 7, et aussi XI, V, 8 : «... Cette trinité n'est pas image de Dieu : car elle a son origine dans la créature la plus imparfaite, la créature corporelle, à laquelle l'âme est supérieure, et elle se produit dans l'âme par l'intermédiaire du sens corporel. Ce n'est pourtant pas qu'il n'y ait en elle quelque ressemblance : qu'y a-t-il en effet qui, selon son degré d'être et selon sa mesure, n'ait une ressemblance avec Dieu, étant donné que toute œuvre de Dieu est bonne (*Eccl., XXXIX, 21*), pour cette simple raison qu'il est lui même le souverain Bien...»

112. Aristote, *De l'âme,* I, 1, 402 a 2.

113. Aristote, *Des parties des animaux,* I, 5, 644 b 32.

114. Aristote, *Du ciel,* I, 11, 218 a 8.

115. Aristote, *Métaphysique,* α, 1, 993 b 8.

116. Denys l'Aréopagite, *Les Noms divins,* IV (PG 3 : 698)

117. Denys l'Aréopagite, *La hiérarchie céleste,* II (PG 3 : 138) : «Rien d'absurde par conséquent si, pour la raison qu'on a dite, les théologiens représentent également les essences célestes par des images inadéquates, qui

n'offrent aucune similitude avec leur modèle. Et nous-même peut-être poussé à la recherche par le paradoxe même auquel nous nous heurtions, nous n'aurions pas été aiguillonné vers l'exégèse spirituelle de ces métaphores... Loin de permettre à notre intelligence de se contenter d'une imagerie si malséante, c'est ce trouble qui l'a excitée à se dépouiller de toute affection matérielle, qui l'a saintement habituée à dépasser les apparences pour s'élever à travers elles jusqu'à ces réalités spirituelles qui ne sont pas de ce monde». Denys indique la voie indirecte d'union à la Déité que constitue la théologie négative: la dissemblance la plus violente accuse la distance et nous saisissons la Déité dans ce qu'elle n'est pas.

ARTICLE 8

118. Lieux parallèles: *De ver.,* VIII, 6; *C.Gent.,* II, 75; III, 46; *S. th.,* I, qu. 14, art. 2, ad. 3; qu. 87, art. 1; *Quaest. disp. de anima,* art. 16, ad. 8; *In libr. de anima,* II, 9, nn. 721, 724-726. On trouve dans le *De mente* l'exposé le plus complet et le plus systématique de la pensée de Thomas concernant la réflexion.

119. Aristote, *De l'âme,* III, 7,431 a 14.

120. Pythagore, Diogène d'Apollonie ou encore Héraclite et Alcméon ont soutenu cette position. Cf. Aristote, *De l'âme,* I, 2, 404 a 16, 405 a 22 *sq.*

121. Il s'agit de Démocrite, cf. *De l'âme,* I, 2, 404 a 1.

122. Aristote, *De l'âme,* I, 403 a 2.

123. Aristote, *De l'âme,* III, 430 a 5: «En outre, l'intellect est lui même intelligible comme le sont les intelligibles. En effet, en ce qui concerne les réalités immatérielles, il y a identité du pensant et du pensé, car la science théorétique et ce qu'elle connaît sont identiques».

124. Aristote, *Les Seconds Analytiques,* I, 3, 72 b 28.

125. Denys l'Aréopagite, *Les Noms divins,* chap. IV, § 9 (PG 4: 706): «L'âme elle aussi se meut. Elle se meut d'un mouvement circulaire lorsque, rentrant en soi-même, elle se détourne du monde extérieur, lorsqu'elle rassemble en les unifiant ses puissances d'intellection dans une concentration qui les garde de tout égarement, lorsqu'elle se détache de la multiplicité des objets extérieurs pour se recueillir d'abord en soi-même, puis, ayant atteint à l'unité intérieure, ayant unifié de façon parfaitement une l'unité de ses propres puissances, elle est conduite alors à ce Beau-et-Bien, qui transcende tout être, qui est sans principe et sans fin». Denys expose le schème néo-platonicien de la circularité, l'âme comme réalité moyenne ne procède qu'en faisant retour à son principe.

126. Augustin, *De Trin.,* IX, 3.

127. *Glose ordinaire, super* II, Cor., XII[2] (VI: 76r); cf. aussi *in Collectanea Lombardi* (PL 192: 81) qui est une reprise d'un commentaire d'Augustin du *De Genesi ad litteram,* XII, 6.

128. Aristote, *De l'âme,* III, 4, 430 a 2.

129. Averroès, *Metaph.,* II, comm. 1 (VIII: 29B).

130. Aristote, *De l'âme,* I, 1, 402 a .

131. Ibid., III, 5, 430 a 14.

132. Aristote, *De l'âme,* III, 5.

138. Nous n'avons pas de connaissance de l'essence de l'âme, au sens où l'on accéderait abstraitement à sa quiddité, en distinguant directement et avec évidence ce qui relève, en nous, de l'essence et de l'accident. Nous disposons néanmoins d'une connaissance indirecte par le biais des actes et de la présence de soi à soi; par les actes, on prend conscience des *habitus* qui découlent de l'essence de l'âme, par la présence de soi à soi, on connaît qu'on a une âme.

134. Augustin, *De Trin.,* IX, 6: «Autre est ce que chacun, par la parole, dit de son âme individuelle, lorsqu'il est attentif à ce qui se passe en lui; autre la définition qu'il donne de l'âme humaine par la connaissance spécifique ou générique qu'il en a. Aussi, quand un homme me parle de son âme à lui, me dit s'il comprend ou non telle chose, je l'en crois; mais quand il dit la vérité sur l'essence spécifique ou générique de l'âme humaine, je reconnais et j'approuve».

135. Cf. *Somme théologique,* Ia, Qu. 85, art. 2: «La *species* intelligible est pour l'intellect ce par quoi il intellige». La connaissance actuelle que l'âme a d'elle-même suppose nécessairement l'intermédiaire des actes et de leur objet. La connaissance habituelle est une connaissance de l'âme par essence, au sens d'une relation de simple présence à soi-même.

136. Aristote, *Éthique à Nicomaque,* IX, 9, 1170 a 30.

137. La connaissance actuelle produit une connaissance générale de l'âme en tout homme, car la connaissance de l'objet nous fait réfléchir sur l'acte de connaître, et sur la nature et les opérations de l'intellect humain, il s'agit d'une connaissance par appréhension. Donc s'il n'y a aucune connaissance de la quiddité de l'âme, il reste que l'homme peut savoir, par inférence, que son âme est incorporelle. Il le sait à partir des principes qui appartiennent à notre intelligence, et par le jugement, il voit qu'il en est ainsi. Il mesure à partir des premiers principes les vérités qui en sont les déductions, c'est le sens de l'étymologie *mens / mensurare.*

138. Averroès, *De anima,* III, comm. 5 (VI^2: 138E); III, comm. 20 (VI^2: 164D).

139. Aristote, *De l'âme,* III, 4, 430 a 2.

140. Averroès, *De anima,* III, comm. 15 (VI^2:159F).

141. Augustin, *De Trin.,* IX, 6.

142. Pseudo-Augustin (Alcher de Clairvaux), *De spiritu et anima,* I (PL 40: 781).

143. Respectivement, Aristote, *De l'âme,* III, 4, 429 b 9; 430 a 2; Averroès, *De anima,* III, comm. 15 (VI^2: 159F).

144. Thomas, *De veritate*, 11, 1: «Il faut dire la même chose à propos de l'acquisition de la science: il préexiste en nous des germes de science, les conceptions premières de l'intellect, qui sont immédiatement connues à la lumière de l'intellect agent, au moyen des *species* abstraites des choses sensibles; qu'ils soient complexes comme les principes, ou incomplexes, comme la notion d'être ou d'un, ou des notions de ce type, l'intellect les comprend aussitôt». Ce qui est présupposé à toute connaissance possible, c'est donc notre capacité de connaître, et c'est par elle qu'au travers de l'exercice de nos sens, nous prenons possession de principes innés, évidents, et c'est en cela qu'elle est une «participation à la lumière increée».

145. Averroès, *De anima,* comm. 20 (VI^2: 164D).

146. Augustin, *De Trin.,* IX, 4.

147. Averroès, *De anima,* III, comm. 15 (VI^2: 160A).

148. *Ibid.,* comm. 20 (VI2: 164D).

149. Aristote, *De l'âme,* I, 1, 420 a 2.

150. Alexandre d'Aphrodise, *De intellectu et intellecto*; Averroès, *De anima,* III, comm. 18 (VI2: 161E); Avicenne, *De anima,* V, 5; *Metaph. du Shifâ,* IX, 3; cf. Thomas d'Aquin, *De unitate intellectus contra averroïstas,* V, 54, in Thomas d'Aquin, *Contre Averroès,* trad. A de Libera, Paris, G.F., 1994.

151. Thomas lui-même, *S. th.,* I, qu. 79, art. 4-5. Mais aussi, Alexandre de Halès, *S. th.,* I-II, n. 372; Saint Bonaventure, *In Sent.,* II, d. 24, a. 2, qu. 4; Saint Albert le Grand, *Summa de creatur.,* II, 55, 3 et 5.

ARTICLE 9

152. Lieux parallèles: *Super Sent.,* III, dist. 23, qu. 1, art. 1; *S. th.,* I, qu. 87, art. 2.

153. *Collectanea Lombardi,* super II Cor. XII (PL 192: 81).

154. Augustin, *De Trinitate,* X, 7.

155. Augustin, *De Genesi ad litteram,* XII, 3; XII, 24.

156. Augustin, *De Trinitate,* XIII, 1.

157. Augustin, *Confessions,* X, 17.

158. Augustin, *De Trinitate,* X, 1.

159. Hugues de Saint-Victor, *De unione corporis et spiritus* (PL 177: 292). Hugues de Saint-Victor montre que le corps et l'esprit ne peuvent être unis que si le corps s'élève vers l'esprit et l'esprit condescend au corps. Ainsi, parmi les corps, certains sont plus capables de s'approcher de l'esprit, il y a cependant une hiérarchie entre les visions qui nous permettent de nous approcher plus ou moins de Dieu en cette vie.

160. Aristote, *De l'âme,* III,7, 431 a 14.

161. Aristote, *Éhique à Nicomaque,* II, 3, 1104 b 4.

162. Augustin, *Confessions,* X, 17; X, 10-11.

ARTICLE 10

163. Lieux parallèles: *Super Sent.,* I, dist. 17, qu. 2, art. 4; III, 23, 1, 2, ad 1; IV, 9, 1, 3, sol. 2; 21, 2, 2, ad 2; *In II Cor.,* c. 12, lect. 2; c. 13, lect. 2; *S. th.,* I-II, qu. 112, art. 5. La réponse n'a pas varié. La charité est une vertu surnaturelle, elle est un *habitus,* mais étant l'amour même *de* Dieu, connaître qu'on possède la charité serait de l'ordre d'une vision face à face qui n'est pas accessible en cette vie. Nous pouvons cependant conjecturer que nous possédons la charité,

car les *habitus* se laissent connaître par leurs actes, cette conjecture est néanmoins délicate puisque la charité est un *habitus* de la partie affective, qui n'est pas exempte de confusion, parce qu'elle est éloignée de la partie intellective.

164. Augustin, *De Trinitate,* VIII, VIII.

165. Aristote, *Éthique à Nicomaque,* II, 3, 1104 b 4 : «...nous devons prendre pour signe distinctif de nos dispositions le plaisir ou la peine qui vient s'ajouter à nos actions».

166. Augustin, *De Trin.,* VIII, VIII. La charité, ou l'amour du prochain, nous ferait plus découvrir la charité que le prochain : «Que personne ne dise : je ne sais quoi aimer. Qu'il aime son frère, il aimera ce même amour. Il connaît mieux en effet l'amour dont il aime, que son frère qu'il aime. Et voilà dès lors que Dieu lui est mieux connu, parce que plus présent ; mieux connu parce que plus intérieur ; mieux connu parce que plus certain».

167. Aristote, *Les Seconds Analytiques,* II, 19, 99 b 28.

168. Augustin, *De Trinitate,* X, I ; X, II.

169. Cf. *Première épître de saint Jean,* 2, 27 : «Quant à vous, l'onction que vous avez reçue de lui demeure en vous, et vous n'avez pas besoin qu'on vous enseigne. Mais puisque son onction vous instruit de tout, qu'elle est véridique, non mensongère, comme elle vous a instruits, demeurez en lui».

170. Aristote, *Éthique à Nicomaque,* II, 6, 1106 b 14.

171. La charité est un *habitus* de la partie affective, or l'*habitus* de la partie cognitive, qui repose dans l'essence de l'esprit, est le principe le plus proche de la connaissance que l'esprit a de lui même. Cependant, en ce qui concerne l'*habitus* de la partie affective, il est le principe des actes mais non de la connaissance. On ne peut néanmoins pas savoir si on possède un *habitus* sans savoir ce qu'il est. Comme la charité est un don de Dieu, et que l'Esprit Saint accorde ce don d'aimer Dieu et le prochain, la fin est surnaturelle et ne saurait donc être connue.

172. Aristote, *Les Seconds Analytiques,* I, 1, 71 b 9.

173. Denys l'Aréopagite, *De divinibus nominibus,* V (PG 4 : 822).

174. Cicéron, *De inventione rhetorica,* II, 53.

ARTICLE 11

175. Lieux parallèles : *Super Sent.,* III, 27, 3, 1 ; 35, 2, 2, sol. 2 ; IV, 49, 2, 7 ; Quodl., I, I ; *C. Gent.,* III, 47 ; 2 Cor., c. 12, lect. 1 ; *S. th.,* I, 12, 11 ; II-II, 180, 5 ; 175, 4-5 ; *Super ev. Jo.,* c. 1, lect. 11. La réponse n'a pas varié. Nous ne pouvons avoir de Dieu qu'une connaissance négative et par analogie. Dieu ne se laisse voir face à face que par une élévation surnaturelle et, par elle, celui qui est ravi –Moïse, Pierre ou Paul – échappe aux conditions naturelles de cette vie.

176. Grégoire, *Moralium libri,* XVIII, 54 (PL 76 :93) ; cf. Saint Paterius (Pseudo-Grégoire), *Expositio Vet. et Nov. Testamenti,* II, 57 (PL 79 :749). Grégoire souligne que lorsque nous sommes en cette vie, nous ne pouvons pas voir Dieu et que celui qui voit Dieu est mort pour cette vie. Saint Paterius montre

comment Moïse ou Jacob ont vu Dieu en s'élevant, et il glose à la fois sur Moïse montant vers Dieu en laissant le peuple au bas du mont, et sur l'échelle de Jacob.

177. Augustin, *De genesi ad litteram,* XII, XXIV ; XII, XXXI.

178. Aristote, *De l'âme,* III, 8, 431b 26.

179. Cassiodore, *De anima,* III (PL 70:1288).

180. Augustin, *Confessions,* XII, XXV.

181. *Glossa interlinearis,* super Gen. XXXII, 30 (I:96r).

182. Grégoire, *Moralium libri,* XVII, 54 (PL 76: 92). Thomas tire peut-être ce texte de St. Paterius (Pseudo-Grégoire), *Expos. Vet. et Nov. Testimenti,* II, 57. (PL 79: 750).

183. Aristote, *De l'âme,* III, 6, 430 a 30 ; 430 b 16.

184. *Ibid.,* III, 7, 431 a 14.

185. Thomas, *Somme théologique,* Ia, qu. 12, art. 1 : « Tout objet est connaissable dans la mesure où il est en acte. Dieu qui est acte pur sans aucun mélange de puissance est donc en soi le plus connaissable des objets. Mais ce qui est le plus connaissable en soi n'est pas connaissable pour une intelligence que cet intelligible dépasse... Si donc l'intelligence de la créature raisonnable ne peut pas rejoindre la cause suprême des choses, un désir de nature demeurera vain. Il faut donc reconnaître absolument que les bienheureux voient l'essence de Dieu ».

186. Augustin, *De Genesi ad litteram,* XII, 27 ; *Epistola CXLVII, ad Paulinam,* 13 (PL 33 : 610).

187. Grégoire, *Moralium libri,* XVIII, 54 (PL 76: 93) ; cf. Saint Paterius (Pseudo-Grégoire), *Expos. Vet. et Nov. Testam.,* II, 57 (PL 79: 750).

188. *Glossa interlinearis,* super Ps. 11 : 2 (III: 102r) ; aussi Augustin, *Enarr. in psalmos, in ps.* 11 : 2 (PL 36: 138).

189. Aristote, *Métaphysique,* α, 1, 993 b 8.

190. *Glossa interlinearis, super Gen.* 32:30 (I:96r)

191. Grégoire, *Moralium Libri,* XXIV, 6 (PL 76: 292-293) *cf.* Paterius (Pseudo-Grégoire), *Expos. Vet. et Nov. Testam.* I, 68 (PL 79: 717).

ARTICLE 12

192. Lieux parallèles : *Super Sent.,* 3, 1, 2 ; *Super Boet. de Trin.,* I, 3, ad 6 ; *C. Gent.,* I, 10-11 ; III, 38 ; *De pot.* 7, 2, ad 11 ; *S. th.,* I, 2, 1 ; *Postilla super Psalmos,* 8. Thomas distingue entre ce qui est évident en soi et pour nous. Même si l'existence de Dieu est en soi une évidence, il est nécessaire que nous la saisissions par le biais de la démonstration. Les démonstrations partent de ce qui nous est donné et ne sont pas *a priori* puisque Dieu n'est pas connu de nous par essence en cette vie. Thomas s'oppose à la preuve ontologique anselmienne, mais aussi à la théologie négative pour laquelle l'existence de Dieu ne saurait être prouvée.

193. Jean Damascène, *De fide orthodoxa,* I, 1 (PG 94 : 790). Le Damascène souligne que Dieu ne peut être compris, ni même, à un moindre degré, ce qui est dit par les saints prophètes et les apôtres, cependant il est évident que nous entendons

ce qu'on veut dire quand on parle de Dieu et que cette connaissance est en un certain sens infuse.

194. Anselme de Cantorbury, *Proslogion,* II.

195. Boèce, *De consolatione philosophiae,* III, *prosa* 2.

196. Aristote, *Les Seconds Analytiques,* I, 2, 72 a 27.

197. Augustin, *De Trinitate,* XII, I.

198. *Ibid.,* I, 2.

199. Boèce, *De hebdomadibus,* (PL 64 : 1313). Le *De hebdomadibus* est un petit traité de théologie dont le titre est : *Comment les substances, du fait même qu'elles sont, sont bonnes, bien qu'elles ne soient pas des biens substantiels.* Il donne neuf règles qui permettent de résoudre cette difficulté. Les choses ne sont bonnes que parce qu'elles sont posées par Dieu et qu'il y est présent. Elles ne sont pas bonnes à partir de leur propre substance, ou simplement par participation, car alors elles ne seraient pas bonnes du tout par elles-mêmes, elles sont donc bonnes par leur être même en tant qu'il est posé par Dieu. En Dieu, du fait de l'unité, être ne se distingue pas d'être bon, mais si on prend la bonté comme une propriété, elle ne peut être en Dieu au risque d'en briser l'unité. Voir *op. cit.,* H. Merle.

200. Cette opinion est généralement attribuée aux Gnostiques et aux Manichéens. Tertullien s'oppose à Marcion. *Adv. Marcionem,* I, 22 (PL 2 : 297) et II, 11 (PL 2 : 325). Les gnostiques considèrent que Yahweh est un ange créateur du monde et qu'il est la source du mal que le Christ est venu vaincre.

201. Maïmonide, *Le Guide des Égarés,* I, 75.

202. Avicenne, *Métaphysique,* I, 1.

203. Anselme, *Proslogion,* I (PL 158 : 227).

204. Boèce, *De hebdomadibus* (PL 64 : 1311).

205. *Ibid.*

206. Avicenne, *Métaphysique,* VIII, 1.

207. Thomas, *Somme théologique,* qu. 2.

208. Aristote, *Physique,* I, 1, 184 a 19.

209. Anselme, *Proslogion,* II, III, IV.

210. Augustin, *De Trinitate,* I, II.

ARTICLE 13

211. Lieux parallèles : *Super Sent.,* I, 3, 1, 4 ; *Super Boet. de Trin.,* I, 4 ; *S. th.,* I, 32, 1. La réponse reste la même. La Trinité est un dogme de la foi catholique.

212. *Glossa interlinearis, super Rom.,* I, 13 (VI : 5r).

213. Walafrid Strabon, *Glossa ordinaria, super Apoc.,* 1 : 4 (PL 114 : 711).

214. Boèce, *Arithmetica,* II, 1 (PL 63 : 1113).

215. Hilaire, *De Trinitate,* III (PL 10: 92). Le Fils est engendré, il est l'image substantielle du Père.

216. Boèce, *De consolatione philosophiae,* III, *prosa* 11 (PL 63: 772), où la Philosophie s'écrie: «O mon disciple chéri, ma joie n'a point de bornes; car c'est sur le signe même de la vérité manifeste que ton esprit s'est fixé. Mais en même temps tu as vu ce que tu déclarais ignorer il y a quelques instants».

217. Aristote, *Du ciel,* I, 1, 268 a 15.

218. Augustin, *De civitate Dei,* X, 23.

219. Augustin, *Confessions,* VII, IX.

220. Grégoire, *In Evang.*, II, 26 (PL 76: 1197). Dans cette Homélie XXVI, Saint Grégoire commente l'Évangile de Jean, XX, 19-31.

221. Averroès, *De anima,* III, 36 (VI^2: 184 C-D).

222. Aristote, *Les Seconds Analytiques,* II, 19, 100 a 10.

223. Thomas, *Somme théologique,* Ia, qu. 32, art. 1: «Il est impossible de parvenir à la connaissance de la Trinité des Personnes divines par la raison naturelle. En effet, on a vu plus haut que, par sa raison naturelle, l'homme ne peut arriver à connaître Dieu qu'à partir des créatures. Or les créatures conduisent à la connaissance de Dieu, comme les effets à leur cause. On ne pourra donc connaître de Dieu, par la raison naturelle, que ce qui lui appartient nécessairement à titre de principe de tous les êtres... Mais la vertu créatrice de Dieu est commune à toute la Trinité; autrement dit, elle ressortit à l'unité d'essence, non à la distinction des Personnes. La raison naturelle pourra donc connaître de Dieu ce qui a trait à l'unité d'essence, et non ce qui a trait à la distinction des Personnes». La Trinité est conçue par la foi, car ce qui relève de la distinction des Personnes repose dans l'essence divine, et on peut aussi, par un acte de la foi, reconnaître les attributs appropriés à chaque Personne, la Puissance au Père, la connaissance au Fils, et l'Amour à l'Esprit Saint.

POSTFACE

LES PUISSANCES DE L'ESPRIT

Le sens des disputes

Au XIIIe siècle, la *disputatio* faisait partie d'une pédagogie qui comprenait, en outre, la lecture savante de l'Écriture et l'étude des textes des philosophes et des théologiens. On commentait beaucoup au Moyen Age, en cherchant à rendre le plus exactement possible la pensée d'un auteur *(auctoritas)*. Tout maître s'est exercé à l'art du commentaire. Les maîtres ès-arts, logiciens et philosophes de profession, avaient ainsi pour mission d'enseigner les textes d'Aristote et leurs commentateurs. Les maîtres en théologie se sont préparés à la maîtrise en commentant le *Livre des Sentences* de Pierre Lombard, manuel de théologie inspiré d'Augustin, lu et commenté tout au long des XIIIe et XIVe siècles. Les écrits d'Aristote ont été traduits dès le début du XIIIe siècle, d'abord à partir de traductions arabes puis à partir de manuscrits grecs, les théologiens et les philosophes de profession lisaient donc le commentarisme arabe, et ils commentaient aussi les textes du péripatétisme arabe, tel que le *Liber de causis,* censé transmettre l'essentiel de la « théologie » d'Aristote, et dont Thomas d'Aquin révèle qu'il est en fait constitué à partir des *Éléments de théologie* de Proclus. On a donc raison de faire du Moyen Age un temps du commentaire mais ce n'était pas là le seul exercice du maître, car il organisait aussi des disputes.

Le sujet des disputes ordinaires était choisi par le maître qui confrontait, sur une question, des opinions diverses tirées du Philosophe ou de ses commentateurs, des théologiens, ou encore de l'Écriture. Le premier travail de la dispute consiste en une présentation des arguments pour et de sens contraire. On s'arrête sur les opinions diverses et sur la contradiction des pensées. La réponse est retenue dans une aporie; trop

de pensées opposées encombrent l'issue. L'auteur des disputes détermine la réponse après destruction des thèses opposées. Il peut alors juger chaque argument et le réfuter parce qu'il est fondé sur une mauvaise compréhension d'un terme ou d'un concept, ou sur une part de vérité lacunaire, ou encore sur un contre-sens. Il explicite ainsi les solutions à donner aux arguments *pro* et *contra.*

Cet aspect routinier d'une méthode d'exposition et de résolution ne doit pas nous faire oublier que ces exercices étaient oraux et qu'ils étaient vifs, car, durant la dispute ordinaire, le maître n'hésitait pas à s'opposer à d'autres maîtres. La dispute appartient fondamentalement au genre oral ; certes, le maître préparait à l'écrit ses questions et en organisait le contenu, il le reprenait ensuite encore à l'écrit pour témoigner du débat qui avait eu lieu et pour affiner sa résolution, mais il demeure néanmoins qu'on réfléchissait oralement. Les disputes, si éloignées, semble-t-il, de nos préoccupations et de notre mode de pensée, témoignent d'un temps où la patience du concept était extrême : chaque difficulté est réduite à des difficultés plus simples, où les idées et les difficultés qu'elles occasionnent sont dénombrées, et où aucun détour n'est évité au lecteur.

Loin d'être stériles et incertaines, les disputes témoignent de la structure dialectique de la pensée qui, comme « discours de l'âme avec elle-même », emprunte nécessairement la voie de la discussion et de la confrontation des pensées sur une question. Ces lourdes machines, ces martèlements monotones d'arguments dans un style sans apprêt sont le signe du silence de la concentration, où la pensée saisit une à une les idées, les considère, les replace dans un contexte, en examine les conséquences. La dispute est un art rigoureux, et on peut continuer de l'admirer malgré la difficulté sinueuse de son argumentation et le constat assez désabusé que Descartes a laissé à son sujet. L'ordre des raisons témoigne de la distance qu'il a prise à l'endroit des méthodes scolaires de l'Université, et si l'on peut rapprocher ses textes de la scolastique tardive du XVIe siècle, on mesure le seuil que constitue l'invention de « ma pensée » au rythme de l'évidence de l'intuition des natures simples et de la déduction.

L'étymologie mens / meminisse

Le *De mente* construit une synthèse de la « réflexion » selon Augustin et Aristote. Sa structure permet d'avoir une vue panoptique de la théorie de la connaissance et en général de tout ce qui peut être objet possible de connaissance. Sa démarche est ascendante : il traite de la possibilité que, nous autres hommes, avons de connaître les choses singulières hors de nous (art. 1 à 7), nous-mêmes (art. 8 à 10) et enfin Dieu, son existence et la dimension trinitaire de son essence (art. 11 à

13), Confronter la réflexion chez Aristote et chez Augustin, c'est se demander si le retour sur soi peut être complet et essentiel, ou si la saisie de soi ne reste pas toujours tributaire des actes de connaissance.

En mettant en place une telle confrontation, Thomas d'Aquin intègre à son analyse la thématique théologique de l'esprit à l'image et à la ressemblance de Dieu, il pose à cette fin une étymologie surprenante qui fait dériver *mens* (esprit) de *mensurare* (mesurer) et propose à partir d'elle une analyse de la pensée en termes de mesure du réel à partir de principes qui sont la structure, ou la nature même, de l'esprit humain. Cette étymologie, Thomas d'Aquin la reprend à Albert le Grand, et Nicolas de Cues[1] la réutilisera à son tour dans l'*Idiota (De mente)*. Cette fortune d'une étymologie fausse demande à être éclaircie à partir de la conception augustinienne de l'âme, car *mens* vient de *meminisse* (se souvenir) comme il l'écrit justement.

Le platonisme d'Augustin est fondé sur la réflexion car c'est en rentrant en soi-même que l'esprit peut faire retour à Dieu. On se souvient qu'Augustin a placé le monde intelligible dans l'Intelligence divine de sorte que connaître, c'est se tourner vers la Vérité qui est l'Intelligence divine où sont les Idées exemplaires. La doctrine célèbre du maître intérieur montre comment l'esprit saisit une vérité en y réfléchissant, en la faisant résonner intérieurement, de sorte qu'il la juge et la reconnaît comme vraie. Cette reconnaissance est un ressouvenir puisqu'en rentrant en elle-même, par une sorte de recueillement, la pensée devient capable de juger d'une idée et de la reconnaître comme vraie, et ce pouvoir actif de vérité est la lumière même de l'intelligence qui emprunte toute sa force à l'illumination divine.

Cette conception de la connaissance dévalorise la sensibilité car, selon elle, le sensible ne vaut seulement qu'à titre de trace ou de vestige du divin mais pas en soi. La connaissance de soi est, au contraire, l'expérience de ce qu'il y a de plus indubitable, l'*interior intimo meo* est la conversion vers l'être. En effet, la conscience concrète de sa propre existence est une expérience intime de connaissance et d'amour de soi qui échappe au doute. Les formules classique d'Augustin en manifestent la nature: «Est-il chose plus intimement connue; qui perçoive mieux sa propre existence que ce par quoi nous percevons aussi tout le reste, je veux dire l'âme elle même»[2] et «Qu'y a-t-il donc qui soit plus dans l'âme que l'âme ?»[3], «Il n'est rien en effet que l'âme ne connaisse aussi bien

1. Maurice de Gandillac, *La Philosophie de Nicolas de Cues*, Paris, Aubier, 1941, Partie II, chap. II, note 42.

2. Augustin, *De Trinitate*, VII, 6, 9, nous citons le texte dans la traduction de l'édition de la Bibliothèque Augustinienne.

3. *Ibid.*, X, 8, 11.

que ce qui lui est présent; et rien n'est plus présent à l'âme qu'elle-même»[1].

Ainsi, la connaissance des choses est seconde et indirecte par rapport la connaissance de soi et parce que la Vérité habite l'homme intérieur, l'âme ne peut s'aimer sans se connaître d'une certaine manière. La connaissance sensible est donc moins certaine que la connaissance des réalités incorporelles. L'âme est une certaine présence de soi à soi, immédiate et totale, et elle recueille les réalités incorporelles en elle-même dans la mesure où elle est, elle-même, incorporelle.

Ainsi, la connaissance de soi est non-positionnelle ; elle ne pose pas de sujet qui soit objet d'une connaissance, mais est l'intime conscience de la présence comme première vérité. Or la *notitia* et l'amour sont relatifs parce qu'on n'aime jamais ce qui est inconnu et que l'aimé est connu d'une certaine manière. La recherche de soi est donc un certain amour de soi. L'amour, la connaissance, et l'esprit *(mens-notitia-amor)* sont donc trois relations et pourtant une seule substance. Augustin présente ainsi la synergie trinitaire de l'âme; le retour sur soi dévoile l'âme comme image de Dieu, vivant d'une trinité à la ressemblance de la Trinité incréée.

L'esprit est donc, selon Augustin, l'essence de l'âme humaine et par lui l'homme est à l'image et à la ressemblance de Dieu. *La Trinité* dit que l'homme est capable de Dieu. Il est à son image dans la capacité a se tourner vers lui. Cette capacité est «vide» parce qu'il est toujours susceptible de combler autrement ce manque, mais l'image est inamissible; elle ne peut être perdue même si elle n'est pas la ressemblance. Dans la conception théologique, seul le Christ est l'image et la ressemblance parfaite de Dieu; le lien réel d'engendrement et de filiation est direct du Père au Fils.

L'esprit humain trouve dans la connaissance habituelle de soi-même *(nosse)*, l'absolu d'une vérité éternelle qui est la condition de tout jugement vrai. Une certaine connaissance de Dieu est présente, mais elle est encore implicite, et cette *notitia* doit s'expliciter en *cogitatio*. En effet, le retour à soi-même et la saisie de la vie trinitaire de l'âme manifestent, de manière encore obscure, la présence de Dieu à l'intérieur de l'âme et l'homme devient pleinement conscient dans la *cogitatio* qui s'effectue selon les trois fonctions: mémoriser, représenter, aimer. Est d'abord mémorisé ce qui est extérieur, ou ce que nous avons vécu; ces fonctions portent alors sur l'adventice. L'intériorisation s'effectue lorsque la mémoire se convertit en mémoire de soi, la représentation en représentation de soi, l'amour en amour de soi. Dans la capacité de se souvenir de soi, de se connaître et de s'aimer, gît l'image de Dieu selon les puissances: *mens-notitia-amor*. Mais la triade psychologique est image de la Trinité lorsqu'elle devient: mémoire de Dieu, connaissance

1. *Ibid.*, XIV, 4, 7.

de Dieu, amour de Dieu. L'image la plus parfaite est *memoria-intelligentia-voluntas,* parce qu'elle est triade des actes et que dans l'actualité, l'intériorisation s'approfondit jusqu'à prendre pour objet, non plus le monde ou l'homme, mais Dieu.

La mémoire a donc dans la pensée d'Augustin une place centrale. Elle est la texture de la *mens* comme présence de soi à soi, c'est-à-dire comme mémoire de soi. Elle est le fil d'Ariane qui permet de retrouver le manque comme manque *de* son objet véritable : Dieu. C'est pourquoi la mémoire intelligible vient recouvrir tout l'esprit, toute la *mens,* mais c'est aussi pourquoi la *mens,* la mémoire intelligible, est l'essence de l'âme. Le ressouvenir n'est pas seulement la réminiscence, comme lorsque je connais en me tournant vers les raisons éternelles, il est la vie même de l'esprit qui ne connaît rien sans se connaître lui-même comme présence à soi, c'est-à-dire, sans se souvenir de lui même. L'esprit trouve donc dans la *cogitatio* l'origine de sa vie en Dieu comme mémoire de Dieu. La conscience de soi est essentiellement mémoire de soi, et à ce titre, il est utile à Augustin de se servir de l'étymologie véritable du mot *mens : mens / meminisse.*

L'étymologie mens / mensurare

La distance que Thomas d'Aquin prend à l'égard de la réflexion augustinienne est lisible dès les premières pages du *De mente.* L'esprit ou la pensée est, selon lui, une puissance de l'âme et non son essence, et la mémoire ne s'identifie pas totalement à l'intellect.

Il introduit le concept de *mesure* dont il est possible d'avoir une première compréhension à partir de la philosophie aristotélicienne. Dans la réponse de l'article 1, il cite un passage de la *Métaphysique* portant sur l'Un : « L'essence de l'Un est d'être une sorte de principe numérique : en effet, la mesure première est un principe, car ce par quoi primordialement nous connaissons chaque genre est la mesure première de ce genre ; le principe du connaissable dans chaque genre est donc l'Un »[1]. Ainsi, dans le *De principiis naturae,* où il est question de l'analogie des principes et des causes, Thomas souligne que l'unité est le principe en chaque genre, et comme les êtres naturels sont constitués de deux principes intrinsèques – la matière et la forme – , il en est de l'unité et de la diversité des principes comme de l'unité et de la diversité des êtres dont ils sont les principes. On peut discerner quatre degrés d'unité et de diversité : l'unité numérique de l'individu, l'unité spécifique entre des individus numériquement distincts, l'unité générique entre des êtres spécifiquement distincts, l'unité d'analogie entre des êtres qui appartiennent à des genres différents et qui ont entre eux une certaine unité. Les principes des êtres

1. Aristote, *Métaphysique,* Δ, 6, 1016 b 18-20.

dont la diversité est numérique, spécifique ou générique ont des principes identiques, les réalités dont la diversité est analogique sont analogiquement communs. La mesure est donc immédiatement associée à la notion de principe.

Il est possible d'appliquer ce type d'analyse à la compréhension étymologique de *mens* qui est comme le principe de *mensura ;* l'apparence d'une racine commune dans l'unité syllabique fonde le mot et son sens. Ce qu'il y a donc de commun dans toute activité de mesure, c'est l'esprit qui en est le principe opérateur. Il est l'activité qui norme le réel à partir de ses principes. Comme l'acte est ontologiquement antérieur à la puissance et qu'il la fait connaître, la puissance est la mesure de l'essence, parce que ce qu'on est s'exprime dans ce qu'on peut, ou plutôt dans ce qu'on peut effectivement faire. L'essence de l'âme n'est donc connue qu'au travers du couple «puissance / acte».

Thomas d'Aquin le réinscrit dans la triade dionysienne «essence-puissance-opération» ; il oriente la polarité dans le cadre d'une hiérarchie et en redouble ainsi la dynamique. Dans *La Hiérarchie céleste,* au chapitre XI, Denys l'Aréopagite explique qu'il est possible de nommer du nom commun de «puissances célestes» les essences angéliques sans pour autant perdre de vue l'ordre hiérarchique de participation de chacune des intelligences divines à la sagesse. En Dieu seul, l'essence et la puissance s'identifient, les créatures participent à cette puissance sans que leur essence s'identifie à elle. La production de l'Un est une émanation de la puissance à partir de l'essence. La «puissance opérative» désigne donc un principe causal fondamental: il est diffusé à partir de la cause première, il est reçu dans l'agent créé sur le mode d'un ajout réel à sa propre essence et est obtenu à partir de l'essence propre à son objet d'opération. Ainsi le Bien, ou l'Un, n'attire pas l'ange seulement comme la fin, ou comme son objet, mais il le sustente déjà en l'orientant vers lui et lui communique donc un ajout dynamisant. La superposition de ces deux schémas de la puissance a pour conséquence remarquable de conférer à l'essence de l'âme une dynamique qui se laisse saisir par son opérativité et par les puissances qui la conditionnent.

L'âme est ainsi connue et nommée par la puissance qui la définit en propre. L'animal possède la sensation et le mouvement, il a une âme sensitive; la plante se nourrit et croît, elle a une âme végétative. L'âme humaine vit d'une vie végétative et sensible mais aussi d'une vie intellectuelle, et l'esprit est ainsi, parmi les puissances de l'âme humaine, celle qui la définit en propre. L'âme humaine se connaît donc par la puissance de connaître. Elle est aussi la plus haute, et ainsi l'âme humaine est image, alors que les autres créatures sont plutôt des vestiges, comme le dit Augustin. En appelant l'âme humaine «esprit», on la nomme par la puissance qui la définit en propre. Cette dénomination nous permet de cerner l'essence de l'âme qui nous reste inconnue. Si on

dit, comme Augustin, que l'essence de l'âme est l'esprit, on veut dire en fait, selon Thomas, que l'esprit est la puissance propre de l'âme qui émane de son essence. La connaissance actuelle provient ainsi du fond caché de l'âme, c'est-à-dire de la connaissance habituelle. La triade dyonisienne sert donc à subvertir la logique augustinienne dans le cadre aristotélicien. L'essence de l'âme s'enracine dans la souplesse intérieure et la plasticité dues au redoublement dynamique de son essence.

La mémoire n'est pas l'essence de l'esprit mais une puissance. La réponse de l'article 2 souligne qu'elle est bien la faculté de se souvenir de ce qui a été ici et maintenant, mais les sens rencontrent le particulier, en tant qu'il est ici et maintenant, la particularité de la mémoire relève donc des sens ou plutôt du sens, comme l'écrit Thomas. Il faut cependant étendre le sens du mot mémoire à l'intellect; la mémoire intelligible ne concerne plus seulement le passé, mais aussi le «présent vivant» qui est actuellement. En tant que l'esprit pense, il sait qu'il pense et ainsi, il est une certaine mémoire de soi.

En étendant le sens du concept de mémoire, toute connaissance peut être appelée mémoire, pour autant qu'elle n'est pas actuelle, mais seulement habituelle. La notion thomasienne d'*habitus* s'empare de la thématique augustinienne du *nosse*. L'*habitus* signifie une qualité ou une disposition à agir durablement d'une certaine manière. Thomas reprend cette notion aristotélicienne dans le cadre de la connaissance et lui communique l'ajout dynamique de la triade dyonisienne: l'*habitus* est intermédiaire entre la puissance et l'acte. Il dure plus qu'un acte, mais il n'est pas un pouvoir qui s'oriente toujours consciemment vers l'acte, il est une disposition de l'âme, comme on parle de l'*habitus* de la science en l'âme. On peut, par exemple, connaître les mathématiques sans y penser actuellement, mais il suffit de se concentrer sur un objet ou une démonstration pour disposer de ses outils. La connaissance habituelle, dont le fond est la présence habituelle de soi à soi, est une connaissance parce que tout en n'étant pas actuelle, elle n'équivaut pas à une ignorance. Et ainsi, la connaissance habituelle de l'âme par elle-même n'a pas besoin d'un *habitus* particulier pour être la connaissance essentielle de soi, la présence de l'âme à elle-même y suffit, elle est ainsi la source implicite des actes, le fonds qui n'agit pas actuellement et réside dans sa propre essence.

La trinité *mens-notitia-amor* est une trinité des puissances. Selon l'interprétation de Thomas, l'esprit est présent à soi habituellement, c'est-à-dire qu'il se connaît et s'aime dans et par cette présence. Puisque la mémoire recouvre à présent la totalité de la *mens*, elle peut selon la logique même d'Augustin être nommée «puissance», tout comme l'esprit. Thomas se reporte précisément à *La Trinité*, où la trinité psychologique *«intelligentia, memoria, voluntas»* est plus parfaite que les autres car elle celle des actes, la mémoire étant actuellement mémoire

de soi, l'intelligence intellection de soi, la volonté mouvement du vouloir qui se porte vers l'homme intérieur.

Dans l'article 3, il compare l'intellect et la mémoire et assigne à cette dernière sa place dans l'économie de la pensée comme image de Dieu. La mémoire prise au sens strict est une puissance qui relève des sens dans la mesure où elle est concernée par la différence entre les trois directions du temps, passé, présent et futur, et qu'elle a affaire au passé dont elle est la connaissance. En ce sens la mémoire sensible est une puissance différente de l'intellect mais, comme dans l'article 2, on a étendu la signification de la mémoire, de la connaissance habituelle de soi-même à l'intellect, elle relève donc aussi de l'intellect.

L'esprit mesure dans la connaissance des choses singulières

La forme comme double principe de connaissance

L'article 4 cherche à savoir si l'esprit peut connaître, et comment, les choses matérielles. La difficulté provient d'un hiatus entre les choses du monde qui sont matérielles et l'esprit qui est immatériel. Comment peut-on connaître les choses si, entre elles et l'esprit, il y a un tel fossé ?

Selon Aristote, le principe de la connaissance est la forme. En effet, toute action suppose une forme, qu'elle soit transitive et produise quelque chose hors de soi, comme le potier qui fait le vase a antérieurement dans l'esprit la forme qui en est la condition, ou qu'elle soit immanente, comme la connaissance de la chose matérielle qui implique aussi la présence de la forme dans l'esprit. Cette forme doit être une certaine ressemblance (ou similitude) de l'objet qu'on connaît pour que la connaissance soit véritable. Le processus d'abstraction dégage la forme (la nature ou la quiddité) qui se trouve *dans* la chose matérielle. La forme existe donc dans la chose, en tant que liée à la matière dans une chose matérielle, mais elle existe aussi dans l'esprit, en tant qu'abstraite actuellement de la matérialité de cette chose.

La réponse de l'article 4 souligne que la forme possède deux modes d'être : « celui qu'elle a dans le connaissant » comme forme dans l'esprit, celui du « rapport qu'elle a à la chose » comme similitude de cette chose-ci. Les deux modes d'être considérés relèvent de l'esprit : il s'agit de la *species* en tant qu'elle est saisie d'après le travail de l'abstraction et de la même *species,* cette fois-ci considérée dans le rapport qu'elle a à la chose comme mode de connaissance *(medium quo).* Et selon cette disposition double, la forme ne fait pas connaître la même chose.

Sous le premier rapport, elle fait connaître le connaissant. Thomas suit une suggestion d'Aristote, selon laquelle le retour sur ses actes est rapproché du retour sur soi. En effet, dans l'*Éthique à Nicomaque,* Aristote a insisté sur la primauté de la connaissance de l'autre : « ... celui qui voit sent qu'il voit, celui qui entend, qu'il entend, celui qui marche,

qu'il marche, et pareillement partout ailleurs il y a quelque chose qui sent que nous exerçons une activité, qui sent par conséquent si nous sentons, que nous sentons, si nous pensons, que nous pensons. Mais sentir que nous sentons ou pensons est sentir que nous sommes (puisque être, avons-nous dit, est sentir et penser)... »[1]. Ce passage porte sur l'amitié qui est fondée sur la réflexion en commun ; l'amitié a d'une certaine manière une primauté sur la connaissance de soi, en effet l'impossibilité, pour l'homme, de l'autarcie et de l'auto-suffisance qui caractérisent Dieu donne à l'amitié une place importante dans la culture de soi. Il reste néanmoins, que c'est une certaine idée et un certain exercice de ce qu'on se doit à soi-même qui décident des amitiés et de leur valeur.

Dans le *De mente,* cette primauté signifie que l'âme, ou bien réside dans la connaissance habituelle de soi et a une saisie implicite de son essence, ou bien a une connaissance actuelle de soi qui ne porte pas directement sur son essence mais sur ses actes. La réponse de l'article 8 en est la formulation nette :

> Personne en effet ne se perçoit intelliger s'il n'intellige quelque chose : parce que d'abord on intellige quelque chose et ensuite on intellige qu'on intellige ; et pour cette raison, l'âme parvient à se percevoir actuellement par ce qu'elle intellige ou sent. Mais quant à la connaissance habituelle, je dis que l'âme se voit par son essence : en effet de cela même que son essence lui est présente, elle est capable de passer à l'acte de connaissance de soi-même ; comme quelqu'un, de cela qu'il a l'*habitus* d'une certaine science est capable de percevoir ce qui se trouve sous cet *habitus.* Mais pour que l'âme perçoive qu'elle existe et qu'elle prenne conscience de ce qui se fait en elle, un *habitus* n'est pas requis mais à cela suffit la seule essence de l'âme qui est présente à l'esprit : de l'âme en effet émanent les actes dans les quels elle-même est perçue actuellement.

Ainsi, lorsque la forme est considérée selon le premier rapport, c'est-à-dire en tant qu'elle est dans l'esprit, il se connaît connaissant quelque réalité, se perçoit percevant quelque chose. La connaissance de la forme oriente donc vers une connaissance de soi indirecte, portant d'abord et avant tout sur les actes. La forme dans l'esprit est le résultat d'une activité d'abstraction qui est lisible lorsque l'esprit pratique, à partir de la saisie intellectuelle de la *species,* une analyse régressive sur les conditions de la connaissance. En suivant l'analyse aristotélicienne, il est possible de soutenir que le connaissant se connaît connaissant dans la mesure où, dans la connaissance, le sujet se connaît connaissant telle espèce. On peut donc remonter des choses aux actes, des actes aux *species,* et d'elles aux *habitus* et aux puissances et au-delà à l'essence de l'âme en tant qu'elle en est la source. Sous le premier rapport la forme, ou l'espèce, fait

1. Aristote, *Éthique à Nicomaque,* introduction, traduction et commentaire par R.- A. Gauthier & J. -Y. Jolif, Louvain-Paris, Publication Universitaires de Louvain – Béatrice Nauwelaerts rééd. 1958, 2 vol, L. IX, chap. 9, 1170 a 30 *sq.*

donc connaître le connaissant. Puisque la connaissance est l'acte commun de l'intellect et de l'intelligible, il se connaît connaissant dans et par la saisie de l'espèce. Pour connaître, juger, ou définir une puissance (ou une faculté) de l'âme, les actes et leur objet sont nécessaires, mais la connaissance que nous avons en ce cas est celle de l'intellect par lui-même plutôt que de l'âme par elle-même. C'est l'intellect qui peut à partir des actes faire un retour essentiel sur lui-même. La connaissance essentielle de l'âme par elle-même est la connaissance habituelle ou la présence essentielle à elle-même.

Sous le second rapport, l'espèce est pensée dans sa similitude idéale avec l'objet, et c'est elle qui fait connaître les choses matérielles. L'esprit est la mesure des choses qu'il connaît puisqu'il les connaît en les saisissant sous un concept, ou une espèce intentionnelle. La similitude n'est pas une ressemblance qui appartient à la représentation imaginaire du phantasme, et elle est intentionnelle, au sens où elle n'a pas d'existence réelle, mais possède un être dans l'esprit comme *moyen de connaître* la chose hors de l'esprit. La forme dans l'esprit n'est pas la forme dans la chose, mais son espèce intentionnelle, c'est-à-dire l'idée de la chose en tant qu'elle saisit intellectuellement l'essence de la chose. La *species* est donc une similitude de la chose, soit au niveau sensible, soit au niveau intellectuel, et elle est ainsi *ce par quoi (medium quo)* est saisie la quiddité ou la nature de la chose.

> Quand on cherche à savoir si quelque chose est connu par son essence, cette expression peut être entendue… lorsque l'expression est rapportée à *ce par quoi* quelque chose est connu par son essence; parce que son essence même est *ce par quoi* cette chose est connue[1].

Il est besoin d'un intermédiaire parce que Thomas considère que l'âme intellectuelle est immatérielle, et ainsi connaître la chose, c'est ressaisir ce qui en elle est intelligible. La *species intelligibilis* est ce par quoi la nature de la chose est saisie. Ainsi, même si elle implique l'intermédiaire de la *species,* la connaissance est la connaissance de la chose et pas celle de l'espèce: «… l'objet de l'intellect est l'essence même de la chose; et bien qu'il connaisse l'essence de la chose par sa similitude, comme par un moyen de connaître, il ne connaît pas cette dernière comme l'objet vers lequel sa vision est premièrement dirigée»[2].

1. Thomas d'Aquin, *De mente,* art. 8, réponse.

2. *De mente,* art. 4, réponse au premier argument. La chose est-elle bien intelligée ou les intermédiaires mentaux laissent-ils l'esprit seul avec ses représentations ? Cf. C. Panaccio, « From Mental word to mental language », *Philosophical Topics,* 20 / 2, 1992, qui considère que le « verbe mental » est le premier objet d'intellection en se basant sur le *De potentia,* qu. 9, art. 5 : « Id quod est per se intellectum non est res illa cuius notitia per intellectum habetur … Hoc ergo est primo et per se intellectum quod intellectus in se ipso concipit de re intellecta ». Le *De mente*

Bien que ce soit la chose qui soit connue, ce n'est pas en tant qu'elle est matérielle qu'elle est saisie, mais en tant que son essence est dégagée par un procès d'abstraction qui est en même temps une dématérialisation. Si l'homme connaît la quiddité des choses matérielles, cela ne signifie pas que la chose soit une forme immatérielle, ce n'est en effet pas l'âme qui connaît ou qui bâtit, mais l'homme, c'est-à-dire le composé humain. L'homme ne peut connaître qu'à partir du donné, bien que la connaissance suppose la forme, car ce qu'il connaît dans la chose, c'est sa nature ou sa quiddité. Et il la comprend en la pensant; l'espèce est, en ce sens, immatérielle mais non la chose qu'il connaît. Il n'est donc pas contradictoire que l'homme connaisse immatériellement les choses matérielles et que ce ne soit pas la chose, en tant que matérielle, ou en tant que telle *(illa)*, qui soit connue. Autre est le *medium quo* de la connaissance et autre est la chose réelle que je connais. Le *medium quo* de la connaissance est déterminé par la façon dont un être peut connaître, la chose réelle est matérielle. La chose n'est pas égale au *medium quo* de la connaissance.

La noétique thomasienne : l'abstraction

Dans la réponse de l'article 6, Thomas présente un tableau complet des différentes manières de concevoir l'origine de la connaissance : à partir des intelligibles, à partir des intelligibles et des sens, et à partir de l'esprit et d'idées innées. À la fin de l'examen, il ne reste plus que la thèse dite du Philosophe, c'est-à-dire l'abstraction de la quiddité de la chose.

Les opinions sur l'origine de notre connaissance peuvent se diviser en deux : certains considèrent que la connaissance est acquise à partir d'une cause extérieure à l'esprit et d'autres qu'elle provient de l'esprit lui-même. La première opinion peut être à nouveau divisée en deux : les philosophes que Thomas nomme « platoniciens » pour qui les Idées séparées sont cause de la science et de la génération, et Avicenne dont la position est restée en quelque façon encore platonicienne. La seconde opinion considère que l'esprit est la cause de la connaissance, il disposerait d'idées innées dont il prendrait possession par réminiscence.

Thomas considère que la critique d'Aristote à l'égard des Idées est définitive. La séparation des Idées les confine à l'ineffectivité. À titre de théologien, il veut rendre compatible la philosophie et la Révélation, s'il reprend la structure de la participation, il y insère les réquisits aristotéliciens de sorte que la hiérarchie des êtres, animée d'un mouvement dynamique vers Dieu, rend inutile les Idées séparées. Le Dieu unique et tout-puissant, ne peut être relativisé par des Idées extérieures à lui et auxquelles il serait assujetti pour penser et pour créer.

fait entendre la thèse contraire qui n'est peut-être pas, comme on le verra, contraire au texte du *De potentia*.

Avicenne anticiperait, selon Thomas, la thèse averroïste d'un unique intellect agent. Thomas la refuse parce que la pensée ne serait plus personnelle et que, du point de vue de la foi, le salut ou la damnation des âmes singulières serait impossible. Il prend position avec netteté, et cela d'autant plus qu'il s'accommode du terme d'« intellect agent » d'origine arabe, et il affirme alors que l'intellect divin est différent de l'intellect agent de chaque homme lequel est séparable parce qu'il est immatériel. Pour sa part, Avicenne considère qu'il y a une procession de Dieu vers l'Intelligence première et de celle-ci vers l'intelligence inférieure et vers tous les autres relais, de sorte que notre monde est produit par l'intermédiaire des causes secondes. Il y aurait une intermédiarité créatrice et les anges, ou les intelligences séparées, participeraient positivement à l'acte de la création. Pour Thomas, rien en dehors de Dieu ne peut créer. Or, suivant le principe de l'efficacité des causes secondes, Avicenne soutient que les anges sont la cause de notre connaissance. Par leur intermédiaire, les formes intelligibles s'écoulent de l'Intellect agent dans nos âmes. L'intellect humain est en puissance par rapport à lui et si les sens sont nécessaires à la connaissance, c'est parce qu'ils excitent et disposent à la science. Cette disposition se voit jusque dans la connaissance habituelle, où avoir appris exerce l'âme à se tourner plus facilement vers l'Intellect Agent. Les sens sont donc nécessaires mais seulement à titre de disposition pour se tourner vers les formes intelligibles qui sont dans l'Intellect Agent. Les sens agissent à la façon d'accidents qui excitent et disposent, mais ne sont pas liés de façon nécessaire à la connaissance.

Thomas ne considère pas non plus comme raisonnable la thèse « innéiste » puisqu'elle met entre parenthèses les sens, mais pourquoi aurions-nous des sens s'il ne contribuaient activement à la connaissance ? À quoi sert de reconnaître que la sensibilité est constitutive de l'homme, si c'est pour lui retirer ce qu'on lui accorde, et faire de ses données de simples accidents d'une réminiscence purement intellectuelle ?

Dans l'acquisition du savoir, il faut reconnaître qu'il existe certains germes de science. L'« innéisme » que retient Thomas d'Aquin n'est pas celui de principes mis originairement dans notre esprit et vers lesquels il suffirait de se tourner pour connaître, il est plutôt celle de la structure de notre esprit. Les premières conceptions de notre intelligence sont connues immédiatement par l'intellect agent qui participe à la lumière divine et sont pourtant dépendantes de l'expérience sensible. L'expérience sensible est une condition de possibilité de l'abstraction, elle permet à l'intelligence de saisir en acte la *species*. La connaissance ne nécessite pas la possession d'idées innées mais plutôt celle du pouvoir naturel de connaître, lequel prend possession de ses principes dans et par l'exercice concret de la connaissance. La réponse de l'article 6 est importante parce qu'elle récapitule l'ensemble des thèses que Thomas

d'Aquin récuse et dessine en creux la théorie de la connaissance qui est la sienne. L'abstraction semble nous reconduire au commencement absolu de la connaissance, c'est-à-dire à la possession, ou plutôt à l'exercice du jugement. Le jugement est la réelle activité mesurante de l'esprit.

L'abstraction met donc en valeur l'importance des sens dans la connaissance humaine. Les causes qui concourent à la connaissance humaine sont l'intellect et la chose ; l'immatérialité de l'intellect empêche que toute notre connaissance dérive des sens.

Ainsi, Dieu et les anges ne connaissent pas les choses comme nous. En effet, puisque l'ange n'est pas corporel, il n'est pas en demeure de connaître les choses matérielles à partir des sensations, il n'a d'ailleurs pas de sens. Il connaît les choses matérielles en participant aux raisons divines éternelles. Dieu, pour sa part, connaît comme il pense et comme il crée, par un acte unique et simple. Les raisons divines sont à la fois le fondement ou la raison d'être des choses et la condition de leur connaissance, elles subsistent en lui de toute éternité dans une distinction sans distinction, puisque penser et être sont pour lui une même chose. Mais l'esprit humain est en puissance à l'égard des intelligibles qui sont les principes de sa connaissance et il doit les dégager par un travail d'abstraction. Or, c'est en deux sens que l'intellect est dit en puissance :

> … l'intellect est en puissance de deux manières : d'abord avant d'avoir appris ou trouvé, c'est-à-dire avant d'avoir l'*habitus* de la science, et aussi lorsque possédant l'*habitus*, elle ne considère pas actuellement son objet [1].

L'intellect angélique n'est pour sa part jamais en puissance au sens premier, parce qu'il est naturellement équipé pour connaître, de sorte qu'il n'est jamais pure puissance, réceptacle vide, à la différence de l'intellect humain qui prend appui sur les facultés sensibles. La connaissance empirique n'implique pas que l'intellect s'exerce au moyen d'un organe corporel et qu'il faille identifier l'intelligible à une sorte de perception. Au contraire l'intellect possible, qui est l'intellect en tant qu'il peut tout devenir – l'intellect en tant que réceptivité absolument immatérielle – est en puissance tous les intelligibles et il les reçoit sur un mode propre de façon immatérielle.

Cependant comme les formes des choses sensibles ne peuvent exister en dehors d'une matière, un pouvoir actif est alors requis parce que leur situation dans les choses sensibles les empêche d'être intelligibles en acte. Les qualités sensibles sont capables d'actualiser les facultés sensibles, mais dans l'intellection appliquée aux choses matérielles, il y a

1. Thomas d'Aquin, *Summa theologiæ*, Ia, 58, 1 : « intellectus dupliciter est in potentia : uno modo sicut ante addiscere vel invenire, scilicet antequam habeat habitum scientiae ; alio modo dicitur esse in potentia, sicut cum habet jam habitum scientiae, sed non considerat »

une hétérogénéité, et il convient alors d'admettre l'existence d'un pouvoir actif capable d'actualiser les espèces intelligibles qui sont en puissance dans les choses matérielles, Thomas le nomme «intellect agent», il est l'intellect en tant qu'il actualise tous les intelligibles. Bien que Thomas utilise un terme introduit par la noétique arabe, il souligne que, contrairement à Averroès, n'est pas question de l'intellect toujours en acte, unique et transcendant, mais de la faculté, propre à l'homme, de rendre intelligibles en acte les formes des choses sensibles qui ne sont intelligibles qu'en puissance, puisqu'elles sont réalisée dans une matière.

Suivons le cheminement de l'espèce, du commencement de la chaîne d'opérations jusqu'à son intellection en acte. Chacun des sens, la vue, l'ouïe, le toucher, etc., ne perçoit que son sensible propre, la couleur, le son, etc. Ces diverses qualités sont d'emblée reliées entre elles par le sens commun qui se représente les sensibles communs, la figure, le mouvement, ou encore les déterminations fondamentales des choses corporelles. Les images du sens commun sont singulières et donc encore hétérogènes à l'intellect, mais en même temps elles sont déjà des espèces intentionnelles, elles ne sont pas les choses prises dans leur être réel mais des ressemblances. Conformément à Aristote et au péripatétisme arabe, l'intellect se tourne nécessairement vers les images, et c'est en les examinant qu'il peut lire dans les ressemblances «l'invariant éidétique», ou encore l'essence, bien que cela soit seulement à la lumière de l'intellect agent. Dans le sens, s'imprime une similitude de la chose sensible, c'est-à-dire une espèce sensible à la fois immatérielle et pourvue de particularités propres à l'existence concrète. Elle sert à l'élaboration de l'espèce intelligible qui est aussi une similitude de la chose, mais considérée dans sa nature universelle, ou quiddité. L'intellect agent a donc pour tâche de préparer l'intellection, en procurant à l'intellect possible les espèces qui actualisent sa puissance intellective.

> Il y a dans la partie sensible de l'âme deux sortes d'opérations. L'une suppose seulement une modification *(immutatio)*; ainsi l'opération du sens se réalise-t-elle en ce que celui-ci est modifié par le sensible. L'autre suppose la formation d'un objet, en tant que la faculté d'imaginer se forme une idole d'une chose absente ou jamais vue. L'une et l'autre opérations sont réunies dans l'intellect. On observe d'abord une affection *(passio)* de l'intellect possible, en tant qu'il reçoit la forme de l'espèce intelligible. Ainsi modifié, il forme en second lieu une définition, une composition qui est exprimée par le mot. Donc la «raison» que signifie le nom, c'est la définition, et la proposition exprime l'acte intellectuel de composer et de diviser. Les mots ne désignent donc pas les espèces intelligibles, mais les moyens que l'activité intellectuelle se donne[1].

1. *Ibid.*, Ia, 85, 2 ad 3um.

La *Somme théologique* est plus tardive que le *De mente*, mais elle souligne aussi que l'intellect possible produit une définition et une proposition, ou un jugement, par lesquelles la chose est connue. La *species* est la forme de l'intellect, le premier *medium quo*, et l'intention (ou le verbe engendré par l'esprit), est un intermédiaire conceptuel et verbal ne relevant d'aucune langue bien qu'impliquant une composition et une articulation – la quiddité dans sa dimension intentionnelle[1]. L'article 8 affirme que l'appréhension et le jugement concourent à la connaissance. La dimension discursive de l'intellect est inscrite depuis le début par le recouvrement du schéma de la puissance opérative chez Aristote et Denys. Thomas utilise le *Commentaire du traité de l'âme* d'Averroès (III, comm. 36), où ce dernier insiste sur les premiers principes qui sont les instruments naturels de la pensée. L'actuation de l'intellect agent est donc l'acte même où l'esprit se saisit de la vérité. Cette affirmation a alors une portée théologique : elle est la reprise de la thématique augustinienne de la contemplation de la « Vérité Inviolable ». Mais elle est une affirmation dont la nature est avant tout métaphysique, à savoir que nous saisissons la vérité dans l'exercice même du jugement, où la vérité n'est autre que la mesure de l'activité de la pensée par elle-même.

> nous connaissons une vérité inviolable, dans sa similitude, qui est imprimée dans notre esprit, dans la mesure où nous connaissons naturellement quelques évidences à l'aune desquelles nous examinons toutes les autres choses, selon qu'elles jugent des autres choses.

L'esprit est fait pour le vrai, c'est pourquoi il a toujours des idées vraies qui ne sont ni innées, ni émanées directement de l'Intelligence Agente, mais qui sont la mesure interne du développement de notre pensée. Thomas confère une dimension ontologique à cette thèse par le biais de la doctrine de la création. En effet, l'acte de créer pose hors de soi la créature sans la condamner à l'absolue extériorité, il lui communique un dynamisme ou une souplesse de l'esprit qui dans le jugement mesure ses propres avancées. Si Thomas utilise le néo-platonisme, il s'en sépare, c'est ce qui nous permettra de voir ultérieurement en quoi sa noétique, c'est-à-dire sa théorie de l'esprit, reste encore tributaire de la tradition

1. J'emprunte ces éléments à une discussion entre C. Panaccio et A. de Libera à l'EPHE, à la suite d'une communication du premier sur le *verbum mentalis* chez Thomas d'Aquin qui a eu lieu le 3 décembre 1996.

La notion d'intention est issue de la philosophie arabe, elle a été thématisée par les perspectivistes au XIIIe siècle, c'est-à-dire par les philosophes qui pensaient la lumière, la vision perceptive et la connaissance sur le modèle néoplatonicien de l'optique arabe. L'intention est saisie dans la vision, elle n'est pas une réalité matérielle et n'est pas seulement un acte de l'esprit mais semble avoir une certaine consistance. L'être intentionnel signifie donc le mode d'être des objets de la pensée. Cf. K. Tachau, *Vision and Certitude in the Age of Ockham*, Leiden, Brill, 1988.

théologique. Mais pour le moment, dans le domaine de la théorie de la connaissance où nous nous situons, l'abstraction thomasienne conduit à affirmer que la chose singulière ne saurait être comprise dans sa singularité.

Le retour sur l'acte de connaître est la mesure de la singularité des choses

Puisque la connaissance des choses matérielles porte sur la quiddité, ou sur une nature universelle, l'esprit peut-il connaître ce qui fait la singularité d'une chose matérielle ? Si l'objet de l'intellect est la quiddité de la chose naturelle, la matière n'est-elle pas évincée de la connaissance, et comment prétendre alors que l'on connaît les choses matérielles, si la matière qui les constitue est ignorée de l'esprit ?

Dans l'article 5, Thomas distingue la matière prise universellement et la matière prise singulièrement. Dans le premier cas, les formes existantes sont toujours engagées dans une matière, et la matière est ainsi connue par analogie avec la forme. Dans l'analyse métaphysique de la réalité, ni la forme ni la matière ne sont définies en soi ; la forme est conçue dans sa nécessité à s'engager dans une matière, la matière dans sa disposition à recevoir une forme. C'est donc par le rapport, ou par une certaine proportion, que sont connues et la forme et la matière. Dans le second cas, la matière prise singulièrement n'est pas connue directement par l'esprit. En effet, si je connais Socrate par exemple, comme composé de cette matière et de cette forme, la matière dont il est question, est prise selon des conditions déterminées, c'est une matière dimensionnée ou désignée (*materia signata*) propre au corps en tant que prédisposé à l'organisation par l'âme. Or la matière déterminée ou dimensionnée n'est connue directement que par les sens.

C'est donc par un retour sur ses conditions d'exercice que l'esprit peut connaître le singulier, ce n'est jamais directement, comme dans les facultés sensibles. Il y a ainsi un double mouvement ; de l'âme vers les choses, et des choses vers elle-même. Elle se tourne nécessairement vers les phantasmes parce que les raisons formelles ne lui sont pas révélées *a priori*, et que c'est seulement par le biais des images qu'elle peut lire les raisons et apercevoir les formes enveloppées dans les particularités de la matière. Pour que cette lecture soit possible, il faut que les images soient éclairées par la lumière de l'intellect agent, et que, par la vertu de ce même intellect, la forme intelligible, ou l'essence universelle, soit dégagée des déterminations particulières. Et ce mouvement doit toujours pouvoir être accompagné par le mouvement inverse de la réflexion qui saisit son acte d'intellection, c'est-à-dire la *species* abstraite, et de là, le phantasme d'où elle est tirée ; ce mouvement réflexif fait donc connaître le connaissant et le singulier. Dans l'indirect tout dépend de ce vers quoi on se tourne dans les multiples directions.

Dès la fin du XIIIe siècle, et durant tout le XIVe siècle, ces thèses sont l'objet d'importantes discussions. Ainsi Guillaume d'Ockham critique Pierre d'Auriole qui pose l'existence d'un *esse diminutum* pour penser les choses. Ockham récuse tout intermédiaire mental dont la réalité n'est ni matérielle, ni celle d'un acte de l'intellect. N'étant pas un être, mais pas non plus un non-être, il semble que cet intermédiaire soit impensable et inutile. L'accès à la chose intelligée est direct, et il y a donc une intuition intellectuelle du singulier. Et en effet, s'il n'y a pas d'intermédiaire, le concept est un acte de l'esprit qui fait signe vers elle, au sens ou il en tient lieu, il suppose pour elle. Lorsque l'on a une connaissance intuitive d'une chose particulière, l'esprit accompagne la perception, il sait que la chose existe, qu'elle est distante ou non etc.

La réduction du concept à l'acte de la pensée avait déjà été anticipé par Pierre-Jean Olivi à la fin du XIIIe siècle et par les théologiens franciscains qui s'efforcent de donner à leur anthropologie théologique une théorie de la connaissance qui lui convienne. Ils considèrent – pour des motifs liés à la théologie de la vision béatifique – que nous ne pouvons pas connaître l'essence d'une chose dans des intermédiaires mentaux, et en outre que l'âme intellectuelle transcende le corps avec lequel, seules les facultés sensitives et imaginatives sont liées. Ainsi, Thomas d'Aquin fournit le modèle d'une noétique qui accorde une certaine réalité à la *species*; elle est toujours visée par ces auteurs dont la critique des espèces a pour but de montrer qu'on ne peut rien saisir par des intermédiaires parce que leur consistance fait écran à la chose même. Cette opposition à l'endroit d'une connaissance médiatisée libère la possibilité de soutenir la thèse de l'intuition intellectuelle directe du singulier; l'esprit n'ayant plus à dégager une quiddité universelle d'une chose singulière qui est intrinsèquement, et dans toute sa texture, singulière.

La noétique a donc une dimension philosophique, elle est une philosophie de l'esprit fondée sur la conception qu'en donne le péripatétisme ; elle cherche à comprendre comment il nous est possible de connaître les choses et quelle réalité nous devons accorder à la pensée et à ses objets. Mais ces enjeux ne peuvent pas être isolés abstraitement de la réflexion théologique parce que la philosophie médiévale trouve beaucoup de ses opérateurs dans ce contexte qui sert d'aiguillon dans la recherche et est une base de départ pour produire une autonomie réelle sur certaines questions, par exemple en philosophie naturelle au XIVe siècle. On peut penser à la charité et à l'intension et à la rémission des formes comme terreau pour conceptualiser la quantification de l'accroissement qualitatif, et à l'Eucharistie pour faire du concept d'extension comme accident substantiel la définition du corps. La noétique thomasienne se trouve confrontée à la théologie de l'image selon le même principe.

Connaissance des choses et Imago Dei

Dans la connaissance des choses, l'esprit est-il à l'image de Dieu ? Pour Thomas, qui suit sur ce point Augustin, l'esprit est d'autant plus image de Dieu qu'il se porte vers son principe, or ce n'est pas en tant qu'il connaît les choses matérielles qu'il s'y porte.

L'article 7 met en place une distinction dynamique entre « image par analogie » et « image par conformité ». Il y a image par analogie lorsque la similitude est une proportion entre des ordres différant cependant quant à leur nature ; ainsi la vue, par exemple, ressemble par analogie à l'intellect, dans la mesure où l'intellection est comparable à une vision, car de même que les sens sont en puissance tous les sensibles, l'intellect est en puissance tous les intelligibles, mais la vue appartient aux puissances sensibles alors que l'intellection relève de l'intellect purement immatériel. De même la main est un outil d'outil qui peut se saisir de toute chose, comme le sens peut sentir tout sensible, et l'intellect intelliger tout intelligible. Il y a donc un mouvement similaire dans des ordres sans commune mesure, c'est ce que Thomas nomme « image par analogie ».

L'image par conformité est proprement l'image de Dieu. L'homme est à l'image de Dieu par conformité, c'est-à-dire dans la mesure où il le recherche et trouve dans cette recherche sa perfection d'homme par la pensée et par l'action. L'image par conformité est la ressemblance conçue comme modélisation ; assimilation à Dieu, ressemblance recherchée et voulue, ou encore effectuée.

Lorsque l'homme connaît les choses matérielles, il n'y a ni ressemblance par analogie ni ressemblance par conformité. Les choses matérielles sont sans commune mesure avec l'esprit et Dieu ne connaît pas les choses matérielles de la même façon que l'homme. De plus, les choses matérielles diffèrent plus de Dieu que l'esprit, et comme le connaissant s'assimile au connu, dans la connaissance des choses matérielles, l'esprit ne s'assimile pas à Dieu, puisqu'il se rapporte aux choses matérielles.

Quand l'esprit se connaît lui même, il est image par analogie parce qu'il effectue le mouvement de l'esprit qui se connaît et s'aime *(memoria sui, intelligentia sui, voluntas sui)* comme Dieu produit son Verbe dans un Esprit commun. Il n'y a d'image par conformité que lorsque l'esprit recherche Dieu *(memoria Dei, intelligentia Dei, voluntas Dei)*, car, en cette trinité, l'homme désire s'assimiler à Dieu le plus parfaitement possible. Thomas est resté fidèle à la tradition d'Augustin sur la question de l'image. Au plan de la théorie de la connaissance, que signifie cette réinscription de la noétique dans la théologie augustinienne de l'image ? C'est au niveau de la connaissance de soi que les effets en sont le plus manifestes, car si l'intellect peut faire un retour sur son essence, comment

se fait-il que ce retour actuel sur son essence ne soit pas ce qui figure en nous l'image ?

La réflexion et le jugement[1]. *L'esprit mesure de la vérité*

La connaissance de soi

Il est possible de voir se nouer deux trames : l'article 5 souligne que la connaissance des choses singulières suppose le retour sur soi, c'est-à-dire la réflexion sur nos actes de connaissance, et l'article 7 montre comment la connaissance de soi met l'esprit à l'image de Dieu selon une analogie structurelle avec la vie trinitaire de Dieu. Quel est le rapport entre la connaissance des actes lorsque l'intellect se connaît connaissant les choses et la connaissance que l'âme a d'elle-même ?

Pour répondre à cette question, il convient d'analyser en quoi consiste la connaissance que l'âme peut avoir d'elle-même. Elle est double, d'une part, elle peut se connaître singulièrement, comme on se connaît à partir de ce qui nous est le plus propre, et de l'autre elle peut avoir une connaissance générale d'elle-même, en connaissant ce qu'est l'essence de l'âme en général.

La connaissance singulière de l'âme est ou bien habituelle, ou bien actuelle. La connaissance habituelle est la présence simple de soi à soi, le fond de toute connaissance actuelle. Thomas affirme que l'âme se voit ainsi par essence. La connaissance actuelle de soi n'est jamais une saisie directe de soi, mais, au travers des actes, l'âme se saisit comme celle qui est capable de tels actes ; l'âme se connaît donc connaissant, imaginant ou sentant quelque chose. La connaissance de soi est paradoxale : habituelle, elle est la clarté sans fond de la présence à soi que l'âme en repos ne saisit pas actuellement ; actuelle, elle est une saisie indirecte de soi à partir des actes.

La connaissance de l'âme en général peut être obtenue par appréhension et par jugement. L'appréhension renvoie à l'article 4, où la connaissance de la forme dans l'esprit fait connaître la façon dont l'âme connaît. Connaître l'âme connaissant, c'est admettre que « notre esprit ne peut s'intelliger lui-même ni se saisir immédiatement ; mais (qu') il parvient à la connaissance de soi parce qu'il saisit d'autres choses ». Ainsi, à partir de là, voyant que l'esprit connaît la nature universelle des choses qui est incorporelle, on peut dire par exemple que l'intellect est indépendant de la matière. Cette saisie de soi à partir des concepts ou des espèces intentionnelles renvoie donc, en dernier ressort, à la connaissance de l'âme à partir des jugements ou des principes de l'esprit.

1. Cf. F.-X. Putallaz, *Le Sens de la réflexion chez Thomas d'Aquin*, les chap. I et IV traitent directement du *De mente*.

L'article 9 se demande si l'âme connaît ses *habitus* ou ses dispositions par essence ou par quelque similitude. Le principe de la réponse est le même qu'auparavant, bien que la question ait été déplacée. Car on peut bien connaître qu'on a une âme sans savoir ce qu'elle est, alors qu'on ne peut absolument pas savoir si on possède tel *habitus,* par exemple le sens ou l'intelligence, la charité ou la bienveillance, si on ne sait pas ce qu'est cet *habitus.* Encore faut-il en effet distinguer les *habitus* de la partie intellective et ceux de la partie affective, car les premiers sont principes des actes de connaissance par lesquels les choses, et eux mêmes, sont connus, alors que les *habitus* de la partie affective sont seulement les principes de leurs actes, à partir desquels il peuvent être perçu, mais pas être connus pour autant.

Si nous nous arrêtons aux *habitus* de la partie cognitive, nous en avons une connaissance double. Par appréhension, nous les saisissons comme principe des actes qu'ils rendent possibles. Thomas indique alors que les sens font un retour incomplet sur leur essence parce qu'ils sont matériels, alors que l'intellect, qui est immatériel, effectue un retour complet. L'autre mode de connaissance s'exerce par jugement, comme lorsque nous entendons vanter la valeur de la grammaire, qui est une certaine disposition, ou que nous la connaissons pour l'avoir exercée, ou encore que nous connaissons tel *habitus* par le jugement. Nous avons donc une connaissance indirecte des *habitus* de la partie cognitive, par le retour sur les actes dont ils sont les principes, ou bien nous les connaissons par essence, habituellement, comme principe de tels actes, comme fond de tout exercice.

Pour les *habitus* de la partie affective, nous ne les saisissons que par certaines notions, car leur perception ne les fait pas immédiatement connaître, ainsi, par exemple, personne ne peut savoir qu'il est réellement charitable, parce que la charité est ordonnée à une fin surnaturelle et ne saurait être connue. Nous sommes ainsi amenés à conjecturer, par le biais de certains signes de mécontentement ou de plaisir qui accompagnent leurs actes, que nous les possèdons.

Le retour incomplet des sens sur leur essence. La dimension discursive de l'esprit

Le jugement, ou encore le retour sur les premiers principes, est le domaine où l'esprit exerce pleinement son activité mesurante. Il est possible de refaire le chemin de l'abstraction afin de comprendre qu'il ne nous mène pas, par épuration progressive, vers le vrai, mais que le vrai est présent à chaque moment du processus de connaissance et que l'exercice discursif du jugement nous permet de pouvoir le reconnaître. Ainsi, rien de plus immédiat que la certitude sensible; le ceci, cette chose-là, est devant moi, cependant si les sens sont dans le vrai, ils ne le savent pas. En effet, ils ne connaissent pas la vérité mais sont dans le vrai pour autant

que, dans la sensation en acte, une similitude de la qualité sensible est appréhendée. La vérité propre aux sens est en quelque sorte factuelle. La conformité est présente à l'esprit, il y a bien un rapport effectif antérieur à la réflexion proprement dite qui saisit cette vérité « antéprédicative ». Un jugement quasi-naturel des sens saisit la conformité de la qualité sensible à la chose, bien qu'une telle conformité ne puisse être accréditée que par l'intellect, qui est seul en mesure d'appréhender la vérité.

Car l'extranéité de la perception empêche toute perception de la perception ; pour qu'il y ait sensation il faut que l'objet, en quelque façon, agisse sur les sens par l'intermédiaire de l'organe, or aucun organe ne s'interpose entre une faculté sensible et elle-même. Ainsi si le sens fait retour sur soi, il ne s'agit pas d'un retour sur son essence mais plutôt sur sa propre opération. La vue saisit la couleur et elle a accès à son acte de vision, de sorte qu'elle se voit voir, non pas à la façon dont on voit quelque chose d'extérieur à soi, mais comme la vue suppose qu'on ait conscience de son acte de vision. Comme l'écrit Thomas dans la réponse de l'article 9 :

> Et que par ces puissances l'action tende vers l'objet, cela n'est pas possible sans quelque retour sur soi ; comme nous voyons que la vision est premièrement dirigée vers la couleur, mais qu'elle n'est pas dirigée vers l'acte de voir sans quelque retour, lorsqu'en voyant la couleur elle se voit voir. Mais ce retour est incomplet dans le sens et il est complet dans l'intellect, car c'est par un retour complet que l'intellect revient à la connaissance de son essence.

Ainsi, en raison de la proximité de l'intellect aux processus sensibles, les sens possèdent une disposition naturelle au vrai. À leur niveau, il y a donc une inclination à la connaissance de soi, et ils inaugurent un retour sur leur acte, mais ce retour est incomplet, comme l'indique le *De veritate,* I, 9, parce que contrairement aux substances spirituelles, ils ne connaissent pas leur essence.

> Les sens, qui parmi les autres (puissances, êtres, choses) sont plus proches de la substance intellectuelle, inaugurent aussi un retour sur leur essence.

Seules les substances spirituelles sont en mesure d'effectuer un retour complet sur elle-même ; Thomas utilise, concernant cette question, des thèmes néo-platoniciens du *Liber de causis*.

> Tout être connaissant qui connaît sa propre essence, vers elle fait retour, d'un retour total[1].

L'anonyme arabe s'était efforcé de rendre compatible un néo-platonisme adapté de l'*Elementatio* de Proclus avec une doctrine de la création en accord avec sa foi. La proposition 15 du *Liber de causis,* que

1. *Liber de causis,* trad. P. Magnard, O. Boulnois, B. Pinchard, J.-L. Solère. Paris, Vrin, 1990.

Thomas commente dans le *Super Librum de causis expositio,* ainsi que le *De veritate,* I, 9, permettent de mesurer la part de néo-platonisme qu'il intègre dans sa conception de l'esprit.

> Il faut dire que la vérité se trouve à la fois dans l'intellect et dans le sens, mais de manière différente. Dans l'intellect... elle y est connue, dans la mesure où l'intellect réfléchit sur son acte, non sur la seule existence de cet acte, mais sur son rapport à la chose. Et ce rapport, il ne le saisit que parce qu'il connaît la nature de son acte, ce qui suppose enfin qu'il connaisse la nature du principe actif – l'intellect lui-même – dont c'est le propre de se conformer aux choses. Ainsi donc, c'est dans la mesure où il réfléchit sur soi que l'intellect connaît la vérité.
>
> La vérité se trouve dans les sens seulement comme une conséquence de leur acte, or cette vérité (qu'ils portent en eux), les sens ne la connaissent pas, car si leur jugement sur la chose est vrai, c'est à leur insu. En effet, ils ont bien conscience de leur sensation mais ignorant leur nature propre, ils ignorent aussi la nature de leur acte, son rapport à la chose, et donc sa vérité.
>
> Tout cela parce que les plus parfaits d'entre les étants, comme les substances intellectuelles, reviennent sur leur essence par un retour complet. Connaissant en effet une réalité extérieure, elles sortent d'une certaine façon d'elles mêmes. Sachant qu'elles connaissent, elles inaugurent un retour sur soi- puisque l'acte de connaissance est intermédiaire entre le connaissant et le connu. Mais ce mouvement de retour s'achève en elles, car elles connaissent leur essence propre; c'est pourquoi il est dit dans le *Livre des causes* (prop.15) que tout (étant) qui connaît sa propre essence, revient à elle par un retour complet[1].

C'est donc dans la mesure où il réfléchit sur lui-même, que l'intellect connaît la vérité, et il n'y a pas de vérité en dehors de l'exercice concret du jugement, où l'esprit juge actuellement de la conformité même de ses jugements. Le jugement est l'affirmation explicite et directe de ce qu'est la chose dans la mesure où il est, par essence, l'affirmation active et intérieure de cette conformité entre l'esprit et la chose. Lorsque l'esprit porte un jugement, il affirme que son acte est conforme à la chose; c'est-à-dire que réfléchissant, il saisit intérieurement la vérité de son rapport à la chose. C'est dans cet acte que l'intellect saisit la vérité, et la perfection de l'intellect réside en cette disposition. Il connaît sa propre nature faite pour le vrai et pour s'y conformer dans l'exercice même de la pensée. Il n'est pas possible de penser n'importe quoi, lorsque la pensée s'exerce, ce qu'elle pense a la texture du vrai.

Le retour opératif sur sa propre essence semble être le mode même de la subsistance spirituelle, dont le modèle absolument parfait est le premier intellect, Dieu. Plus un être est subsistant, plus il se connaît

1. Thomas d'Aquin, *De veritate, I, 9.* Trad. F.-X. Putallaz, in *Philosophes médiévaux, Anthologie de textes philosophiques (XII-XIVème siècles)* sous la direction de R. Imbach et M. -H. Méléard, Paris, 1986. Coll. 10/18.p. 92-93.

parfaitement, et inversement; cette thèse est l'apport de Proclus et le *Liber de causis* s'en fait aussi l'écho. Mais alors le retour complet dont jouit l'âme humaine semble bien être ce qui la fait à l'image de Dieu, pourquoi Thomas ne le dit-il pas, et pourquoi a-t-il préféré faire de la trinité des actes: mémoire, intelligence, volonté, l'image par conformité, lorsqu'elle prend Dieu comme objet? Thomas, bien qu'il utilise le néo-platonisme, a une certaine réticence à son égard car il entend faire respecter l'originalité de la doctrine théologique de la création, ainsi, le retour opératif ne fonde pas comme dans le néo-platonisme le retour ontologique. Chez Proclus, c'est par conversion intellectuelle vers soi et vers son principe que tout être se constitue. Pour Thomas, la création fait d'emblée de la créature un individu existant en acte et qui doit son être à Dieu et non à son mouvement d'auto-constitution.

Prolongements au XVe siècle: Nicolas de Cues

Nicolas de Cues n'a pas ces réserves à l'égard du néo-platonisme. Dans le texte de l'*Idiota,* IV, intitulé: *Dialogue sur les expériences pondérales,* il montre que peser les corps consiste à concevoir au delà de la diversité des choses une unité de mesure pour les comparer. Il s'inscrit dans le mouvement de la philosophie naturelle du XIVe siècle qui avait tenté d'introduire une physique de la quantité. L'importance de la pesée des corps est l'indice que se constitue une pensée expérimentale où la conjecture est opératoire. Une unité de mesure est quelconque, il faut, et il suffit d'en choisir une, pour qu'elle devienne l'aune à laquelle sont mesurés les corps. Le cusain aurait donc repris l'étymologie *mens / mensura* pour définir la pensée par la conjecture, comme si aux consonnances du latin, il avait ajouté le jeu de mot allemand de *Mutmassung* qui signifie conjecture, et se décompose en mesure mentale[1].

La puissance suggestive de la métaphore est d'indiquer qu'il n'y a plus à faire des idées divines le fondement de la pensée humaine parce qu'elle possède un dynamisme autonome. À la faveur d'une pensée analogique, Nicolas de Cues donne aux conjectures humaines une réalité: elles sont opératives, et ne sont donc pas rien. Le *De mente*[2], deuxième dialogue de l'*Idiota* formule et explique l'étymologie *mens / mensura* en utilisant une autre métaphore: penser ressemble à la fabrication des cuillers, c'est-à-dire que la pensée est un art. De même que l'art est une activité où l'homme élabore par soi-même quelque chose, la

1. Maurice de Gandillac, *La Philosophie de Nicolas de Cues,* Partie I, chap.I, note 3, p. 30.

2. N. de Cues, *Idiota de mente,* texte latin dans l'édition d'Heidelberg. Traduction de M. de Gandillac, in *Individu et cosmos* d'Ernst Cassirer, Éd. de Minuit. Et généralement, la traduction des *Œuvres choisies de N. de Cues* par M. de Gandillac, Paris, Aubier, 1942.

pensée est une activité fabricatrice; penser est en ce sens construire des conjectures où mesurer la réalité.

La pensée humaine est seule à être à l'image de la pensée divine, car l'une crée, et l'autre fabrique. La conclusion du chapitre VII du *De mente* le précise: «... entre la pensée divine et la nôtre, la différence est la même qu'entre faire et voir. La pensée divine crée en concevant, la nôtre assimile des notions en concevant, ou en produisant des visions intellectuelles; la pensée divine est puissance entificative, la nôtre puissance assimilative». Cette analogie entre la pensée humaine et la pensée divine fonde la réalité des conjectures humaines. Elles ne sont ni précises ni adéquates aux idées divines, mais elles les expriment par une même puissance de production qui provient en dernier ressort de Dieu. La puissance des conjectures humaines est une puissance active émanée de Dieu. La reprise des schèmes de la procession néo-platonicienne procure à la pensée humaine la vertu ontogénique.

La pensée n'est pas la saisie d'une espèce qui serait une similitude de la chose, elle n'est pas mesure à partir des premiers principes que nous saisissons dans l'illumination de l'intellect agent et que nous dégageons par la vertu de l'intellect possible préparé ainsi par l'intellect agent. Elle est mesure au sens de perfectionnement du modèle mental, comme celui qui taille des cuillers dans le bois mesure à chacun de ses mouvements la forme qu'il doit atteindre: la mesure est immanente.

Le résultat de l'étude de la fabrication des cuillers rejaillit sur la nomination. Toute dénomination est *a posteriori* et suit une démarche inductive. Quand nous taillons des cuillers, nous faisons apparaître la forme, et c'est elle que nous nommons « cuiller », arbitrairement, car nous aurions pu la nommer autrement. Par forme, il faut alors entendre non pas la configuration ou la disposition de la cuiller dans l'espace mais l'idée. L'esprit ne saisit précisément aucune quiddité, mais la chose par le biais de l'idée que nous formons sur elle, et il la nomme d'après cette forme. La connaissance que nous avons des choses n'est donc pas une connaissance des choses en soi, mais du modèle de cette chose, sans pour autant qu'il n'ait aucun rapport avec la chose. Nicolas de Cues a pu suivre l'enseignement nominaliste de Marsile d'Inghen, il réinscrit la réduction de l'espèce à l'opération de la pensée dans une philosophie de l'esprit qui retrouve, dans le processus de la pensée, la réalité de l'être et de la vie des formes.

Le *De mente* de Thomas d'Aquin est, pour l'étude de la philosophie médiévale, un point de croisement parce qu'il formule les thèses classiques qui seront discutées dès la fin du XIIIe siècle et jusqu'au XVe siècle. Conformément au sens de l'entreprise thomasienne, il propose une intégration du péripatétisme grec et arabe dans le cadre de la tradition théologique, en l'occurrence ici celle de la théologie de l'image propre à l'augustinisme. Il est remarquable que, dans le contexte théologique et

institutionnel de l'Université au XIIIe siècle, Thomas admire librement les philosophies grecques, juives et arabes, et qu'il s'ouvre à des traditions différentes de la sienne afin de discuter avec elles sur le plan de la philosophie et de la théologie. Cette circulation nous permet de souligner ce qu'il y a de proprement philosophique dans sa démarche, tout en manifestant le seuil où il réintègre la théologie catholique.

Ce texte permet en outre de comprendre l'enjeu des discussions sur la philosophie de l'esprit. Elles concernent la nécessité ou non d'un intermédiaire dans la connaissance et de la possibilité d'une saisie directe du singulier. Ces débats montrent à l'œuvre la constitution d'une noétique fondée sur des décisions différentes en matière d'anthropologie : modèle péripatéticien de l'âme comme forme d'un corps correspondant, ou transcendance et distance de l'âme intellectuelle à l'égard des choses, et du monde, qu'elle se représente par des actes directs de la pensée. Dans la philosophie contemporaine, où il est difficile de tenir un discours sur l'âme, les noétiques médiévales constituent un lieu d'expérimentation pour concevoir des « modèles » de la pensée.

Ce texte permet aussi de comprendre à partir de lui une autre tradition de la noétique, d'Albert le Grand à Thierry de Freiberg, et comme on l'aura perçu, de Nicolas de Cues qui appartient à cette postérité.

La mens et la subjectivité

Mais l'analyse de ce texte est un formidable défi aux catégories dans lesquelles nous pensons la « subjectivité ». Il est en effet difficile de résister à une compréhension de la *mens* thomasienne qui souligne sa dimension transcendantale à partir d'un horizon kantien et husserlien. Et en effet, pour Thomas d'Aquin, l'âme ne se saisit pas actuellement dans son essence, mais au travers de ses actes. Nous proposons une compréhension différente qui permette de valoriser à nouveau la « subjectivité », et d'échapper au soupçon d'égocentrisme qu'elle inspire généralement à la philosophie contemporaine qui s'efforce de la limiter, de la relativiser, ou de la déconstruire.

Le modèle kantien de la connaissance dépasse une simple reprise scolaire de la théorie de l'abstraction. Le schématisme de l'imagination fait en effet le lien entre l'intuition sensible, les principes, et les catégories de l'entendement pur, de sorte que l'universel n'est pas saisi, mais qu'il est produit, par l'entendement selon sa structuration propre. L'entendement applique ses catégories au phénomène, et la théorie de la connaissance renonce à l'hypostase du concept dans la pensée ou de la substance dans la chose.

L'analyse des conditions transcendantales de la connaissance implique nous ne remontions pas du *Je pense* à la substance pensante comme objet de connaissance. Pour Thomas d'Aquin néanmoins, le

retour sur ses actes présuppose la présence habituelle de l'âme à elle-même, c'est-à-dire la saisie essentielle de l'âme par elle-même qui ne se réduit pas uniquement à un sentiment d'ordre psychologique. Bien que la *mens* ne soit pas substance, parce que l'âme ne l'est pas elle-même, et que l'intellect n'est qu'une de ses puissances, l'âme est, chez Thomas d'Aquin, une présence fondamentale, une certaine assise dynamique sous la figure de la réserve.

Pour Kant, au contraire, l'âme n'est qu'une hypostase si on prétend la connaître à partir de l'activité du *Je pense* : « ... si j'ai appelé la proposition " je pense " une proposition empirique, je n'ai point voulu dire par là que le *Je,* dans cette proposition, soit une représentation empirique, c'est bien plutôt une représentation purement intellectuelle, puisqu'elle appartient à la pensée en général. Cependant, sans quelque représentation empirique qui fournit à la pensée sa matière, l'acte "je pense" n'aurait pas lieu, et l'élément empirique n'est que la condition de l'application ou de l'usage du pouvoir intellectuel pur »[1].

Il semble ainsi que la catégorie de « sujet transcendantal » implique une distinction radicale, voire une séparation, entre le sujet et l'objet, puisque le premier ne peut jamais être l'objet d'une connaissance, sinon comme sujet transcendantal, c'est-à-dire comme aperception originaire, ou comme entendement, c'est-à-dire encore comme activité synthétique de la connaissance. L'unité analytique est plutôt présupposée comme une simple condition transcendantale, et non comme une réalité qui aurait une une densité et une force propres, comme c'est le cas chez Thomas d'Aquin.

Chez Husserl, la subjectivité transcendantale accuse le fossé entre le sujet et l'objet, le « pôle objet », que Kant nommait « objet transcendantal = X ». L'*ego* transcendantal constitue une tentative pour trouver l'identité du moi dans l'unité intentionnelle d'une visée, et pour poser, dans la transcendance de l'*ego,* une ouverture au monde et aux autres. Heidegger semble critiquer cet aboutissement de la métaphysique de la subjectivité, car pour lui la représentation subjective ne viserait que l'objet de la pensée, sans pour autant nous donner la chose, le monde, ou autrui, dans leur présence.

Pour Thomas d'Aquin, la *species* est un *medium quo,* mais c'est la chose qui est connue. Ainsi, lorsqu'on souligne la dimension intentionnelle de la connaissance chez Thomas, liée à ce que l'acte oriente vers la chose visée, et au fait que la connaissance actuelle que l'esprit a de lui-même soit celle de ses actes, il ne faut pas oublier que la notion d'espèce est identifiée à un *medium quo.* L'utilisation du vocabulaire scolastisque de l'intentionalité brouille les pistes parce qu'on réinterprète le vocabu-

1. Kant, *Critique de la raison pure,* Dialectique transcendantale, Des paralogismes de la raison pure, éd. publiée sous la direction d'Alquié, trad. A. J. L Delamarre et F. Marty, Paris, Gallimard, 1980.

laire médiéval à partir de sa reprise contemporaine dans la phénoménologie transcendantale.

Or le moi chez Husserl ne se constitue que comme pôle sujet, comme horizon d'une constitution qui serait achevée, si jamais elle pouvait l'être, mais, pour Thomas d'Aquin, le retour de l'intellect sur lui-même est un retour sur son essence, et l'âme réside essentiellement en elle-même dans une saisie de soi habituelle. La *mens* thomasienne est étrangère à l'identité propre au sujet transcendantal, car cette identité s'avance comme un horizon à partir du retirement de toute assisse, alors que l'essence de l'âme est bien une forme d'assise pour Thomas d'Aquin; assise, sous la figure de la réserve, liée à une conception théologique de la création. Dans ce contexte, l'invention de la catégorie de la « subjectivité » semble paradoxalement signifier le retrait du sujet, en tant justement qu'il serait séparé de la chose.

Il nous a semblé nécessaire, de ce fait, de présenter la conceptualité thomasienne en la préservant de toute interprétation issue de la philosophie transcendantale, parce cette figure-là de la séparation n'existe pas chez lui, ainsi, la *species* comme *medium quo* est une saisie de la nature de la chose, parce que la pensée est animée par un mouvement propre issu de la création, c'est ce que nous avons souligné en montrant comment Thomas adaptait le néoplatonisme de Denys et du *Liber de causis* à son créationnisme, et c'est là le sens même de l'étymologie *mens / mensurare.*

Or on entend généralement par « subjectivité » la position métaphysique selon laquelle l'actualité de la conscience autoriserait à poser l'*ego* comme fondement de la connaissance des choses et de leur vérité, et, depuis Heidegger, on en attribue naturellement la paternité à Descartes, parce qu'il opèrerait le recouvrement du sujet et de la substance. La noétique thomasienne, dans la mesure où elle refuse la thèse selon laquelle l'esprit *(mens)* est l'essence de l'âme, s'opposerait radicalement à Descartes. Mais, tout en mesurant bien les différences, il est possible de considérer que le rapprochement de Descartes avec Thomas d'Aquin est plus exact que celui de Descartes ou de Thomas d'Aquin avec la subjectivité transcendantale de Husserl, parce que Descartes rejoint la conception de l'âme comme une assise dynamique.

Il n'est pas vraiment possible de considérer que la philosophie de Descartes soit susceptible d'être interprétée à partir de la catégorie de la « subjectivité » telle que la philosophie transcendantale la constitue, lui qui n'écrit d'ailleurs jamais: «subjectivité». Il nous semble que l'interprétation heideggerienne est tributaire d'une identification de Descartes et de Husserl qui valorise le dernier afin de faire tomber les deux auteurs sous une critique commune de la représentation subjective. L'hypothèse qui consiste à voir dans la conscience cartésienne un *ego*

qui se rapprocherait du sens husserlien de cette notion, pose un certains nombre de problèmes, dont un en particulier qui concerne les orientations philosophiques de ces deux auteurs.

En effet, l'*epoche* ne fait que suspendre notre croyance au monde de sorte que nous sommes laissés seuls devant nos pensées, c'est-à-dire avec un simple *cogitatum* inscrit dans le *cogito,* qui est donc susceptible de description, c'est là le projet d'une égologie pure : « ... il est conforme au sens de la réduction transcendantale de ne pouvoir poser au début aucun autre être que le moi et ce qui lui est inhérent, et cela avec un halo de déterminations possibles, mais non encore effectuées. La dite science commencera donc à coup sûr comme *égologie* pure et, de ce fait, elle semble nous condamner au solipsisme, du moins transcendantal »[1]. En effet, s'il s'agit d'une simple *suspension de la croyance,* le solipsisme n'est que transcendantal, il est impliqué par le projet d'une description pure des essences. Or le doute cartésien emporte avec lui *réellement* le monde et les corps dans le doute et, dans ce mouvement même, il promeut la démarche d'avoir à les retrouver. De ce fait, l'identification des deux projets néglige une détermination d'importance : pour Husserl, il ne s'agit pas de retrouver le monde – puisqu'en somme il n'est perdu *que* dans l'attitude naturelle qui préexistait à la réduction – mais il s'agit au contraire de décrire la condition transcendantale de toute constitution des objets à partir du sujet. Ainsi, il est peut-être possible de soutenir avec Heidegger que si l'objet n'est qu'un pôle de la constitution, c'est-à-dire s'il est perdu *dans* l'attitude naturelle, alors il est réellement perdu, mais il ne nous semble pas exact de porter sur Descartes cette critique.

Car les six *Méditations métaphysiques* se proposent justement de retrouver, ou plutôt de trouver concrètement comment, à partir de l'union, l'existence des corps peut être prouvée et comment nous pouvons nous comporter concrètement – ne serait-ce qu'au point de vue de la santé – dans le monde. Ainsi, «ma pensée» invente un ordre où se saisit le « trait d'union » avec l'infini, mon corps et les corps en général[2]. Il s'agit moins de décrire l'*ego* comme condition transcendantale de toute constitution que de saisir en soi ce qui permet de *trouver* ce qui est en dehors de soi, ainsi que le type de rapports qu'il convient d'entretenir avec lui. Bien que Descartes admette l'identification de la *mens* à l'essence de l'âme et le recouvrement de celle-ci dans la substance

1. É. Husserl, *Méditations cartésiennes,* trad. É. Lévinas, Paris, Vrin, 1980, *Deuxième méditation,* 13, p. 26.

2. Nous avons commencé à éclairer cette notion de « trait d'union », que nous appliquons à Descartes, dans notre thèse, *L'idée de création à l'âge classique,* soutenue en Sorbonne, à Paris IV, Janvier 1997; cf. aussi notre étude « Intentions et représentation chez Descartes, Ockham et Merleau-Ponty », *Archives de philosophie,* 1997 [4].

pensante, alors que Thomas d'Aquin les récuse, il y a entre eux un rapprochement possible : pour eux, l'âme est en son fond « dynamique ».

L'affirmation d'un dynamisme de la pensée humaine chez Descartes se fonde sur la notion de cause de soi. Le fait qu'elle apparaisse dans les *Premières réponses* et dans les *Quatrièmes* et qu'elle soit présente, de manière inversée, dans la preuve de l'existence de Dieu à partir de la contingence de ma pensée qui a l'idée d'infini ne peut être sous-estimé, d'autant plus que lorsque Descartes présente à Mersenne le texte latin des *Méditations* pour qu'il le fasse circuler dans un milieu restreint de théologiens de la Sorbonne, il y joint les *Premières objections* et ses *Réponses,* de sorte que ces textes sont contemporains. La cause de soi est donc centrale pour comprendre cette preuve dans la *Méditation Troisième.*

Et en effet, si l'hypothèse selon laquelle je suis cause de moi-même est récusée dans ce texte, ce n'est jamais à partir de la destruction de l'idée de cause de soi. Cette notion n'est pas contradictoire comme un esprit médiéval aurait tendance à le penser parce que pour lui, être cause de soi, c'est être antérieur à soi- même, ce qui est impensable, mais cela ne l'est que parce que pour lui l'infini ne peut être un attribut essentiel de Dieu, cette thèse n'est donc pas, en soi, impensable, elle est même construite comme la causalité essentielle de l'infini. L'idée selon laquelle l'infini est l'attribut essentiel de Dieu est clairement manifestée :

> De même, lorsque nous disons que Dieu est par soi – *Deum a se esse* –, nous pouvons aussi à la vérité entendre cela négativement, et n'avoir point d'autre pensée, sinon qu'il n'y a aucune cause de son existence - *nullam esse ejus causam* - ; mais si nous avons auparavant recherché la cause pourquoi il est, ou pourquoi il ne cesse point d'être, et que, considérant l'immense et incompréhensible puissance qui est contenue dans son idée, nous l'ayons reconnue si pleine et si abondante qu'en effet elle soit la cause pourquoi il est et ne cesse point d'être, et qu'il n'y en puisse avoir d'autre que celle-là, nous disons que Dieu est *par soi,* non plus négativement, mais au contraire très positivement – *dicimus Deum a se esse, non amplius negative, sed quammaxime positive*[1].

Dans la métaphysique, ou la philosophie première de Descartes, Dieu est connu de nous par l'idée d'infini ; c'est le sens qu'il donne ici, dans le texte cité, à la puissance infinie : la puissance de l'essence infinie de Dieu. L'infini est l'attribut essentiel de Dieu et il est connu à partir de lui. Mais parce qu'il est infini, il est en même temps incompréhensible ; la substance n'est connue que par son attribut principal ; lorsqu'il est infini, il est connu sans être compris. Et, il est connu au sens où il nous est en quelque sorte intérieur. La spontanéité du *cogito* peut donc être

1. Descartes, *Primæ responsiones,* Le texte français est en AT, IX, 87-88, et en latin en AT, VII, 110. Descartes est cité à partir de l'édition des *Œuvres de Descartes,* Ch. Adam & P. Tannery, Paris, Vrin, rééd. 1996.

considérée comme la présence en moi de l'idée d'infini, comme fonds ou assise dynamique de ma pensée.

Cette « subjectivité » que nous nommons « trait d'union » est la notion de la subjectivité associée à l'idée de création, dont le sens est renouvelé chez Descartes, puisqu'elle est pensée avec la cause de soi. Bien que la cause de soi ne soit qu'un rapport de Dieu à lui-même dans le cadre de la causalité essentielle ou formelle, la notion cartésienne de la création en est nécessairement modifiée. On comprend que la substance puisse recouvir le sujet, ou encore ma pensée, car il faut bien qu'elle ait, ou qu'elle soit, une certaine assise, s'il est possible que j'invente l'ordre même de « ma pensée ». L'ordre analytique des raisons est l'ordre de la découverte mais aussi la découverte de l'ordre de « ma pensée ». Qu'on considère la création du point de vue de la métaphysique, de celui de l'esthétique, ou de celui de la création de pensées ou de concepts, il n'y a pas de processus de création sans cette « subjectivité », et c'est pourquoi nous proposons de valoriser la subjectivité en la repensant à partir du trait d'union.

Le *De mente* est un texte classique tant par le débat qu'il instaure avec l'ensemble de ses sources, et dans la philosophie médiévale dans sa diversité, que par l'ampleur des questions qu'il pose à la modernité. Si l'on tente de resituer la noétique thomasienne dans une constitution du sujet moderne, force est de constater qu'il n'a pas fait de l'esprit l'essence de l'âme, qu'il ne l'a pas considéré comme substance, ni comme fondement. Au contraire, il a posé que l'âme avait une connaissance habituelle de son essence et une connaissance actuelle de l'esprit par ses actes. Cependant, en soulignant, grâce à l'apport de Denys et du *Liber de causis,* la dimension dynamique de la *mens,* perceptible dans le fonds que constitue la connaissance habituelle de l'essence de l'âme par elle-même, il semble qu'il puisse être rapproché de la conception cartésienne de la *mens* en tant qu'elle a en elle l'idée d'infini. Ainsi, par l'étymologie *mens / mensurare* la noétique est susceptible d'être pensée à partir de l'horizon de la métaphysique et de la théorie de la connaissance et ne se laisse pas reconduire immédiatement à ses présupposés théologiques. La différence de ces points de vue repose, en dernier ressort, sur la différence radicale de la noétique – dont la nature repose sur le modèle péripatéticien de l'âme – et la conception du sujet qui s'est constitué en lui échappant.

BIBLIOGRAPHIE

I. Collections

B.A. = *Bibliothèque Augustinienne,* publiée sous la direction des Études Augustinienne. *Œuvres de saint Augustin,* Paris, Desclée de Brouwer, 1936 ss.

C.C.L = *Corpus christianorum, Series latina*, Turnhout, Brepols, 1954 ss.

E.L. (Edition Leonine) = *Sancti Thomae de Aquino opera omnia, jussu Leonis XIII P.M. edita,* Rome, Sainte-Sabine, 1888 ss.

P.G = *Patrologiae cursus completus, Series graeca-latina,* éd. J.P. Migne, 167 vol. Paris, 1857-1866.

P.L. = *Patrologiae cursus completus, Series latina,* éd. J.P. Migne, 217 vol., Paris, 1844-1855.

S. C = *Sources chrétiennes,* Paris, Cerf, 1942 ss.

II. Œuvres de Saint Thomas

Comp. theol. = *Compendium Theologicae,* E. L., t. 17 *(Opuscula),* 1979, p. 75-205.

C. Gent. = *Summa contra Gentiles,* texte de E.L., t.13-15, introd. A. Gauthier, trad. R. Bernier, M. Corvez. L.J. Moreau, M.J. Gerlaud et F. Kerouanton, 4 vol., Paris, Lethielleux, 1951-1961.

De anima = *Quaestio disputata de anima,* éd. M. Calcaterra et T.S. Centi (Quaestiones disputatae, vol. 2), Turin-Rome, Marietti, 1949, p. 277-362.

De ente et essentia, E.L. t. 43, p. 319-365 ; *Le De ente et essentia de St Thomas,* Texte, notes et études historiques de M.-D Roland Gosselin, Paris, Vrin 1948 ; Texte latin, Trad. française C. Capelle, Vrin, 1985.

De pot. = *Quaestiones disputatae de potentia,* éd. p.m. Pession (*Quaestiones disputatae,* vol. 2), Turin-Rome, Marietti, 1949, p. 1-276.

De unitate intellectus contra averroistas, E. L. t. 43, trad. française, A. de Libera, GF-Flammarion, Paris, 1994.

De verit. = *Quaestiones disputatae de veritate,* E.L., t. 22, 3 vol., 1970-1976 ; éd. Frommann-Holzboog (*Opera omnia, Indicis thomistici supplementum,* t. 3), 1980, p. 1-186. Autres éditions consultées : éd. de Parme (*Opera omnia,* t. IX), 1859, p. 5-458 ; éd. R. Spiazzi (*Quaestiones disputatae,* vol. 1), 8e éd., Turin-Rome, Marietti, 1949.

In libr. de anima = *In Aristotelis librum de anima commentarium,* Parme, t. 20, éd. A.M. Pirotta, 4e éd., Turin-Rome, Marietti, 1952.

In de mem. et remin. = *In de memoria et reminiscentia, in Sententia Libri de sensu et sensato,* Parme, t. 20; Vivès, t. 24, p. 198-292; Marietti, 3e édition entièrement revue, R. M. Spiazzi, 1949.

Postilla super Psalmos, Parme, t. 14; Vivès, t. 18 (Ps. 1-51); P. -A Uccelli, S. Thomae Aquinatis in Isaiam prophetam, in tres psalmos David, in Boetium de Hebdomadibus et de Trinitate expositiones, Rome, 1880, p. 241-254 (Ps. 52-54); Busa, t. 6, p. 48-130.

Quodl. = *Quaestiones quodlibetales,* éd. R. Spiazzi, 9e éd., Turin-Rome, Marietti, 1956.

S. theol. = *Summa theologiae,* E.L t. 4-12, 1888-1906. Trad. française : *Somme théologique,* éd. du Cerf, Paris-Tournai-Rome, Desclée, 1925-1971 ; Somme théologique, 4 vol., Paris, Cerf, 1984-1986.

Super Boet. de Trin. = *Super librum Boethii de Trinitate expositio,* éd. B. Decker, Leiden, Brill, 1955.

Super ev. Jo. = *Super evangelium S. Joannis lectura,* éd. Raphaël Cai, 5e éd., Turin-Rome, Marietti, 1952. Commentaire sur l'Évangile de saint Jean, trad. française M.-D. Philippe, 3 vol. Les Amis de Saint Jean, 1981-1987.

Super Sent. = *Scriptum super libros Sententiarum magistri Petri Lombardi,* éd. Mandonnet et M.F. Moos, 4 vol., Paris, Lethielleux, 1929-1947.

III. Œuvres d'auteurs anciens

ALBERT LE GRAND, *Alberti Magni ordinis Fratrum praedicatorum, Episcopi Opera omnia,* éd. critique par l'Institut Albert Le Grand de Cologne, Aschendorff, Münster, 1951, encore inachevée, 15 vol. publiés ; *Opera omnia,* éd. Borgnet, Paris, Vives, 1890-99. 38 vol.

– *De anima,* t. XXII, 284 p. éd. Münster.

– *Commentaire de la "Théologie Mystique" de Denys le pseudo-aréopagite,* trad. Weber E.-H, o.p., Paris, Le Cerf, 1993.

ANSELME DE CANTORBURY, *Proslogion, Fides quaerens intellectum,* texte et trad. A. Koyré, éd. Vrin, Paris, 1982.

ANSELME (PSEUDO), Eadmerus Gundulfus, *De similitudinibus,* P.L. 159, col. 606-708.

ARISTOTE (éd. de référence : *Aristoteles graece,* ex recensione I. Bekkeri, éd. Academia Regia Borussica, 5 vol., Berlin, Reimer, 1831-1870).

– *Anal. post.* = *Organon, IV* : *Les Seconds Analytiques,* trad. française J. Tricot, nouvelle éd., Paris, Vrin, 1970.

– *De anima* = *De l'âme,* trad. française J. Tricot, nouvelle éd., Paris, Vrin, 1934 ; texte et trad. française A. Jannone et E. Barbottin, Paris, Les Belles Lettres, 1966.

– *De cael.* = *Du ciel et du monde,* trad. J. Tricot, Paris, Vrin, 1949. *Du Ciel,* trad. P. Moraux, Paris, Les Belles Lettres, 1965.

– *Eth. Nic.* = *Éthique à Nicomaque,* éd. et trad. française R.-A. Gauthier et J.Y. Jolif, 3 vol., Louvain-Paris, Nauwelaerts, 1958-1959. trad. française J. Tricot, 2e éd., Paris, Vrin, 1967 ;

– *Metaph.* = *La Métaphysique,* trad. française, J. Tricot, nouvelle éd., 2 vol., Paris, Vrin, 1974.

– *Les Parties des animaux,* trad. P. Louis, Paris, Les Belles Lettres, 1956.

– *Phys.* = *Physique,* éd. et trad. française H. Carteron, 2 vol., Paris, Les Belles Lettres, 1926-1931.
– *Top.* = *Organon, V : Les Topiques,* trad. française J. Tricot, 2 vol., Paris, Vrin, 1939 ; Texte et traduction française des livres I-IV, J. Brunschwig, Paris, Les Belles Lettres, 1967.
AUGUSTIN, *Conf.* = *Confessionum libri XIII,* P.L., 32, col. 659-868 ; C.C.L., 27 ; B.A. (A. Solignac, E. Tréhorel et G. Bouissou), vol. 13-14, 1962.
– *De civ. Dei* = *De civitate Dei,* B.A., t. 33-37, texte B. Dombart, A. Kalb, trad. Combès, Paris, 1959.
– *De Gen. ad litt.* = *De Genesi ad litteram libri XII,* P.L., 34, col. 245-486 ; B.A (P. Agaësse et A. Solognac), vol. 48-49, 1972.
– *De Trin.* = *De Trinitate libri, XV,* P.L., 42, col. 819-1098 ; C.C.L., 50-50A ; B.A. (E. Hendrikx, m. Mellet, Th. Camelot, P. Agaësse et J. Moingt), vol. 15-16, 1955.
AUGUSTIN (PSEUDO), Alcher de Clairvaux, *De spiritu et anima,* P.L., 40, col. 781-832.
AVERROÈS, (Ibn Roschd), *De anima* = *Commentarium magnum in Aristotelis de anima libros,* éd. F.S. Crowford (*Corpus commentariorum Averrois in Aristotelem, versionum latinum* , vol. VI, 1), Cambridge (Mass.) The Medieval Academy of America, 1953.
– *Metaph.* = *Grand commentaire de la Métaphysique d'Aristote,* trad. A. Martin, Paris, Les Belles Lettres, 1984.
Avicenne, *De anima* = *Liber de anima seu sextus de naturalibus,* éd. Van Riet, 2 vol. Louvain-Leiden, 1968-1972.
– *Metaph.* = *Metaphysica,* reproduction de l'éd. de Venise 1520, Saint Bonaventure (N.Y), The Franciscan Institute Publications, 1948. *La Métaphysique du Shifa,* trad. française M. M. Anawati, à partir de l'éd. du Caire, Paris, Vrin, 1978.
BOÈCE, *Commentaria in Porphyrium,* P.L., 64, col. 9-158.
– *De duabus naturis,* P.L., 64, col. 1337-1354, trad. française, H. Merle in *Courts Traités de Théologie,* Cerf, 1991.
– *De consol. phil.* = *De consolatione philosophiae,* P.L., 63, col. 547-862 ; C.C.L., 94. *La Consolation de la philosophie,* trad. française, A. Bocognano, Paris, Garnier, 1937.
– *De Trinitate,* P.L., 64, col. 1247-1254. trad. française, H. Merle, op. cit.
– *De Hebdomadibus,* P.L., 64, col.1310-1315, trad. H. Merle, op. cit.
BONAVENTURE, *Super Sent.* = *In quattuor libros Sententiarum expositio, in Opera omnia,* t. I-VI, éd. Peltier, Paris, Vivès, 1864-1866 ; *Commentaria in quattuor libros Sententiarum Magistri Petri Lombardi,* in Opera omnia, t. I-IV, Quaracchi, Collège SAint Bonaventure, 1882-1889.
CASSIODORE, *De anima,* P.L. 70, col. 1279-1308.
CICÉRON, *Brutus,* texte et trad. J. Marthon, Paris, Les Belles Lettres, 1931.
– *De inventione, Rhetorici, libri duo qui vocantur De Inventione,* Ed. Strebel, Leipzig, Teubner, 1915 ; *Rhétorique à Herrenius,* texte et trad. H. Bornecque, Paris, Garnier, 1932.
– *De oratore,* Texte et trad. H. Bornecque, Pais, Les Belles Lettres, 1921.
– *Tusculanes,* Texte, G. Fohlen, trad. J. Humbert, Paris, Les Belles Lettres, 1931.

DENYS LE PSEUDO-ARÉOPAGITE, *De cœlesti hierarchia,* P.G., 3, col. 120-369; *Dyonisiaca,* éd. Ph. Chevallier, vol. 2, Paris, Desclée de Brouwer, 1950, 1950, p. 727-1039, *La hiérarchie céleste,* S. C. (R. Roques, G. Heil et M. de Gandillac), vol. 58, 1958.

– *De div. nom.* = *De divinis nominibus,* P. G., 3, col. 585-996; *Dyonisiaca,* éd. Ph. Chevallier, vol. 1, Paris, Desclée de Brouwer, 1937, p. 3-561; *Les Noms divins,* trad. française M. de Gandillac *(Œuvres du Pseudo-Denys l'Aréopagite),* nouvelle éd. Paris, Aubier, 1980, p. 64-184.

Glossa = *Biblia sacra cum glossa ordinaria,* 6 vol. Anvers, 1617-1634, P.L., 113-114.

GRÉGOIRE LE GRAND, *Moral.* = *Moralium libri XXXV sive Expositio in librum B. Job,* P.L., 75, col. 509-1162; ibid., col. 9-782; C.C.L., 143-143A-143B; S.C. l. I-II (R. Gillet et A. de Gaudemaris), vol. 32, 1952; l. XI-XVI., (A. Bocognano), vol. 212 et 221, 1974-1975.

HILAIRE DE POITIERS, *De Trin.* = *De Trinitate libri XII,* P.L., 10, col. 25-472; C.C.L., 62-62A; *La Trinité,* trad. française A. Martin et L. Brésard, 3 vol. Paris, Desclée de Brouwer, 1981.

HUGUES DE SAINT-VICTOR, *De unione corporis et spiritus,* P.L., 177, col. 285-294.

JEAN DAMASCÈNE, *De fide orthodoxa,* P.G., 94, col. 789-1228. *De fide orthodoxa,* versions of Burgundio and Cerbanus, éd. Buytaert, Saint Bonaventure (N.Y), The Franciscan Institute Publications; Louvain, E. Nauwelaerts; Paderbon, F. Schöning, 1955. *La foi orthodoxe,* trad. française E. Ponsoye, Saint-Denis, Institut français orthodoxe de Théologie de Paris, 1966.

MOÏSE MAÏMONIDE, *Le Guide des égarés,* Trad. Munk, Paris, Franck, 1856 ss.

PIERRE LOMBARD, *Sent.* = *Sententiarum libri quattuor,* P.L., 192, col. 519-962; Sententiae in IV libris distinctae, coll. Spicilegium Bonaventurianum n. 4 et 5, Grottaferrata, Collège Saint-Bonaventure, 1971-1981.

ORIGÈNE, *Traité des Principes,* S.C. 252-253, trad. H. Crouzel, M. Simonetti.

VIRGILE, *Enéide,* texte H. Goelzer, trad. A. Bellesort, Paris, Les Belles Lettres, 1936.

IV. Œuvres d'auteurs modernes

BATAILLON L.J., «Les conditions de travail des maîtres de l'Université de Paris au XIIIe siècle», *Revue des Sciences Philosophiques et Théologiques,* 67 (1983) 417-433.

BAZÀN B. C., WIPPEL J. W., FRANSEN G., JACQUART D., «Les questions disputées et les questions quodlibétiques dans les facultés de théologie, de droit et de médecine», coll. *Typologie des sources du moyen-âge occidental,* n. 44-45, Turnhout, Brépols, 1985.

CHENU M.-D., *Introduction à l'étude de Saint Thomas d'Aquin,* Paris, Vrin, cinquième tirage, 1993.

DONDAINE A., *Secrétaires de saint Thomas,* 2 vol. Rome, Commission léonine, 1956.

– *Quaestiones disputatae de veritate,* E.L., t. XXII, vol. 1, fasc. 1, 1975.

GAUTHIER R.-A., *Saint Thomas d'Aquin, Somme Contre les Gentils, Introduction,* Editions Universitaires, Paris, 1993.

GILSON E., *La Philosophie au Moyen-Age,* Petite Bibliothèque Payot, 1976.

– *Le Thomisme. Introduction à la philosophie de saint Thomas*, 6e édition, Vrin, 1962.

– « Pourquoi S. Thomas a critiqué S. Augustin », *AHDLMA,* 1.

– *Etudes médiévales,* Vrin-reprise, 1986.

– *Les sources gréco-arabes de l'augustinisme avicennisant,* Vrin-reprise, 1986.

GLORIEUX P., « L'Enseignement au Moyen-Age. Techniques et méthodes en usage à la faculté de théologie de Paris au XIIIe siècle », *AHDLMA,* 35 (1968) 65-186.

– *Index Thomisticus = Sancti Thomae Aquinatis Operum omnium Indices et Concordantiae,* éd. Busa, Stuttgart, Frommann-Holzboog, 1974-1980.

KENNY, A., *Aquinas on Mind,* éd. Routledge, London and New-York, 1993.

LIBERA DE, A., *La philosophie médiévale,* Paris, PUF, 1993.

– *Contre Averroès,* introduction et traduction du *De unitate intellectus* de saint Thomas, Paris, G.F., 1994.

– *La Querelle des universaux, De Platon à la fin du Moyen Age,* Paris, Seuil, Des Travaux, 1996.

– en collaboration avec C. MICHON, *L'Être et l'essence, Le vocabulaire médiéval de l'ontologie,* Paris, Seuil, 1996.

MOREAU J., *De la connaissance selon S. Thomas d'Aquin,* Paris, Beauchesne, 1976.

MULLIGAN R.W., MC GLYNN J.V., SCHMIDT R. W., St Thomas Aquinas, *Truth,* 3 vol., Chicago, Henry Regnery Company, 1952-1954.

PÉGHAIRE J., « Un sens oublié, la cogitative, d'après Saint Thomas », *Revue de l'Université d'Ottawa,* 12, 1942.

PUTALLAZ F. -X, *Le Sens de la réflexion chez Thomas d'Aquin,* Paris, Vrin, 1991.

TORRELL J.-P., *Initiation à saint Thomas d'Aquin,* 2 vol., Paris, Le Cerf, 1993 pour le premier tome, 1996, pour le second.

WEBER, É.-H., *L'Homme en discussion à l'Université de Paris en 1270,* Paris, Vrin, 1970.

- *La Personne humaine au XIIIe siècle,* Bibliothèque Thomiste, XLVI, Paris, Vrin, 1991.

WEIJERS, O., *La "disputation" à la faculté des arts de Paris (1200-1350 environ),* Esquisse d'une typologie, Brepols, Louvain-la-Neuve, 1995.

WEISHEIPL J.A, *Frère Thomas d'Aquin,* Paris, Le Cerf, 1993.

TABLE DES MATIÈRES

TEXTE ET TRADUCTION

L'ESPRIT (DE MENTE)

ACHEVÉ D'IMPRIMER
EN JANVIER 1998
PAR L'IMPRIMERIE
DE LA MANUTENTION
A MAYENNE
N° 10-98

Dépôt légal : 1er trimestre 1998